천년의 지혜

5,000년 명리학이 말하는
삶을 대하는 자세

천년의 지혜 千年智慧

이정재 지음

BOOKER

들어가며

시대를 이끈
인물들의 공통점

　어려운 시기가 되면 많은 사람이 사주나 운세를 보며 미래를 예측하려 한다. 인생은 선천운과 후천운에 의해 결정된다. 흔히 말하는 '사주팔자'는 선천운이다. 즉 타고나야 한다는 뜻이다. 하지만 후천운은 스스로 만들어야 한다. 그렇다면 둘 중 무엇이 더 중요할까? 바로 후천운이다. 다시 말해서 '원래부터' 좋은 사주와 나쁜 사주가 따로 없고, 길흉이 정해진 명당도 따로 없다고 하겠다. 모든 일은 나의 마음과 행동에 달려 있다. 그러니 제대로 된 사주명리학은 5,000년 우리 조상의 지혜를 모은 정수요, 진정한 자기계발 철학이라고 할 수 있다.

　하지만 우리는 사주명리학이나 풍수학과 같은 전통 학문을 엉터리로 치부한다. 이는 오랜 시간 겹겹이 쌓인 왜곡 때문이다. 일제강점기 시절, 일제는 우리 국민을 분열시키고 통제하기 위해 '살'이라는 개념을 만들었다. 덕분에 역마살, 도화살 같은 나쁜 살을 하나도 가지지 않은 사람이 없게 되었다. 음양오행도 마찬가지다. 많은 사람이 음양오행은 중국에서 시작되었다고 알고 있지만 이는 사실이 아니다. 또한 중국에서는 점술이 백성을 통제하는 수단으로 활용되어왔기에 '삼재'와 같은 재앙의 개념이 강조되었지만, 우리의 고유한 학문은 사람을 복되게 하는 '삼원'의 이치를 담고 있다.

이처럼 안타깝게도 우리의 전통 학문은 크게 잘못 퍼져 있다. 심지어 철학관과 무속인조차 '살'이니 '삼재'니 하고 있으니 깊이 공부하지 않은 평범한 사람이 허황된 사주풀이에 현혹되기 십상이다. 사주는 단지 자신의 특성을 이해하는 도구일 뿐, 삶의 한계를 규정짓는 족쇄가 될 수 없다. 진정한 운명은 외부에 있지 않고, 자신의 내면과 행동을 통해 만들어진다. 이제 사주라는 함정에서 벗어나, 주체적인 삶의 태도로 후천운을 개척하며 번영의 길로 나아가야 한다. 실제로 내가 만났던 상담자 가운데 똑같은 사주를 가진 이가 있었다. 그중에는 부유한 기업가가 있는가 하면, 힘겨운 삶을 사는 사람도 있었다. 이는 사주가 개인의 운명을 직접 결정하지 않는다는 사실을 증명하는 증거다.

시대를 이끌었던 인물들은 모두 운명의 작동 원리를 잘 알고 있었다. 농민에서 황제가 된 한고조 유방은 후천운의 힘을 깨닫고 인생을 역전시켰다. 퇴계 이황은 점이 예언술 따위가 아니라 우주의 이치를 연구하는 수단이라고 생각했다. 현대사에 획을 그은 인물인 이병철, 정주영 회장 역시 경영에 사주명리학을 활용할 만큼 깊은 관심을 보였다. 이 책은 우리 고유의 학문적 이론과 오랜 경험을 바탕으로 성공과 행복의 법칙을 정리한 결과물이다. 아주 작고 사소한 운이라도 그 작동 원리를 이해하는 사람과 그렇지 못한 사람에게는 다른 미래가 주어질 것이다. 그 변화의 시작점에 이 책이 있기를 바란다.

이정재

차례

들어가며 시대를 이끈 인물들의 공통점 · 004

1부
운명의 작동 원리 선천과 후천

명리학이 말하는 '기적'의 실체 · 014 | 사주를 잘못 공부하면 빠지기 쉬운 함정 · 018 | 전생, 현생, 내생의 인과율 · 021 | 운은 준비된 사람에게 먼저 찾아온다 · 024 | 천 명의 내 편보다 한 사람의 적을 만들지 마라 · 028 | 우주의 파동을 내 것으로 · 032 | 노력 없이 천운을 얻는 가장 쉬운 방법 · 037 | 모든 인생에는 변곡점이 있다 · 042 | 변화가 시작되었다는 징조들 · 048 | 무의식이 보내는 신호, 길몽과 흉몽 · 051 | 물이 끓어오르는 순간을 대운이라 부른다 · 054 | 굴러온 복을 걷어차는 사람 · 057 | 사주팔자는 아무것도 아니다 · 061 | 삼재에 대한 오해와 진실 · 063

2부
성패는 어디에서 정해지는가 행동과 습관

심상이라는 이름의 잠재의식을 깨워라 · 068 | 스마트폰에도 적용되는 생활 풍수 · 071 | 기운을 불어넣는 아침 습관 · 075 | 발전을 가져오는 저녁 습관 · 078 | 복 있게 먹으면 재물이 몰려온다 · 081 | 말에 향기를 담아라 · 084 | 삶

에 우연은 없다 · 087 | 관성의 법칙에서 벗어나려면 · 090 | 좋은 운은 가볍고 나쁜 운은 무겁다 · 093 | 폭풍 전 고요함을 감지하는 방법 · 097 | 무언가에 씌인 사람의 특징 · 100 | 천리마도 한 번에 열 걸음 가지 못하니 · 103 | 기업가의 사주와 노숙자의 사주 · 106 | 부모가 자녀에게 물려줄 최고의 유산 · 108 | 만복의 근원인 쌀을 대하는 원칙 · 111 | 가을에 금반지를 해야 하는 이유 · 114 | 금보다 은이 어울리는 사람 · 117

3부
기회는 인맥을 타고 온다 사람과 관계

살이 꼈다고 말하는 철학관을 피하라 · 122 | 공자가 알려준 '귀인'의 조건 · 126 | 관상만 보지 말고 체상을 봐라 · 132 | 믿을 수 있는 사람과 그렇지 않은 사람 · 137 | 궁합은 남녀의 애정운이 아니다 · 140 | 운명을 바꾸려면 인맥을 바꿔라 · 144 | 얼굴을 보면 나를 망하게 할 사람인지 알 수 있다 · 148 | 사주와 풍수가 말하는 무조건 멀리해야 할 인물 · 154 | 끊어야 할 인연이라면 형제라도 끊어라 · 158 | 천성부터 악인도 있다 · 161 | 인복을 높이는 7가지 법칙 · 165 | 돈보다 사람을 벌어라 · 168

4부

어디에 사는지보다는 어떻게 사는지 풍수와 공간

부자의 집터에 들어간 두 명의 재벌 회장 · 174 | 돈이 모이는 집, 돈이 도망가는 집 · 177 | 집안의 모든 것을 바꾸는 단 하나의 원칙 · 180 | 못을 잘못 박으면 기의 흐름이 끊긴다 · 184 | 집안의 앞날을 좌우하는 공간, 화장실 · 186 | 지갑은 운명을 담는 그릇 · 189 | 현관이 막혀 있으면 기운이 들어오지 못한다 · 192 | 일이 잘 풀리지 않을 때 점검해야 할 곳 · 196 | 모든 부자의 집에는 이 물건이 있다 · 199 | 마당의 풍수를 대신하는 화분 · 202 | 홍콩 건물에 구멍이 뚫려 있는 까닭 · 205 | 일터에서 지켜야 할 풍수 · 207 | 남향집의 기준은 창이 아니라 문 · 210 | 전월세 거주자를 위한 풍수 인테리어 · 213 | 시계 하나가 번영을 가로막는다 · 217

5부

좋은 얼굴이란 무엇인가 관상과 심상

사람을 볼 줄 아는 힘 · 222 | 인상과 관상의 차이 · 227 | 관상은 만드는 것이다 · 232 | 이마, 천운을 받고 벼락부자를 만드는 곳 · 238 | 눈과 눈썹, 마음을 드러내는 창 · 246 | 코, 재물과 부귀의 기운 · 250 | 귀, 지혜와 평생의 복 · 253 | 입, 중년 이후 운의 원천 · 260 | 턱, 지복을 받는 그릇 · 268 | 인생이 풀리는 손금 · 271 | 성형하면 관상이 바뀔까 · 279 | 얼굴은 운명을 비추는 거울 · 282

6부

뿌려야 할 때와 거두어야 할 때 계절과 시기

1월과 2월, 시작은 언제나 중요하다 · 288 | 3월과 4월, 만물에 생명력을 불어넣어라 · 291 | 5월과 6월, 성장하고 드러나는 달 · 294 | 7월과 8월, 온순하지만 때로는 난폭하다 · 296 | 9월과 10월, 한 해의 결실을 수확하라 · 298 | 11월과 12월, 마무리와 새로운 시작 · 301 | 윤달에는 조상이 없다 · 303 | 1년에 한 번 돌아오는 특별한 날 · 306 | 동티 나는 날 · 310 | 무슨 일이든 조심해야 할 시기 · 313

1부

운명의
작동 원리

선천과 후천

명리학이 말하는
'기적'의 실체

　동양학에서 말하는 기적이란 곧 '운運'을 의미한다. 어떤 사람은 강한 운을 만나 삶이 극적으로 바뀌기도 하고, 어떤 사람은 미약한 운으로 작은 변화를 경험하기도 한다. 운은 누구에게나 존재하지만, 보통 사람들은 그 존재를 특별하게 생각하거나 감사히 여기지 않는다. 동양의 모든 학문은 이러한 운을 만들고 얻는 구체적인 방법을 제시하며, 그 가르침을 따르는 사람만이 큰 운을 얻게 된다. 이는 세상 모든 성공한 사람과 자신의 삶을 바꾼 사람들이 한결같이 실천했던 비결이기도 하다.

　운을 만드는 첫 번째 방법은 무엇이든 된다고 확신하는 것이다. 자신을 의심하지 않는 확고한 믿음을 가져야 한다. 동서양을 막론하고 모든 학문은 인간의 능력은 무한하며, 상상 이상의 잠재력이 내재되어 있다고 강조한다. 동양학에서도 하늘은 모든 사람에게 충분한 복과 운을 주었지만, 스스로 그것을 쓰려고 하지 않기 때문에 쓸 수 없다고 말한다. 자신을 믿지 못하고 행동으로 옮기지 않는 사람에게는 운이나 기적이 찾아오지 않는다. 그러므로 "된다", "할 수 있다"라고 끊임없이 되뇌어야 한다. 성공한 사람들은 한결같이 긍정적인 마음으로 자신을 믿었으며, 실패한 사람들은 스스로를 불신하고 부정적인 생각으로 한계를 만들었다. "할 수 있어, 이까짓 것"이라는 말을 습관처럼 말하는 사람이 되어야 한다. 《논어》에 '三省吾身(삼성오신)'이라는 말이 있다. 날마다 세 가지로 내 몸을 살핀다는 뜻이다. 이는 매일 자신을 돌아보고 성찰하는 것이 중요함을 강조한다. 이는 스스로에 대한 믿음과 확신을 점검하고, 부족한 점을 개선하여 더욱 나은 존재로 나아가기 위한 출발점이다. 자기 성찰을 통해 자신의 강점과 약점을 명확히 인식하고, 이를 바탕으로 '된다'는 확신을 다지는 것은 운을 만드는 중요한 과정이다.

다음으로 위기와 포기의 의미를 이해해야 한다. 세상에 실패와 고난을 겪지 않는 사람은 없다. 중요한 것은 위기를 극복하려 노력하는가, 아니면 그저 받아들이고 포기하는가 하는 한 가지 차이뿐이다. '위기危機'라는 말은 '위태로울 위危'와 '기회 기機'가 결합된 단어다. 이는 곧 힘든 상황을 스스로를 변화시킬 기회로 삼을 것인지, 아니면 포기할 것인지에 따라 모든 것이 달라진다는 의미다. 절대 포기하지 마라. 해 뜨기 전 새벽이 가장 어둡듯이, 죽을 만큼 힘든 시기는 광명과 희망이 다가오기 직전의 순간이다. 이 시기를 이겨내고 변화를 시도하면 누구에게나 기적과 같은 삶의 변화가 찾아온다.

더 나아가 잠재의식에 목표를 각인시켜야 한다. 기적을 경험한 사람들은 하나같이 잠들기 전에 이루고자 하는 목표를 머릿속에 간절히 그렸다고 말한다. 현대 뇌 과학 역시 잠자는 동안 인간의 잠재의식이 가장 활성화되며 학습 능력이 극대화된다고 설명한다. 이 시간을 적극 활용해야 한다. 잠들기 전 10분 동안 원하는 목표와 그것이 실현되었을 때의 기쁨을 생생하게 상상하라. 이 과정은 잠재의식에 깊이 새겨져, 현실에서 목표를 이룰 수 있는 힘을 제공한다. 풍수학을 비롯한 동서양의 심리학과 성공학 모두 잠재의식의 변화를 통해 성공을 이끄는 방법을 강조한다. 결국 이 모든 것은 잠재된 능력을 끌어내기 위한 방법이며, 잠들기 전 10분의 활용이 무엇보다 중요하다. 주희가 체계화한 이론인 성리학에서는 "居敬窮理(거경궁리)"라는 말을 굉장히 중요하게 생각하고 있다. 이는 마음가짐을 늘 각성 상태로 두며 올바른 생각을 심화한다는 의미이다. 이는 마음에 좋은 원리를 끊임없이 주입하고 각인하는 수행법으로 명심, 심득, 내화, 상기로 나뉘어진다. 명심은 마음에 새기는 것, 심득은 이를 통해 마음속으로 깨달음을 얻는 것, 내화는 이 깨달음을 흡수해 자신의 것으로 만드는 것, 상기는 이를 늘 기억하고 실행하는 것을 말한다. 실제로 누구나 간절함을 가지고 늘 마음속으로 기원하게 되면 이 원리로 체계화된다는 이치이다.

또한 감사하고 사랑하는 마음을 가져야 한다. 감사와 사랑은 모든 성공으로 향하는 황금 열쇠다. 모든 성공학 강연에서 감사와 사랑을 빼놓지 않고 이야기하며, 동양학 역시 이 주제를 깊이 있게 다른다. 실제로 한 연구에서는 7주 동안 매일 배우자에게 "감사합니다", "사랑합니다"라는 말을 한 실험 참가자들의 스트레스 지수가 감소하고 항산화 능력이 증가하는 등 긍정적인 변화를 보였다. 또 다른 연구에서는 거짓이라고 전제하고 "감사합니다", "사랑합니다"라고 말했을 때도 도파민과 세로토닌 분비가 왕성해지는 결과가 나타났다. 이는 뇌가 진실과 거짓을 구분하지 못하고 긍정적인 말에 즉각 반응한다는 것을 의미한다. 반면 "짜증 나", "힘들어 죽겠네"와 같은 부정적인 말을 자주 하는 사람들은 행복 호르몬 지수가 현저히 낮아진다. 매사에 감사하지 않고 사랑할 줄 모르는 사람은 결코 기적과 운의 변화를 경험할 수 없다. 늘 사랑하고 고마워하는 마음을 가져야 한다.

마지막으로 일에서 보람을 찾아야 한다. 돈을 쫓으면 달아나고, 돈이 나를 찾아오도록 만들어야 한다. 진정으로 부유해지고 싶다면 자신의 일에서 보람과 가치를 찾고 즐거움을 느껴야 한다. 그러면 돈은 자연스럽게 따라오게 된다. 이 모든 방법들은 인위적으로도 충분히 운의 변화를 만들 수 있는 방법들이다. 항상 즐거운 일을 찾고, 즐거워지기 위해 노력해야 한다. "감사합니다", "고맙습니다", "사랑합니다" 같은 말을 입에 달고 살아야 한다. 이런 말을 할 때 얼굴에 옅은 미소가 번지고 밝은 기운이 생겨나며, 이것이 바로 기적을 선물하는 행동이 된다. 기적과 운은 멀리 있는 것이 아니다. 바로 지금 당신의 옆에, 당신의 앞에 있다. 당신 앞에 있는 그 사람에게 사랑과 좋은 마음을 표현하는 사람이 되어라.

사주를 잘못 공부하면
빠지기 쉬운 함정

　수많은 사람이 사주를 태어날 때부터 정해진 고유한 운명이라 생각한다. 같은 해, 같은 달, 같은 날, 같은 시에 태어난 사람은 존재하지 않을 것이라는 막연한 믿음 때문이다. 그러나 이는 사실과 다르다. 같은 사주를 타고난 이들이 수백 명에 이르지만, 그들의 삶은 부유한 기업가와 거리의 노숙자처럼, 혹은 행복한 가정을 이룬 사람과 힘겨운 삶을 사는 사람처럼 극명하게 갈린다. 이 현실은 사주가 개인의 운명을 결정한다는 통념이 허구임을 증명한다. 맹자는 이렇게 말했다. "人能弘道 非道弘人(인능홍도 비도홍인)." 사람이 도를 넓히는 것이지, 도가 사람을 넓히는 것이 아니라는 뜻이다. 사주라는 것은 주어진 '도'와 같아서, 그 자체가 운명을 결정하지 않는다. 오히려 그 운명을 어떻게 해석하고 활용하느냐가 삶을 결정짓는다. 같은 사주를 타고났어도 누군가는 번영하고, 누군가는 몰락하는 이유는 바로 여기에 있다.

사주는 단지 개인이 타고난 자연의 기운일 뿐, 삶의 방향을 결정하는 궁극적인 힘은 다른 곳에 있다. 실제로 수많은 사례가 이 사실을 증명한다. '갑술년 갑자월 정묘일 기유시'라는 같은 사주를 가진 두 사람이 있었다. 한 명은 대구 서문시장의 옷 가게 점원으로 시작해 현재 수백억의 자산을 소유한 사업가다. 다른 한 명은 어린 시절 부유한 가정에서 자랐으나, 결혼 후 사업마다 실패하여 노숙 생활을 하고 있다.

한편 '갑자년 임신월 갑인일 기사시'에 태어난 두 여성도 있었다. 한 명은 결혼도 못 하고 직업 없이 부모님의 속만 썩이며 지내고 있다. 다른 한 명은 약사이자 능력 있는 변호사 남편을 만나 행복한 가정을 꾸리고 있다.

그런가 하면 '기해년 정축월 경자일 경진시'라는 같은 사주를 지닌 두 여성의 삶도 확연히 다르다. 한 명은 선대로부터 물려받은 땅이 개발되어 수백억의 보상금을 받아 부유하게 살고 있다. 다른 한 명은 일찍 남편과 사별하고 시장에서 난전을 하며 홀로 힘겹게 살아가고 있다.

이처럼 똑같은 사주를 가진 이들의 삶이 완전히 다른 길을 걷는 이유는, 사주가 아닌 스스로 만들어가는 '후천운後天運'에 있다. 사주가 개인의 삶에 미치는 영향은 단지 타고난 기운의 특징을 보여줄 뿐이다.

타고난 사주보다 더 중요한 것은 후천운이다. 사주는 음의 기운이자 선천적인 조건이라면, 후천운은 양의 기운이자 개인이 살아가면서 만나는 환경과 노력에 따라 변화하는 운을 의미한다. 후천운의 가장 핵심적인 요소는 부모나 배우자와 같은 인연, 그리고 무엇보다 자신의 '마음가짐'이다. 이 마음가짐이야말로 풍수지리와 깊이 연결되어 있다. 풍수가 단순히 공간의 배치를 넘어 마음의 상태를 다스리는 삶의 태도를 의미하는 것처럼, 마음가짐은 타고난 기운을 긍정적인 방향으로 이끌어가는 결정적인 역할을 한다.

그러므로 더 이상 사주라는 함정에 갇히지 말아야 한다. 자신의 타고난 기운에 맞는 마음가짐과 삶의 태도를 갖추면 누구나 성공적이고 풍요로운 삶을 살아갈 수 있다. 사주는 단지 자신의 특성을 이해하는 하나의 도구일 뿐, 그것이 삶의 한계를 규정짓는 족쇄가 될 수는 없다. 진정한 운명은 외부의 예언에 있지 않고, 자신의 내면과 행동을 통해 만들어지는 것이다. 이제 사주라는 함정에서 벗어나, 주체적인 삶의 태도로 스스로의 후천운을 개척하며 번영의 길로 나아가야 할 때다.

전생, 현생, 내생의 인과율

우리는 누구나 한 번쯤 삶의 끝을 상상한다. 한때 세상 모든 것을 가진 듯 위세를 떨치던 사람도 시간의 흐름 앞에서는 무력한 존재가 된다. 삶과 죽음의 경계 앞에서 우리는 모두 겸허해질 수밖에 없다. 특히 사주를 탐구하는 사람들에게 전생, 현생, 내생의 연결고리는 가장 큰 화두 중 하나다. 전생의 업보가 현생에 영향을 미치고, 현생의 삶이 내생의 모습을 결정한다는 믿음은 동양 사상의 깊숙한 뿌리에 자리하고 있다.

많은 사람이 전생이나 내생의 존재에 대해 의문을 품는다. 하지만 이는 마치 누구도 가보지 못한 미래가 반드시 온다고 믿는 것과 같다. 우리는 내년이라는 미지의 시간을 당연하게 기다리듯, 보이지 않는 삶의 순환 역시 존재한다고 볼 수 있다. 전생의 삶이 현생을 만들고, 현생의 삶이 미래를 결정하는 이 인과율은 '업' 또는 '카르마'라는 개념으로 설명된다.

현재의 당신이 부유하고 행복하다면, 이는 과거에 쌓은 선업의 결과일 수 있다. 반대로 지금 삶이 힘들고 고통스럽다면, 과거의 잘못된 업이 그 원인일지도 모른다. 이 인과율은 비단 전생에만 국한되지 않는다. 현재의 삶 속에서도 우리는 매 순간 인과를 만들어가고 있다. 따라서 지나간 과거에 대한 후회나 오지 않은 미래에 대한 막연한 기대보다는, 눈앞에 놓인 현재의 삶에 집중하는 것이 가장 중요하다. 현생의 미래를 위한 업을 쌓는 세 가지 방법을 통해 운명을 긍정적으로 바꿔나갈 수 있다.

우리는 몸과 입, 그리고 마음으로 매 순간 업을 짓는다. 첫 번째, 언행을 통해 선업을 쌓아야 한다. 남을 험담하거나 악담하는 사람은 그 말의 독이 결국 자신에게 돌아온다. 말의 파장은 과학적으로도 증명된 강력한 힘을 가지고 있으며, 부정적인 말을 습관적으로 내뱉으면 현실 또한 그렇게 될 가능성이 크다. 반대로 남에게 칭찬과 격려를 아끼지 않는 사람은 긍정적인 에너지를 주변에 전파하고, 그 기운은 자신에게 돌아와 행복한 미래를 만든다. 이처럼 말은 단순한 소리가 아니라 미래를 빚는 도구임을 명심해야 한다.

두 번째, 행동으로 베푸는 삶을 살아야 한다. 불교에서는 이를 '보시'라고 한다. 재정적으로 어려운 이들에게 작은 도움이라도 나누고, 주변 사람들에게 베풀며 살아가는 삶은 당신의 미래에 긍정적인 결과를 가져온다. 모든 부자들이 한결같이 성공의 비결로 나눔과 베풂을 꼽는 것도 이 때문이다. 작은 선행 하나가 결국 큰 복이 되어 돌아온다는 것을 믿고, 수입의 일부를 베푸는 삶을 실천해 보라.

세 번째, 마음을 비우고 채우는 지혜를 배워야 한다. 마음은 모든 업의 근원이다. 미워하는 사람을 용서하고, 자신을 괴롭히는 감정을 이해하고 받아들여야 한다. 집착을 버리고 마음의 평화를 찾는다면, 진정으로 비우고 채우는 삶을 살 수 있다. 이웃의 안부를 묻고, 가족에게 감사하며, 주변 사람들에게 따뜻한 마음을 나누는 것, 이것이 진정으로 마음으로 베푸는 행위다. 이러한 마음가짐은 당신의 미래를 위한 가장 큰 투자이며, 모든 불행을 막는 방패가 되어줄 것이다.

결론적으로, 사주가 삶의 100퍼센트를 결정하는 것은 아니다. 사주는 10퍼센트 미만의 선천적 기운에 불과하며, 나머지 90퍼센트 이상의 삶은 후천적인 노력과 마음가짐으로 결정된다. 운명은 정해져 있는 것이 아니라, 지금 이 순간 당신이 만들어가고 있는 것이다. 좋은 말을 하고, 베풀며, 마음을 수련하는 습관을 통해 행복과 번영이 가득한 미래를 만들어가길 바란다.

운은 준비된 사람에게
먼저 찾아온다

 반드시 성공할 사람은 어떤 사람일까? 어느 시인은 "안 좋은 것은 노력 없이 얻게 되고, 좋은 것은 반드시 노력을 해야 얻게 된다"고 말했다. 기회 역시 마찬가지다. 준비된 사람에게 찾아오고, 준비하지 않은 사람에게는 그냥 스쳐 지나간다. 스스로에게 이러한 준비가 되어 있는지 돌아보라. 만약 준비가 충분하다면, 틀림없이 다가오는 운에서 큰 발복을 얻게 될 것이다.
 "언제 운이 풀려 삶이 바뀔까요?"라는 질문을 자주 받는다. 운은 틀림없이 모두에게 찾아오고, 단 한 사람의 예외도 없이 삶이 바뀌는 시기는 반드시 온다. 하지만 누구는 준비가 되어 있어 그 운을 고스란히 받아내어 큰 발복을 하지만, 누구는 준비가 되지 않아 운이 와도 알아채지 못하고 삶에 큰 변화를 겪지 못한다. 다음의 다섯 가지를 준비하라. 틀림없이 다가오는 운에서 삶이 완전히 바뀔 만한 큰 발복을 얻게 될 것이다.

기위사예라는 말이 있다. 이는 논어의 의미를 가장 잘 대변한 문구 중 하나로 《예기》의 〈곡례〉 편에 나오는 말인데 "기회는 미리 준비된 사람에게만 온다居其位而思其禮"는 의미로 항상 어떤 자리에 있든지 그 자리에 대한 예와 도를 생각하라는 뜻이다.

운을 맞이할 준비는 마음가짐에서부터 시작된다. 사람들은 운이 들어오면 모든 것이 한순간에 좋아질 것이라 생각한다. 하지만 1층의 조건을 가진 사람은 1층에 머물고, 10층의 조건을 가진 사람은 10층까지 올라가는 것이 운의 이치다. 10층에 올라갈 자격을 갖춘 사람이 되어야 한다. 그 자격은 대단한 능력이나 학벌이 아니라, 바로 당신의 마음가짐과 인성이다.

또한 사람을 얻을 줄 알아야 한다. 사주학에서는 "운은 사람으로부터 들어오고, 사람으로 인해 나가며, 세상 모든 일은 사람으로 인해 일어난다"고 말한다. 당신을 부자로 만들고 행복하게 할 것은 사람의 힘이다. 사람에게 대우받을 만한 인성을 갖추고 있다면, 운이 왔을 때 반드시 귀인이 나타나 기회를 줄 것이다. 하지만 평소 인덕을 갖추지 못했다면 아무리 능력 있는 사람이라도 누구도 기회를 주려 하지 않을 것이며, 설령 기회를 얻더라도 그릇된 사람됨을 탓하는 누군가에 의해 큰 몰락을 겪게 될 것이다. 그러므로 항상 주변 사람들에게 진심으로 대하고, 작은 부분에서는 손해를 보더라도 마음을 주며 소중히 여기는 태도를 가져라.

무엇보다 무엇인가 일을 하고 있어야 한다. 운은 순환하는 것이기에 누구에게나 반드시 찾아온다. 하지만 운이 왔을 때 그 운을 잡으려면 무엇인가 일을 하고 있어야 한다. 한 중국집 주인이 지인이 만든 인터넷 맛집 소개로 대박이 난 사례가 있다. 맛이 아주 특별하지는 않았지만, 평소 열심히 일하며 준비하고 있었기에 운이 왔을 때 그 기회를 잡을 수 있었던 것이다. 아무 일도 하지 않는 사람은 운을 얻어낼 마중물이 없어 운이 와도 그냥 스쳐 지나갈 수밖에 없다. 지금 하고 있는 일이 무엇이든 상관없다. 그저 열심히, 성실하게 하라. 운이 오면 지금 하는 그 일로 인해 존중과 대우를 받게 될 것이다.

더 나아가 자신에게 투자할 줄 알아야 한다. 이것은 5층에 머물 운을 10층까지 끌어올릴 수 있는 최고의 수단이다. 운이 왔을 때 그 운을 더 크게 만들 수 있는 방법이다. 늘 조금이라도 더 발전하고 개발하려 노력하라. 굳이 최고의 전문가가 될 필요는 없다. 그저 평범 이상의 실력을 갖추면 된다. 남들보다 조금 더 뛰어난 정도면 운이 왔을 때 충분히 큰 발복을 얻게 된다. 조금만 더 노력하고, 조금만 더 준비하라. 이 작은 노력이 운이 왔을 때 큰 발복으로 이끌어 줄 것이다.

마지막으로 절실함이 만사를 만든다. "세상 무엇보다 절실함만큼 성공에 연결되는 단어는 없다"는 것이 성공학의 원칙이다. 나는 사람이 얼마나 큰 성공을 이룰 사람인지를 판단할 때 그 사람의 절실함을 가장 먼저 본다. 가난한 이혼녀였던 조앤 롤링이 "해리포터 시리즈는 가난과 배고픔이라는 절실함이 만들어냈다"고 말했듯이, 절실함은 당신의 운을 더 강하고 크게 만들어 줄 것이다. 힘들다고,

앞이 보이지 않는다고 포기하거나 절망하지 마라. 지금 죽을 만큼 힘들다는 사실은, 이제 곧 그 절실함만큼 더 큰 운과 행복이 찾아올 것이라는 신호다.

운은 둥글게 순환하는 것이므로, 누구에게나 공평하게 찾아온다. 하지만 누구는 그 운을 받아내고, 누구는 받아내지 못한다. 왜 그럴까? 자신에 대한 확신이 없기 때문이다. 스스로를 믿어라. 하늘은 모든 사람에게 공평하게 운을 누릴 자격을 주었고 그 양 역시 거의 동일하다. 이를 믿지 못하고 자신을 믿지 못하니 운이 다가오지 못하는 것이다. 스스로를 믿으면 큰 운을 얻고 누리게 될 것이다.

천 명의 내 편보다
한 사람의 적을 만들지 마라

풍수학에서는 어떤 물건은 집안에 문제를 일으키므로 남에게 받지 말아야 한다고 한다. 반대로 받으면 좋은 것도 있다. 하지만 많은 사람이 인간관계에 문제를 일으키는 것들을 아무렇지 않게 공유한다. 이는 절대 남과 공유해서는 안 되는 행동들이다. 운은 사람이 가져오고 사람이 가져간다. 나를 흥하게 하는 것도 사람이고, 망하게 하는 것 역시 사람이라는 의미다. 그런데도 우리는 운을 앗아가고 망하게 하는 행동들을 무심코 저지르곤 한다. 흥하기 위해서는 반드시 망하게 하는 요인을 피해야 한다. 《논어》는 "言必信 行必果(언필신 행필과)"라고 하여 말에는 반드시 믿음이 있어야 하고, 행동에는 반드시 결과가 있어야 한다고 했다. 이는 신의를 인간관계의 근본으로 삼아야 함을 강조한다. 말과 행동이 일치하지 않는 사람은 신뢰를 잃고 결국 사람들로부터 멀어지게 된다. 이는 운을 가져다주는 '사람'과의 관계를 파괴하는 치명적인 행동이다. 사람과의 관계에서 신의를 지키는 것은 곧 자신에게 들어올 복을 지키는 행위와 같다. 따라서 남에게 상처를 주거나 신뢰를 깬다면 결국 자신의 운을 스스로 깎아내리는 결과를 초래하게 된다.

운을 차버리는 행동이란 바로 함부로 간섭하는 것이다. 간섭과 조언의 차이를 명확히 이해해야 한다. 가족 사이에는 어느 정도의 간섭이 허용되지만, 가족이 아니라면 타인의 삶에 함부로 끼어들어서는 안 된다. "그건 틀렸어", "그건 이렇게 해"와 같은 단정적인 말은 상대에게 불쾌감을 주는 간섭이다. 이를 "내 생각에는 이렇게 하는 것이 좋지 않을까?"와 같은 제안으로 바꾸어야 한다. 인생을 살면서 간섭 때문에 다툼이나 갈등이 생기는 경우가 많다. 특히 남의 가정사에는 절대 함부로 끼어들지 마라. 누군가가 불만을 이야기하는 것은 공감과 위로를 얻기 위함이지, 도움을 청하는 것이 아닐 때가 많다. 간섭은 상대방에게 하기 싫은 일을 강요하는 것이고, 이로 인해 사람을 잃게 될 수도 있는 매우 위험한 행동이다. 항상 상대가 조언을 구하는지, 도움을 원하는지 현명하게 판단해야 한다.

다음으로 비밀을 쉽게 공유하는 행동도 하지 않아야 한다. 우리 조상들은 "가장 가까운 사람에게서 가장 큰 어려움을 겪는 법"이라고 했다. 결국 나를 힘들게 하는 사람은 멀리 있는 사람이 아니라 가까운 사람인 경우가 대부분이다. 따라서 자신만의 비밀은 반드시 일정 부분 간직하고 있어야 하며, 친분의 단계에 따라 서서히 자신을 보여주어야 한다. 하지만 많은 사람이 어리석게도 조금만 친해지면 자신의 모든 것을 털어놓곤 한다. 그 순간 상대는 당신을 쉽게 알고 만만하게 보게 된다는 사실을 명심해야 한다. 친해지고 싶어 털어놓은 비밀이 오히려 자신을 더 힘들게 만드는 원인이 될 수 있다. 친했던 사람이 언제 등을 돌릴지 모르는 것이 세상사다. 만약 비밀을 말했던 사람이 등을 돌린다면 그 비밀은 당신의 발목을 잡는 약점이 될 수도 있다.

또한 돈을 제대로 쓸 줄 알아야 한다. 많은 사람이 돈을 쓰는 방법을 모른다. 그래서 돈을 잘 벌지도, 모으지도 못하는 것이다. 돈을 쓰는 것을 단순히 소모라고 생각해서는 안 된다. 돈을 '씨앗'으로 만들어야 한다는 것이 부자들의 한결같은 생각이다. 씨앗은 반드시 열매를 맺고 성장한다. 부자들은 무가치한 지출에는 단돈 100원도 아까워하지만, 씨앗이 될 돈이라면 아무리 많아도 아까워하지 않는다. 지인들에게 베푸는 돈을 아까워하지 마라. 자녀들의 미래와 성장을 위한 돈도 마찬가지다. 필요할 때 쓰는 1천 원은 필요 없을 때 쓰는 100만 원보다 가치가 더 크다. 이는 돈으로 친구를 사라는 의미가 아니다. 이미 만들어진 친분을 굳건히 하기 위한 행동이며, 내 돈이 아까우면 남의 돈도 마찬가지라는 점을 이해해야 한다.

그리고 항상 자신을 설명해야 한다. 사람은 절대 남의 마음을 저절로 알지 못한다. 자녀나 지인에게 이유 없이 오해를 받는 경우가 있을 수 있다. 특히 자녀들에게는 자신의 입장을 항상 설명해 주어야 한다. "언젠가는 내 마음을 알아주겠지"라는 생각은 아무런 도움이 되지 않으며, 오히려 평생 오해 속에서 살아갈 가능성을 높인다. 피치 못할 사정으로 자녀에게 해주지 못한 것이 있다면 반드시 그 이유를 설명하고, 지인에게 섭섭함을 주었다면 오해를 풀어야 한다. 이것이 대인관계의 가장 기본적인 원칙이며, 사람 사이의 정을 만드는 첫걸음이다.

마지막으로 남의 험담을 하지 마라. 누군가의 험담을 공유하는 것은 사람과의 관계를 망치는 가장 확실한 방법이다. 당신은 가볍게 던진 이야기일지라도 그 이야기는 반드시 돌고 돌아 당사자의 귀에 들어가게 된다. 그로 인해 당신은 한 사람을 잃는 것뿐만 아니라, 그 사람 주변의 모든 인연까지 잃게 될 수 있다. 세상은 생각보다 넓지 않아 한두 다리를 건너면 모두가 연결되어 있다. "천 명의 내 편보다 한 사람의 적을 만들지 마라"는 조상들의 가르침처럼, 적을 만들지 않도록 경계해야 한다. 자신의 이야기가 타인을 통해 전해졌을 때, 당사자는 당신을 위험한 사람으로 여기게 될 것이다. 운은 반드시 사람으로부터 들어오며, 이 원리를 깨달아야만 당신의 삶이 번영으로 나아갈 수 있다.

우주의 파동을
내 것으로

지금 당장 주변을 둘러보라. 주변 공간이 어수선하지는 않은가? 어지럽게 쌓인 책과 서류, 의자 위에 아무렇게나 던져진 옷들이 보이지는 않는가? 자신이 사용하는 모든 공간이 그러하다면, 좋은 기운이 드나드는 것을 스스로 방해하고 있는 것이다. 부자들은 자신이 소유한 것을 함부로 다루지 않는다. 소유물에 대한 강한 애착을 가지고, 자신이 머무는 공간을 항상 깨끗하고 조화롭게 유지한다. 이는 단순히 청소를 잘하는 것을 넘어, 마음속의 잡음을 줄이고 집중력과 창의력을 높이는 중요한 행위다.

우리는 흔히 성공하려면 자기 관리부터 잘해야 한다고 말한다. '수신제가치국평천하修身齊家治國平天下'라 했다. 이 자기 관리의 첫걸음은 내가 머무는 장소를 관리하는 것이고, 그다음은 내가 소유한 물건을 관리하는 것이다. 아마존의 창업자 제프 베이조스가 회사 관리 능력을 자신의 집 정리로부터 배웠다고 말한 것이나, 빌 게이츠가 저녁에 설거지를 하는 습관으로부터 마이크로소프트가 성장했다고 말한 것은 결코 우연이 아니다. 세상의 모든 거대한 성공은 이처럼 사소한 하나의 교훈이 점차 커지면서 만들어지는 것이다. 생활 풍수 또한 이와 같은 이치를 담고 있으니, 항상 주변을 정리하고 소유한 것을 소중히 여겨라. 그것이 바로 부자가 되고 모든 일이 잘 풀리는 사람이 되는 길이다.

부자가 되기 위해 주변 환경을 정리하고 소유물을 소중히 여기는 것은 곧 '수신'과 '제가'의 시작이다. 자신을 다스리는 작은 습관들이 모여 삶 전체의 질서를 만들고, 그것이 결국 성공이라는 큰 결과로 이어진다는 진리를 담고 있다.

운은 좋다고 말해야 좋아진다. 많은 사람이 자신의 생각이나 마음을 표현하는 데 서툴다. '내 마음만 아니면 되지' 혹은 '알아주겠지'라는 식으로 자신의 감정을 드러내지 않는다. 하지만 세상 그 누구도 상대의 마음을 알 수는 없다. 이는 어쩌면 신이 우리에게 준 선물일지도 모른다. 그러므로 항상 좋은 것은 좋다, 나쁜 것은 나쁘다고 명확히 표현할 줄 알아야 한다. 운 역시 마찬가지다.

운은 우주라는 무한한 기운의 파동으로 사람에게 영향을 준다. '운이 좋아지고 싶다'고 말하고 운을 긍정적으로 표현하는 사람에게는 좋은 기운의 파동이 전달되어 운이 좋아진다. 반대로 '운이 없다', '운이 나쁘다'고 말하는 사람에게는 나쁜 기의 파동이 전달되어 운이 나빠지는 것이다. 내가 수많은 부자와 빈자를 상담하며 깨달은 바에 따르면, 부자들은 대부분 운을 믿고 이를 좋게만 생각한다. 하지만 빈자들은 운을 거의 믿지 않거나 미신으로 치부하는 경우가 많다. "로켓이 날아가는 세상에 운이 어디 있나"라며 비아냥거리기도 한다. 하지만 올림픽 금메달리스트들은 항상 "운이 좋았다"고 말하고, 성공한 사람들은 "하늘의 도움이 있었다"고 말한다. 심지어 철저한 계산과 통계에 의존하는 경제학 교수조차 운의 중요성을 인정한다. 운을 믿고 운을 기분 좋게 만들어라. 그러면 운은 분명 당신에게 좋은 기운을 보내 줄 것이다.

후한 시대, 광무제의 휘하에 경엄이라는 인물이 있었다. 그는 본래 학문을 익히던 선비였으나, 무관들이 말을 타고 무기를 휘두르며 전장에서 활약하는 모습을 보고 장차 장수로서 큰 공을 세우겠다는 뜻을 품었다. 이때 훗날 광무제가 되는 유수라는 인물이 군사를 모집했는데, 이 소식을 들은 경엄은 곧바로 합류했고, 여러 전투에서 승리를 거두며 이름을 알렸다.

어느 날 경엄은 유수의 명을 받고 장보의 군을 공격하게 되었다. 장보의 병력은 막강했고 요충지마다 철저히 방비를 갖추고 있었다. 장보는 필사적으로 버텼지만, 점차 밀리자 직접 정예병을 이끌고 역습을 감행했다. 격렬한 전투 중 경엄은 다리에 화살을 맞아 피를 많이 흘렸다. 부하 장수가 잠시 물러나 재정비하자고 권했지만, 경엄은 "승리하여 주상께 술과 안주를 바쳐야 하는데, 어찌 적을 완전히 무찌르지 못하고 근심거리를 남길 수 있겠는가?"라며 공격을 이어갔다. 결국 장보는 크게 패하고 도망쳤다.

광무제는 경엄이 부상에도 불구하고 끝까지 싸워 승리를 거둔 것을 매우 기뻐하며 칭찬했다. 그는 "그대가 예전에 남양에서 천하를 얻을 계책을 제안했을 때는 실현 가능성이 없어 보였으나, 뜻이 있는 자는 결국 이루는 법이로군"이라 말했다.

이 고사는 무엇을 알려주는가? 뜻을 세우고 그것을 이루겠다는 굳은 의지를 가진 사람은 반드시 성공한다는 의미다. '운이 좋다'고 긍정적으로 말하는 것은 단순히 입에서 나오는 소리가 아니라, 성공에 대한 확고한 뜻을 품고 있다는 강력한 표현이다. 이처럼 긍정적인 말은 내면의 의지를 강화하고, 외부의 좋은 기운을 끌어당겨 운명까지 바꾸는 힘을 지닌다.

성공의 말은 성공을 부르고 실패의 말은 실패를 부른다. '할 수 있다'고 생각하고 말하는 사람은 반드시 그 일을 해낸다. 반면 '할 수 없다'고 생각하고 말하는 사람은 그 어떤 일도 해낼 수 없다. 전자의 사람은 그 말로 인해 행동하고 노력하게 되므로 완벽하지는 않더라도 목표에 근접할 수 있다. 하지만 후자의 사람은 아예 시도조차 하지 않으니 단 1센티미터도 앞으로 나아가지 못한다. 전자의 사람은 노력에 의해 성취의 정도가 달라지지만, 후자의 사람은 늘 퇴보하고 밀려나는 삶을 살 수밖에 없다.

될 사람은 어떤 말이든 그로 인한 긍정적인 효과를 생각하고 좋은 것은 따르려 하며, 상대에게 감사의 말을 할 줄 안다. 하지만 안 될 사람은 그저 남의 말을 욕부터 하고 비난거리를 찾아 상대를 자신의 감정 쓰레기통으로 삼는다. 사람들은 전자의 사람과는 대화하고 친분을 쌓으려 하지만, 후자의 사람과는 두 번 다시 만나려 하지 않는다. 그렇기에 후자의 사람은 마땅히 얻어야 할 기회조차 얻지 못하게 된다. 기회는 항상 사람으로부터 온다. 때로는 의외의 큰 기회를 얻었더라도, 그동안의 막말로 인해 스스로 그 기회를 포기해야 하는 경우 역시 생긴다. 기회는 자격을 가진 사람만이 얻는다. 많은 사람이 그 '자격'을 대단한 능력이나 스펙이라고 생각하지만, 사실 그것은 그동안 그 사람의 입을 통해 나온 말들이 쌓이고 쌓인 결과인 경우가 훨씬 많다. 큰 복과 운을 얻었다가 한순간에 추락하는 사람들은 대부분 과거에 누군가에게 상처를 주었던 말이나 행동들 때문에 그렇게 된다. 그러니 항상 좋은 말만 하고, 함부로 막말하지 마라. 그 말들이 모이고 모여 기회를 만들고, 당신의 인생을 바꾸게 될 것이다.

노력 없이 천운을 얻는
가장 쉬운 방법

　세상 모든 종교는 우리가 살아가야 할 길을 알려준다는 점에서 하나일지도 모른다는 생각이 든다. 서양의 "하늘은 스스로 돕는 자를 돕는다"는 말은 본인을 먼저 바꾸고 운의 도움을 얻으라는 뜻이다. 불교의 '일체유심조—切唯心造'는 세상의 모든 것이 마음먹기에 달려 있으니, 마음을 잘 다스리면 궁극에는 모든 운을 얻을 수 있다는 의미다. 유교의 '진인사대천명盡人事待天命'은 우리가 할 수 있는 최선을 다하고 나면 하늘도 그에 대한 응답, 즉 운을 내려보낸다는 뜻이다. 이렇듯 모든 종교가 스스로의 마음을 먼저 이야기하는 것은, 자신의 그릇이 만들어지지 않은 상태에서는 하늘이 아무리 큰 운을 주더라도 담을 수 없기 때문이다.

　복, 운, 행운, 천운. 우리는 이 '운'이라는 단어를 자주 사용하지만, 그 본질을 아는 사람은 드물다. 사주학에서 운은 태어날 때부터 정해진 '대운'을 의미한다. 하지만 같은 날, 같은 시에 태어난 사람 중 누구는 운을 누리고 누구는 누리지 못하는 이유는 무엇일까? 바로 '그릇'의 차이다. 스스로의 그릇을 잘 만들어 두어야만 운을 담을 수 있다. 모든 종교가 사람의 마음을 말하듯이, 사주학 역시 최고의 운을 얻는 조건으로 스스로의 마음가짐을 강조한다. 그렇다면 마음가짐이란 무엇이며, 운의 그릇은 어떻게 키워나갈 수 있는 것일까? 최선을 선택하여 굳게 지켜나간다는 뜻의 '擇善固執(택선고집)'이라는 말을 아는가? 이 구절은 올바른 가치관을 선택하고 흔들림 없이 실천하는 삶의 태도를 강조한다. '천운을 누리는 습관'은 단순히 행동을 바꾸는 것을 넘어, 선한 생각과 긍정적인 마음가짐을 선택하여 굳건히 지키는 데서 시작된다. 이처럼 내면의 올바른 선택이 반복될 때, 스스로의 그릇이 커지고 운을 담을 수 있는 준비가 된다.

운의 그릇을 키우는 첫걸음은 아침을 긍정적으로 시작하는 것이다. 아침은 하루를 시작하는 출발점이다. 시작이 잘못되면 좋은 결과는 기대하기 어렵다. 어제 있었던 불쾌한 일은 모두 잊고, 오늘 하루는 반드시 기분 좋게 출발해야 한다. "모든 일은 다 잘될 거야, 오늘 하루는 너무 행복할 거야"라는 긍정적인 주문으로 하루를 시작하라. 실제 연구에 따르면 억만장자의 90퍼센트 이상이 거울을 보며 이 주문을 외우는 것으로 하루를 시작한다고 한다.

이와 함께 당당한 자세를 가져야 한다. 가슴을 펴고 머리를 세워 당당한 자세를 유지하라. 사주학에서 맑고 깨끗한 '천기天氣'는 가벼워 위에 있고, 불행을 부르는 '사기邪氣'는 무거워 아래에 있다. 코와 이마가 하늘을 향하면 천기를 마시게 되고, 땅을 향하면 사기를 마시게 된다. 이렇게 마신 기운이 하루의 모든 운을 결정한다.

또한 모든 일을 좋은 쪽으로 생각하는 습관을 들여야 한다. 세상의 모든 것은 어떻게 보느냐에 따라 달라진다. 마음은 곧 행동이며, 그 행동에 의한 모든 결과는 결국 스스로의 몫이다. 긍정적으로 생각하는 마음은 행운을 끌고 다니고, 부정적으로 생각하는 마음은 불행을 끌고 다닌다.

더 나아가 자신을 사랑해야 한다. 세상에서 가장 고귀하고 유일한 존재는 바로 자기 자신이다. 자신이 없다면 세상의 무엇도 의미가 없어진다. 스티브 잡스가 죽음을 앞두고 자신의 건강을 챙기지 못한 것을 후회했듯이, 아무리 돈과 명예가 많아도 건강을 잃으면 아무 소용이 없다. 스스로를 아끼고 사랑해야만 운을 얻었을 때 그 행복과 즐거움을 온전히 누릴 수 있다.

또한 늘 후회하고 반성하는 자세를 가져야 한다. 후회하고 반성한다는 것은 자신의 실수를 인정하고 수정하려는 의지가 있다는 뜻이다. 세상의 모든 발전은 잘못을 인정하고 이를 고쳤기 때문에 가능했다. 어떤 일을 마치고 나면 "더 좋은 길은 없었을까?"라고 스스로에게 질문하라. 아무리 잘된 일이라도 "더 잘될 수는 없었을까?"라고 후회하고 반성하는 습관을 가져보라. 이 습관이 여러분의 삶을 완전히 변화시킬 것이다. 실패를 두려워하지 않는 것도 중요하다. 그림자는 빛이 있기 때문에 생겨나고, 어둠은 밝음이 있기 때문에 존재한다. 등에 빛이 있어야만 그림자가 생기듯이, 실패는 성공이 있기에 가능하다. 실패를 반성하고 똑같은 실패를 반복하지 않으려 노력하는 사람이 성공한다.

운의 그릇을 키우려면 늘 감사함을 가져야 한다. 가족, 직장 동료, 친구들. 이들이야말로 우리 인생의 행복과 부, 번영을 만들어주는 사람들이다. 우리는 이들 덕분에 돈을 벌고, 즐거움을 얻고, 보람을 느낀다. 이 사람들이 당신을 사랑하고 좋아하도록 만들어야 운이 만들어지고 커진다. 가족을 아끼지 못하는 사람은 불행을 얻을 것이며, 동료를 사랑하지 않는 사람은 불운을 얻을 것이다. 상대에게 "당신은 내 인생에 가장 소중한 사람"이라는 것을 표현하는 것을 잊지 마라. 상대에게 좋은 일이 생기면 진심으로 함께 기뻐하고, 슬픈 일이 생기면 함께 슬퍼하라. 끊임없이 베풀어라. 샘물은 퍼낼수록 더 맑고 많은 물이 고인다.

작은 것을 소중히 여기는 것도 천운을 누리는 중요한 습관이다. 작은 것을 소중히 여길 수 있는 사람이 큰 것 역시 소중히 여길 수 있다. 세상에 처음부터 큰 일만 하는 사람은 없다. 누구나 작은 것에서 시작하여 그것을 키워나가면서 큰일도 할 수 있게 된다.

항상 겸손하라. 겸손은 운을 부르는 습관이다. 동서양의 모든 철학자와 심리학자들은 항상 겸손의 중요성을 강조한다. 동양학에서는 겸손을 '자신감에서 나오는 것'이라고 말한다. 가진 것이 적은 사람에게는 겸손이라는 말을 쓰지 않는다. 겸손은 가진 것이 많은 사람이 양보하고 머리를 숙일 때 비로소 드러나는 품격이다.

저녁에는 늘 반성하는 시간을 가져야 한다. 세상의 모든 일은 시작도 중요하지만, 마무리가 가장 중요하다. 마무리가 좋아야 다음 시작도 좋아질 수 있기 때문이다. 오늘 하루 잘못한 일, 마음에 걸리는 일을 세 가지씩만 반성하는 습관을 가져라. 매일 10분 이상만 반성하는 시간을 가져보라. 분명 매일이 달라지고, 얼마 지나지 않아 삶 자체가 달라지게 될 것이다. 이것을 '일일삼성一日三省'이라고 한다. 인생의 성공을 위해 가장 중요한 말이라 할 수 있을 것이다. 삶은 생각하기 나름이다.

모든 인생에는
변곡점이 있다

 운은 항상 좋은 운과 나쁜 운이 함께 움직인다. 마치 음과 양이 같이 움직이듯, 운 역시 그러하다. 이 운 중에서 어떤 운이 더 크게 작용하느냐에 따라 인생의 흐름이 결정된다. 운이 좋게 작용하면 예상치 못한 재물이 들어오고 일이 술술 풀리지만, 운이 나쁘게 작용하면 일이 계속 꼬이고 끝없는 어려움에 빠지게 된다. 인생의 변곡점을 맞이하는 순간을 잘 이용해야만 삶이 순탄해지고 번영이 찾아온다. 모든 사람의 인생에는 변곡점이 있으며, 큰 부를 이룬 사람들은 한결같이 변곡점을 만나 삶을 완전히 바꾸었다. 가수 장윤정이 오랜 무명 생활 끝에 '어머나'라는 노래로 인생이 변한 것이나, 임영웅이 '바램'을 계기로 국민적인 스타가 된 것, 이선희가 강변가요제에서 'J에게'를 부르며 인생이 달라진 것처럼, 누구에게나 반드시 결정적인 계기는 찾아온다.
 그런데 이런 변곡점이 다가올 때는 항상 주변으로부터 듣는 일정한 소리가 있다. 현명한 사람은 이를 빨리 알아채고 준비하지만, 어리석은 사람은 이를 놓쳐 큰 운을 얻지 못한다. 미리 알고 준비하고 대비해야만 운이 왔을 때 더 큰 번영을 얻을 수 있다. 그렇다면 어떤 소리가 들려오고 어떤 변화가 찾아와야 인생의 변곡점이 가까워졌다는 것을 눈치챌 수 있을까? 옛말에 "禍福無門 惟人所召(화복무문 유인소소)"라 했다. 화와 복에는 정해진 문이 없고 오직 사람이 스스로 불러들인다는 뜻이다. 인생의 변곡점은 운의 흐름을 바꾸는 기회이지만, 그 기회를 잡는 것은 결국 스스로의 태도에 달려 있다. 지금 듣는 소리에 귀를 기울이고 긍정적인 변화를 받아들이는 것이 곧 복을 불러들이는 시작이다.

운이 좋아질 사람에게는 다툼이나 갈등의 소리가 사라진다. 일이 잘 풀리는 사람들은 한결같이 "어느 순간부터 험한 말, 과격한 말, 욕설이 사라졌다"고 말한다. 타인과 다투거나 가족 간에 갈등이 생기는 일이 현저하게 줄어든다는 것이다. 운의 변곡점이 다가올 때 왜 이런 변화가 생기는 것일까? 이는 세상을 보는 눈이 달라졌기 때문이다. 운이 나빠질 사람은 아무리 좋은 소리라도 기분 나쁘게 듣고, 사소한 말에도 부정적으로 반응한다. 이로 인해 다툼과 갈등이 생기고, 주변 사람들이 하나둘 떠나가게 된다. 반면, 운이 좋아지는 사람은 마음의 여유가 생겨 상대의 작은 실수도 너그럽게 대한다. 아예 갈등이 생길 원인 자체가 제거되는 것이다. 혹시 지금 남의 이야기가 자주 거슬리는가? 그렇다면 지금은 운이 나빠지고 있는 상태다. 하지만 남이 아무리 어리석은 이야기를 해도 '그럴 수도 있지'

라는 생각이 든다면, 번영과 행복이 찾아오는 인생의 변곡점이 가까워졌다는 신호다.

이와 더불어 존중과 대우의 소리를 자주 듣는다. 번영이나 행복이 찾아올 때 제일 먼저 듣는 소리가 바로 "잘한다", "대단하다"와 같은 존중과 대우의 말이다. 이런 칭찬의 소리는 내가 먼저 상대를 인정해 주었기 때문에 되돌아오는 것이다. 운이 나빠지는 사람은 상대를 인정하지 않고 무시하며, 타인의 장점조차 비난하기 바쁘다. 그러니 주변 사람들도 나를 부정적으로 보고, 내가 잘하는 일도 비난하게 된다. 하지만 운이 좋아지는 사람은 반대로 상대에게 좋은 말과 칭찬을 자주 한다. 그 결과 내가 하나라도 잘 해냈을 때 주변 사람들이 함께 칭찬하고 기뻐해준다. 결국 존중과 대우는 스스로의 노력으로도 충분히 바꿀 수 있다. 항상 주변 사람들의 장점과 좋은 면을 보려고 노력하라. 상대의 실수나 잘못에 즉각적으로 반응하지 마라. 내가 상대를 존중하면 상대도 나를 존중한다. 내가 상대를 무시하고 흉보면 상대도 반드시 나를 무시하고 흉본다. 전자는 나의 운을 좋게 만들고, 후자는 나의 운을 나쁘게 만드는 행위다.

덕을 쌓는 사람 곁에는 자연스럽게 사람들이 모인다. 남을 존중하고 칭찬하는 것은 곧 덕을 쌓는 행위이며, 이는 사람들에게 좋은 인상을 주어 나를 귀하게 여겨주게 만든다. 운은 사람을 통해 들어오므로, 덕을 쌓아 좋은 이웃을 많이 만드는 것이야말로 운을 불러들이는 가장 확실한 방법이다.

이런 사람은 타인에게 편한 사람이라는 소리를 자주 듣는다. 운이 좋아지는 사람에게 제일 먼저 다가오는 것은 바로 다른 사람이다. 반대로 말하면, 사람이 다가오지 않으면 절대 운이 좋아지지 않는다는 의미다. 결국 사람이 운이며, 사람이 우리에게 기회를 주는 것이다. 내가 타인들에게 편안함을 주면 줄수록 사람들은 내게 다가올 수밖에 없다. 따라서 사람이 다가오고 있다는 것은 내가 상대방을 편안하게 해주고 있다는 증거이며, 최소한 상대를 부담스럽게 만들지 않는다는 뜻이다. 운의 마중물은 처음에는 반드시 단 한 명의 사람으로부터 시작된다. 따라서 운이 좋아질 사람은 자신의 곁에 있는 단 한 사람에게 아주 잘하고, 그 사람을 아주 편안하게 만들어 준다. 운이 좋아지고 싶다면, 인생의 변곡점을 빨리 만나고 싶다면, 지금 곁에 있는 한 사람을 절대 쉽게 생각하지 말고 존중하며 최선을 다해 대우하라. 그 한 사람이 두 사람이 되고, 그 두 사람이 열 명이 되면서 머지않아 누구에게나 큰 기회와 번영이 찾아올 것이다.

또한 이런 상태에 있는 사람은 얼굴이 좋아졌다는 소리를 자주 듣는다. 운이 좋아질 사람은 예외 없이 "얼굴 좋아졌다", "무슨 좋은 일 있어? 얼굴이 환하다"는 소리를 듣는다. 반대로 운이 나빠질 사람은 "얼굴이 왜 이래? 무슨 일 있어?"라는 말을 듣는다. 상학에서는 부귀를 누릴 사람의 얼굴에 '서광'이 생기고 얼굴빛이 밝고 깨끗해진다고 말한다. 일반적인 사람들은 이를 "얼굴이 좋아졌다"고 표현하는 것이다. 얼굴빛이 환해지는 가장 좋은 방법은 바로 자주 웃는 것이다. 항상 얼굴에 부드러운 미소를 머금어라. 얼굴에 미소가 많은 사람은 그만큼 운이 좋아질 사람이다. 사람을 대할 때 늘 웃어라. 절대 인상을 쓰지 마라. 우리 조상들이 "웃음은 만복을 부르는 시작"이라고 말한 이유가 바로 여기에 있다.

무엇보다 가족들 간의 대화가 많아진다. 갑자기 운이 좋아진 사람들이 항상 하는 말이 있다. "어느 순간부터 가족들과 스스럼없이 대화를 나누고, 그들의 말에 맞장구치며 함께 웃고 있는 자신을 발견했다"는 것이다. 운이 좋아지는 사람들이 가족과 대화를 많이 하게 되는 이유는 그만큼 '귀'가 열렸기 때문이다. 조상들은 "운이 좋아질 사람은 귀가 열리고, 운이 나빠질 사람은 입이 열린다"고 했다. 그래서 "입은 만 가지 화의 근본"이라는 말도 했다. 인생의 변곡점을 빨리 얻고 싶다면 누구라도 남의 말을 계속 듣는 습관을 가지고, 자신의 말은 가능한 한 줄이는 습관을 가져야 한다. 처음에는 답답하고 자신도 모르게 말이 튀어나오겠지만, 반드시 바꿔야 한다. 운의 변곡점을 얻어 여유로움을 가진 사람은 분명 다섯 번, 여섯 번을 듣고 한 번 말하는 자신을 발견하게 될 것이다. 이렇게 듣는 횟수가 많아질수록 인생의 변곡점이 가까이 있다는 신호다. 항상 마음을 열고 상대를 인정하고, 상대방의 의견을 존중하며 들어주려고 노력하라. 그러면 조만간 인생의 변곡점을 경험하게 될 것이다.

하지만 운이 나빠질 사람들은 항상 자신의 말만 하려고 한다. 이는 자신의 주장만 옳다고 여기고 마음이 급해 여유가 없기 때문이다. 무조건 들으려고만 하고 좋은 말만 하려고 노력하라. 아무리 의견이 다르고 잘못을 지적해 주고 싶은 마음이 크더라도, 무조건 부드럽게 웃으며 편안하게 들어준다면 당신의 운 그릇은 점점 커지게 될 것이다. 그리고 이 화목이 커질수록 들어오는 운의 양도 훨씬 더 많아진다는 것을 명심하라.

변화가 시작되었다는 징조들

당신의 삶이 달라지기 시작할 때, 운명의 전환점에 서 있을 때는 반드시 특별한 신호들이 나타난다. 이를 사주학과 풍수학에서는 '운의 변환점에서 나타나는 현상'이라고 말한다. 이 신호들을 알아차리고 제대로 행동하면 당신은 큰 행운을 잡을 수 있다. 하지만 이를 놓친다면 당신의 삶은 변하지 않거나 오히려 더 나빠질 수도 있다. 지금부터 당신에게 행운이 찾아오고 있다는 일곱 가지 신호에 대해 이야기하겠다.

첫째, 삶의 일정한 패턴이 만들어지기 시작한다. 좋은 운은 항상 규칙적이고 안정적인 패턴을 가지고 움직인다. 반면, 나쁜 운은 예측 불가능하고 불규칙적이다. 당신의 하루 일과가 동일한 시간에 반복적으로 이루어지고 있다면, 이는 당신의 운이 좋아지고 있다는 확실한 신호다. 갑작스러운 불행은 자주 찾아오지만, 좋은 일들은 갑자기 오는 것처럼 보일지라도 그 뒤에는 꾸준한 노력이 숨어 있다. 당신의 삶에 규칙성이 생겼다면, 이제 좋은 일이 일어날 준비를 하라.

둘째, 만나는 사람들이 달라진다. 당신 주변의 사람들은 당신의 삶을 비추는 거울이다. 당신이 최근 부유하고 행복하며 번영하는 사람들을 더 많이 만나고 있다면, 당신의 삶도 그들과 같은 방향으로 나아가고 있다는 증거다. 반대로 힘들어하는 사람, 가난한 사람들을 자주 만난다면 당신의 운이 나빠지고 있다는 신호다. "친구 따라 강남 간다"는 말처럼, 당신의 대인관계가 당신의 운명을 결정한다. 새로운 해가 시작되면 당신의 대인관계에 변화를 주어라.

셋째, 당신의 말에서 긍정적인 에너지가 느껴진다. 운이 좋아지는 사람들의 입에서는 "좋아", "멋지네", "예쁘네" 같은 긍정적이고 밝은 말들이 끊이지 않는다. 반면 운이 나빠지는 사람들은 불평과 비난, 부정적인 말들을 달고 산다. 말은 당신의 내면을 반영하며, 운은 동질성을 가져 좋은 에너지가 있는 곳에 모인다. 당신의 언어를 바꾸는 것만으로도 당신은 운이 좋아하는 사람이 될 수 있다.

넷째, 가족들이 당신의 얼굴을 보고 웃는다. 소문만복래笑門萬福來라는 말처럼, 웃는 집에는 만 가지 복이 들어온다. 가족들의 얼굴이 당신을 보고 웃고 있다면, 당신은 이미 만복을 누릴 준비가 된 사람이다. 당신의 희생과 노력으로 가족들의 얼굴에 웃음꽃이 피기 시작할 때, 당신의 삶은 뭐든지 잘되는 방향으로 나아갈 것이다.

다섯째, 집안의 생명체가 활기차다. 풍수학에서는 집 안에 있는 식물이나 동물이 건강하고 활기차다면, 그 집은 명당이라고 말한다. 불행한 기운이 가득한 집에서는 생명체가 잘 자라지 못한다. 당신의 집안에 있는 생명체들이 아파하거나 시들지 않고 건강하다면, 당신의 삶도 건강한 기운으로 가득 차 있다는 증거다.

여섯째, 거울을 자주 본다. 거울을 자주 본다는 것은 당신의 삶에 의미가 생기고, 자신을 가꾸고자 하는 의욕이 커지고 있다는 신호다. 자신의 삶에 무관심한 사람들은 거울을 거의 보지 않는다. 만약 당신이 평소보다 거울을 자주 보게 되었다면, 이는 당신의 삶에 좋은 운이 가까이 다가오고 있다는 증거다.

일곱째, 웃음이 자연스러워진다. 웃음은 만복을 불러들이는 열쇠다. 운이 좋아질 사람들은 웃음이 자연스럽고 복스럽다. 성공한 사람들은 하루라도 웃는 연습을 하지 않으면 불안하다고 말할 정도로 웃음의 힘을 중요하게 생각한다. 당신의 웃음이 자연스러워졌다면, 이는 당신의 삶에 행운이 찾아올 준비가 되었다는 확실한 신호다.

이처럼 운은 절대 갑자기 오는 것이 아니다. 당신의 삶의 작은 변화들을 통해 당신에게 다가오고 있다. 이 신호들을 놓치지 않고, 긍정적인 행동으로 당신의 운명을 직접 만들어가라.

무의식이 보내는 신호, 길몽과 흉몽

 인생의 큰 행운이나 불행은 예고 없이 찾아오지 않는다. 종종 우리 내면의 무의식은 꿈을 통해 미래의 길흉을 암시한다. 하지만 많은 사람이 좋은 꿈을 꾸고도 그 행운을 온전히 얻지 못하고, 흉몽을 꾸고도 미리 불운을 막지 못한다. 꿈은 그저 잠시 스쳐가는 환영이 아니라, 현실의 운을 바꾸는 강력한 신호다. 꿈을 통해 얻은 메시지를 올바르게 해석하고 현명하게 실천하는 지혜를 익힌다면, 삶의 운명은 크게 달라질 수 있다.
 길몽을 꾸었다고 생각되면 반드시 행동해야 한다. 아무리 좋은 꿈이라도 현실에서의 실천이 없다면 그 기운은 바람처럼 흩어져 버린다. 꿈이 좋은 변화를 암시하는 것이라면, 그에 맞는 구체적인 행동을 취해 운의 흐름을 만들어야 한다. 예를 들어 로또 번호를 알려주는 꿈을 꾸었다면 직접 복권을 구매해야만 그 행운이 현실이 된다. 꿈의 기운은 오전에 강하게 살아나므로, 꿈의 기운을 온전히 받기 위해서는 오후에 새로운 일을 시작하는 것이 좋다고 여겨진다. 조상들이 "오전에는 꿈 이야기를 하는 것이 아니다"라고 했던 것 또한 좋은 기운이 날아가지 않도록 하기 위함이다.

흉몽을 꾸었을 때는 그 불운을 막기 위한 행동이 필요하다. 흉몽은 보통 잠에서 깬 후에도 머리가 무겁고 혼란스러운 느낌을 남긴다. 이럴 때는 세 가지를 실천해 액땜을 해야 한다. 먼저, 아침에 처음 만나는 사람에게 밝게 웃으며 인사하여 부정적인 기운을 긍정적인 에너지로 바꾸어야 한다. 또한 오전에는 감정적인 마찰이 생길 만한 상황을 피하고, 웬만하면 사람과의 만남도 최소화하는 것이 좋다. 무엇보다 중요한 것은 하루를 절제하며 보내는 것이다. 우리 조상들은 "만복은 식복으로부터 온다"고 했는데, 이는 곧 절제하는 마음이 복을 부른다는 의미다. 이런 마음가짐으로 하루를 단순하게 보낸다면 흉몽이 예고한 불운을 막을 수 있을 것이다. 소금을 뿌리는 등의 미신보다는 자신의 마음과 행동을 절제하는 것이 운의 변화를 만드는 더 확실한 방법이다. 《사기》는 한고조 유방의 책사 장량의 지혜를 두고 "運籌策帷帳之中 決勝於千里之外(운주책유장지중 결승어천리지외)"라고 칭송했다. 장막 안에서 계책을 세워, 천 리 밖의 승리를 결정짓는다는 뜻이다. 겉으로 드러나는 행동 이전에 내면에서 깊이 생각하고 준비하는 것이 얼마나 중요한지를 보여준다. 꿈의 해석과 실천도 이와 같다. 잠재의식의 장막 속에서 얻은 꿈의 메시지를 깊이 고민하고, 그에 따른 현명한 계책(길몽에 따른 행동, 흉몽에 따른 액땜)을 세우면 현실의 운명을 바꿀 수 있다. 운은 무작정 기다리는 것이 아니라, 내면의 준비와 실천으로 만들어가는 것임을 강조하고 있다.

 길몽과 흉몽을 구별하는 기준은 무엇일까. 사실 꿈의 내용 자체보다 꿈에서 깬 후의 느낌이 훨씬 중요하다. 길몽은 대체로 아침에 개운하고 상쾌한 기분을 남기며, 꿈의 내용이 선명하게 기억난다. 반대로 흉몽은 기억이 흐릿하고, 뭔가 답답하고 괴로운 느낌만 남는다. 예를 들어, 물을 보는 꿈이라도 그 물이 맑고 즐거웠다면 길몽이지만, 물이 탁하고 두려웠다면 흉몽일 가능성이 높다. 이처럼 꿈의 내용이 주는 감정과 느낌을 기준으로 길흉을 판단하는 것이 가장 정확하다. 만약 길흉이 모호하다면, 흉몽에 대한 액땜 행동을 하는 것이 손해를 보지 않는 현명한 선택이 된다.

 꿈을 통해 얻은 좋은 기운을 온전히 현실로 가져오기 위해 가장 중요한 것은 '절대 꿈 이야기를 하지 않는 것'이다. 좋은 꿈을 누군가에게 말하는 순간, 그 기운은 흩어지기 시작한다. 100의 운을 가진 꿈을 꾸었더라도, 입 밖으로 내뱉는 순간 그 기운은 점차 약해져 미미한 수준이 되고 만다. 특히 꿈을 꾼 날 오전에는 무슨 일이 있어도 꿈 이야기를 해서는 안 되며, 3일 정도는 그 기운을 스스로 간직하는 것이 좋다. 행동으로만 그 기운을 실현시키고, 입으로는 알리지 않아야 한다. 만약 꿈의 내용이나 꿈속에서 들은 말이 선명하게 기억난다면 그것은 매우 좋은 길몽의 신호이므로, 주저하지 말고 길몽에 대한 행동을 실천하여 그 에너지를 모두 얻도록 해야 한다.

물이 끓어오르는 순간을
대운이라 부른다

당신의 인생에도 물이 끓는 것처럼, 운이 폭발하는 '임계점'이 있다는 사실을 아는가? 동양학에서는 이를 '운의 임계점'이라 하고, 서양에서는 '터닝 포인트'라고 부른다. 이 특별한 순간은 어느 날 갑자기 찾아오는 것이 아니다. 당신이 지금까지 쌓아온 노력과 마음가짐이 한계를 넘어섰을 때 비로소 찾아온다. 이 임계점을 알아차리고 올바르게 행동하면 당신의 삶은 상상할 수 없을 만큼 달라질 것이다.

운의 임계점은 긍정적인 기운이 나쁜 기운을 1퍼센트라도 앞서는 순간에 온다. 대부분의 사람들은 운이 조금씩 좋아진다고 생각하지만, 실제로는 그렇지 않다. 꾸준한 노력과 긍정적인 마음이 쌓여 좋은 기운이 나쁜 기운을 아주 조금이라도 앞서는 순간, 당신의 삶은 물이 끓듯이 극적으로 변화하기 시작한다. 그때부터는 10의 힘으로 20, 30의 결과를 얻는 마법 같은 일이 벌어진다. 포기하지 마라. 당신의 작은 노력이 임계점에 도달하는 순간, 모든 것이 쉽게 풀려나갈 것이다.

이 임계점은 누구에게나 찾아온다. 우리 사주학에서는 이를 '대운'이라고 표현한다. 이 대운은 당신의 삶에 이미 수없이 찾아왔고, 앞으로도 계속 찾아올 것이다. 하지만 많은 사람들이 이 대운을 알아차리지 못하고 외면하며 힘들어한다. 대운은 당신의 곁에 항상 머물러 있다. 당신이 지금 겪고 있는 어려움조차도 대운이 가져다주는 기회일 수 있다. 지금 이 순간을 감사하고, 긍정적으로 바라보며 당신에게 찾아온 운을 소중히 여겨라. 당신의 마음가짐에 따라 운은 더 크게 머물 수도, 떠나갈 수도 있다.

운의 임계점에 도달하기 위한 가장 쉬운 방법은 바로 "된다"고 믿는 것이다. 물이 끓기 위해 계속 열을 가해야 하듯, 당신의 운이 임계점에 도달하려면 끊임없는 긍정적인 생각과 노력이 필요하다. "안된다", "내 복은 이게 다"와 같은 부정적인 생각은 당신을 더 힘들게 만들고, 임계점에 도달하지 못하게 막는 가장 큰 장애물이다. 된다고 믿고, 꾸준히 노력하는 사람에게는 반드시 행운이 찾아온다.

이와 함께 주변 사람에게 최선을 다해야 한다. 하늘은 인간이 서로 돕고 살아가기를 바란다. 당신의 가족, 친구, 지인들에게 최선을 다하는 것은 하늘의 뜻을 따르는 것이다. '순천자順天者는 흥하고 역천자逆天者는 망한다'는 말처럼, 주변 사람들을 소중히 여기고 사랑하는 사람은 반드시 번영할 것이다.

또한 매 순간순간 간절해야 한다. 당신이 어떤 위치에 있든, 얼마나 많은 것을 가졌든 삶의 고민과 걱정은 항상 존재한다. 중요한 것은 그 고민을 어떻게 대처하느냐이다. 긍정적이고 현명하게 대처하는 간절함이 좋은 운을 만든다. 당신의 삶이 지금 힘들다면, 이 순간을 간절함과 사랑으로 채워라. 당신의 간절함이 운을 끌어당기고, 그 운은 절대 당신을 떠나지 않을 것이다.

마지막으로 중요한 것을 잘 판단해야 한다. 인간이 동물과 다른 점은 유혹을 이겨내고, 중요한 것을 분별할 수 있는 힘이 있다는 것이다. 지금 이 순간 당신에게 가장 중요한 것은 무엇인가? 꼭 해야 할 일은 무엇인가? 이것을 끊임없이 생각하고 행동하라. 이 작은 습관들이 모여 당신을 운의 임계점으로 이끌 것이다.

운은 절대 우연히 찾아오는 것이 아니다. 선한 운과 올바른 풍수를 통해 당신의 삶을 조금씩 만들어갈 때, 당신은 분명 어느 순간 정말 가치 있는 삶을 살게 될 것이다.

굴러온 복을
걷어차는 사람

운이 왔다가도 머물지 못하고 떠나가는 사람이 있다. 자신이 가지고 태어난 복을 스스로 차버리기 때문이다. 운을 얻는 사람, 조만간 부자가 될 사람에게는 몇 가지 공통점이 있다. 그들은 늘 즐겁고 여유가 있으며, 부드러운 미소를 잃지 않는다. 반대로 운이 절대 따르지 않는 사람들은 다음과 같은 행동과 마음가짐을 가지고 있다.

가장 먼저 미신이나 운명을 맹신하는 태도에서 벗어나야 한다. 운명을 믿는다는 것은 자신을 믿지 못하고 노력하지 않겠다는 방증이다. 삼재나 띠별 운세, 부적 같은 미신에 의존하는 사람은 그 어떠한 운그릇도 형성할 수 없다. 운은 하늘에서 주어지는 것이 아니라, 스스로의 확고한 믿음과 꾸준한 노력으로 만들어지는 것이다. 다음으로, 꾸준하지 않은 사람은 절대 운을 얻을 수 없다. 물이 바위를 뚫는 힘은 물의 강함 때문이 아니라, 그 물방울이 바위를 두드린 횟수 때문이다. 무엇이든 포기하지 않고 꾸준히 나아가야 한다.

지금 겪는 어려움은 나중에 찾아올 행복의 가치를 깨닫게 하기 위해 하늘이 주는 시련이라 생각하고 한 걸음씩 나아가야 한다.

또한 베풀 줄 모르는 사람은 운을 얻을 수 없다. 운과 복은 베풂으로부터 만들어진다. 이것은 물질적인 베풂만을 의미하는 것이 아니다. 주변 사람들에게 마음을 베풀고, 특히 가족에게 양보하는 마음을 가져야 한다. 항상 이기려고 하는 마음이 오히려 자신을 더 힘들게 만든다는 것을 명심해야 한다. 옛말에 "水滴穿石(수적천석)"이라고 했다. 작은 물방울이 모여 단단한 바위를 뚫는 것처럼, 하찮아 보이는 꾸준한 노력이 결국 위대한 결과를 만들어냄을 뜻한다. 운이 오는 것을 기다리기만 하는 사람에게는 아무런 변화도 일어나지 않는다. 하지만 매일 성실하고 꾸준하게 자신을 단련하는 사람은 그 작은 노력이 쌓여 운의 임계점에 도달하게 된다. 이처럼 '꾸준함'이야말로 운을 만드는 가장 기본적인 원리이자, 스스로의 운명을 개척하는 힘이다.

부정적인 사람은 운을 얻을 수 없다. 긍정적인 사람과 부정적인 사람의 가장 큰 차이는 바로 행동 여부에 있다. 부정적인 사람은 머리로만 생각하고 비판할 뿐, 아무런 행동도 하지 않는다. 원인 없는 결과가 없듯이, 행동하지 않는 사람에게는 운도 기회도 찾아오지 않는다. 부정적인 마음은 운이 들어올 틈을 막아버리고, 설령 운이 찾아온다 해도 머물지 못하게 한다. 자신을 믿고 긍정적인 마음으로 행동하는 것이 운을 얻는 시작점이다. 또한 게으름과 나쁜 습관을 버리는 것은 운을 얻는 가장 쉬운 방법이다. '습관이 제2의 천성'이라는 말이 있듯, 나쁜 습관을 버리고 좋은 습관을 들이는 것은 운의 흐름을 바꾸는 중요한 원칙이다. 이 원칙을 지킬 때, 비로소 운은 폭발적으로 드러나게 될 것이다.

말 습관 역시 운그릇을 결정하는 중요한 요소다. 거친 말과 함부로 하는 말은 자신을 존중받지 못하는 사람으로 만든다. 아무리 그 자리에서 함께 웃더라도, 마음속으로는 존중과 대우를 받지 못하게 된다. 말은 부드럽고 너그럽게 해야 한다. 항상 즐거운 말, 힘을 주는 말, 칭찬의 말을 하는 습관을 들이는 것이 운그릇을 키우는 가장 쉬운 방법이다. 칭찬에 인색한 사람에게는 기회라는 운이 찾아오지 않는다. 칭찬은 상대방의 좋은 면을 보려는 마음에서 나오며, 이는 곧 마음의 여유와 너그러움을 의미한다. 항상 타인을 칭찬하는 습관을 들이면 어느 순간 주변에 좋은 사람들이 모여들고, 이는 곧 인복이라는 큰 운으로 돌아올 것이다.

공자는 "人而無信 不知其可也(인이무신 부지기가야)"라고 말했는데 말에 신의가 없으면 그 사람이 가히 무엇을 할 수 있을지 알 수 없다는 뜻이다. 말은 그 사람의 인격과 신뢰를 보여주는 거울이다. 평소에 거친 말을 하거나 함부로 말하는 사람은 신뢰를 잃고, 결국 운명까지 해롭게 된다. 반대로 진실하고 부드러운 말은 사람들의 마음을 얻고 좋은 기회를 불러들인다. 자신을 믿지 못해 부정적인 말을 내뱉는 것은 스스로의 운을 깎아내리는 행위다. 긍정적이고 자신감 있는 말은 스스로에 대한 믿음을 강화하고, 이는 곧 타인에게도 신뢰를 얻어 운명을 바꾸는 강력한 힘이 된다.

자신감이 없는 사람은 운을 얻을 수 없다. 자신감은 곧 자신을 믿고 존중하는 마음이다. 자신을 믿지 못하고 존중하지 않는 사람에게는 그 누구도 믿음을 주지 않는다. 스스로를 사랑하고 '나는 운이 좋은 사람이다, 나는 반드시 잘될 것이다'라고 끊임없이 외쳐야 한다. 말이 현실이 된다는 말처럼, 이러한 확신은 세상의 모든 복을 끌어당기는 힘이 된다. 오늘 이야기한 작은 습관들이 모여 당신의 운을 바꾸는 결정적인 순간을 만들어낼 것이다.

사주팔자는
아무것도 아니다

많은 사람이 사주를 태어날 때부터 정해진 고유한 운명이라 생각한다. 그러나 같은 연월일시에 태어난 사람은 전 세계에 수백 명에 이른다. 이들이 모두 똑같은 삶을 사는 것이 아닌데, 사주가 인생의 전부를 결정한다는 믿음은 어불성설이다. 사주는 그저 개인이 타고난 자연의 기운일 뿐, 그 기운을 어떻게 활용하느냐에 따라 삶의 방향은 완전히 달라진다. 사주라는 정해진 틀에 갇히지 않고, 스스로 운명을 개척하는 '후천운'의 중요성에 대해 이야기해보자.

사주는 연年, 월月, 일日, 시時라는 네 기둥에 담긴 여덟 글자(팔자)로 구성된다. 예를 들어 1970년 5월 8일 12시 30분에 태어난 사람이 있다고 해보자. 똑같은 사주를 가진 사람이 국내에만 최소 200명 이상 존재할 것이다. 이들이 모두 똑같이 성공하거나 실패하지 않는다는 사실은 사주가 삶의 결과를 직접적으로 결정하지 않는다는 명확한 증거다. 사주가 개인의 삶에 미치는 영향은 단지 타고난 기운의 특징을 보여줄 뿐이다.

  타고난 사주보다 더 중요한 것은 후천운이다. 후천운은 개인이 살아가면서 만나는 환경과 노력에 따라 변화하는 운을 의미한다. 대표적인 후천운은 다음과 같다. 첫째, 부모복이다. 부모의 환경과 가르침은 자녀의 삶에 지대한 영향을 미친다. 둘째, 배우자복이다. 어떤 배우자를 만나느냐에 따라 인생의 행복과 불행이 크게 좌우될 수 있다. 그리고 가장 중요한 것은 '마음가짐'이다. 이 마음가짐이 곧 풍수와 연결된다.

  마음가짐과 풍수는 밀접한 관계를 맺는다. 풍수는 단순히 집의 배치나 가구의 위치를 뜻하는 것을 넘어, 삶의 모든 방식을 아우르는 개념이다. 좋은 마음가짐은 좋은 환경을 만들고, 좋은 환경은 다시 좋은 마음가짐을 불러온다. 당신의 타고난 기운과 조화를 이루는 마음가짐을 갖고 행동할 때, 비로소 번영의 길이 열린다. 이처럼 후천적인 노력을 통해 운명을 바꾸는 것이 가능하며, 허황된 사주풀이에 현혹되지 않고 자신의 삶을 주체적으로 만들어가는 태도가 무엇보다 중요하다.

삼재에 대한 오해와 진실

삼재는 많은 사람들에게 두려움의 대상이 되어 왔다. "삼재가 들면 어떤 일이 생기나요?", "삼재인데 어떻게 해야 하나요?"라는 질문을 자주 받는다. 삼재는 들삼재, 눌삼재, 날삼재로 나뉘어 3년간 영향을 준다고 알려져 있다. 이 삼재에 대한 역사적 배경과 진정한 의미를 이해하면 막연한 두려움을 떨쳐낼 수 있다.

대부분의 사람들은 음양오행론이 중국에서 시작되었다고 생각한다. 하지만 사실 중국에는 음양론은 있었으나 오행론은 없었다. 음양오행론은 사실 우리의 고유한 이론이다. 삼재三災라는 단어는 중국에서 왔지만, 이 단어의 뿌리는 우리 민족의 시조인 단군 사상의 핵심을 이루는 삼원三元 사상에서 비롯되었다. 단군 사상의 삼원은 환웅이 하늘에서 받은 세 가지 선물인 비, 바람, 구름과 홍익인간, 제세이화, 광명이세라는 세 가지의 계율, 그리고 사람, 땅, 하늘을 의미하는 천지인에서 비롯된 세 가지의 근본 원리를 뜻한다. 이는 모두 사람을 복되게 하기 위한 수단을 의미했다.

하지만 이 삼원 사상이 당시 미개했던 중국에 전파되면서 점술의 하나인 삼재로 변모하게 되었다. 우리의 삼원이 사람을 복되게 하는 긍정적인 개념이었던 반면, 중국의 삼재는 사람에게 오는 재앙을 의미하는 부정적인 개념이 되었다. 왜 이렇게 달라졌을까? 중국은 소수의 한족이 수많은 이민족을 다스려야 하는 복잡한 민족 구성의 나라였다. 잦은 왕조의 교체 속에서 통치자들은 자신들의 권력을 정당화하고 백성을 통제하기 위해 점술을 이용했다. 새로운 왕조가 들어설 때마다 새로운 점술법이 만들어졌고, 백성을 운명에 순응하는 존재로 만들기 위해 '재앙'이라는 개념을 내세웠다. 삼재 역시 백성을 통제하고 반역을 막기 위한 수단이었던 것이다.

삼재가 들면 어떻게 해야 하는가. 신경 쓰지 않아도 된다. 우리는 백성들을 통제하기 위한 수단에 속을 필요가 없다. 이 삼재라는 개념은 반역이나 반란을 막기 위한 얄팍한 통제 수단이었을 뿐이다. 우리의 삶은 자신의 행위에 따른 결과로 이루어지는 것이지, 원인 없는 재앙은 없다. 또한, 하늘은 자식들에게 재앙을 주지 않는다. 부모가 자식에게 복을 주고자 하는 마음처럼, 하늘과 천지는 우리에게 늘 복만 주고 싶어 한다.

삼재가 들면 어떤 일이 생기는가. 아무 일도 생기지 않는다. 삼재는 원래 세 가지 복을 말하는 삼원이었다. 우리는 같은 것을 바라보더라도 어떤 관점을 갖느냐에 따라 다르게 판단한다. 이를 재앙이라고 보지 말고 복이라고 생각해보자. 우리는 복이 오는 기운을 재앙으로 오해하고 있는 것일 수도 있다.

　삼재에 신경 써야 하는가. 이 삼재를 재앙이라고 여기지 말고 복이라고 여기자. 하늘은 분명 우리 모두에게 모든 복을 누릴 수 있도록 운과 복을 주셨다. 하지만 우리가 이를 흉으로 바라보려 하기에 그 복을 제대로 누리지 못하는 것이다. 이제부터는 엉터리 점술가들의 눈속임에 속지 말고, 자신을 하늘의 자식이라 여기며 모든 복을 누릴 수 있다는 긍정적인 마음가짐을 갖는 것이 중요하다.

2부

성패는 어디에서 정해지는가

행동과 습관

심상이라는 이름의
잠재의식을 깨워라

우리 학문에는 '사주보다 관상, 관상보다 심상'이라는 말이 있다. 태어날 때 정해지는 사주보다 후천적으로 만들어지는 관상이 중요하고, 그 관상보다도 마음가짐인 '심상心相'이 훨씬 중요하다는 의미다. 동양학의 모든 것은 심상에 의해 인생의 성패가 결정된다고 해도 과언이 아니다. 별것 아닌 듯 보이는 이 사소한 습관들을 꾸준히 실천해 보라. 습관이 된 이 작은 행동들이 어느 순간 당신의 삶을 바꾸고, 주변 사람들로부터 사랑과 도움을 받는 존재로 만들 것이다.

행복한 부자가 되기 위해 하루에 한 가지씩 선행을 하는 것이 중요하다. 세계적인 야구선수 오타니 쇼헤이가 매일 쓰레기를 줍고 다닌다는 일화는 유명하다. 우리 민족 최고의 학자였던 퇴계 이황 선생 역시 "한 가지 선행을 하면 자신에게 닥칠 한 가지 불행이 사라진다"고 말씀하셨다. 운은 마음의 안정과 행복에서 비롯되며, 이는 곧 자신에 대한 만족감이다. 출근길에 끼어드는 차에 양보를 해 주거나, 길에 떨어진 휴지를 주워 쓰레기통에 넣는 등 스스로에게 기쁨을 줄 수 있는 작은 선행을 매일 하나씩 실천하라. 작은 선행은 당신의 마음을 즐겁게 하고, 얼굴에 옅은 미소를 짓게 할 것이다. 이것이 바로 운을 만드는 첫걸음이다.

이와 더불어 "나는 운이 좋은 사람이다"라고 말하는 습관을 들여야 한다. 불행한 삶을 사는 사람일수록 "왜 이렇게 재수가 없어?"와 같은 부정적인 말을 자주 한다. 반면 운이 좋은 사람일수록 "나는 정말 운이 좋아"와 같은 긍정적인 말을 많이 한다. 당신이 하는 말을 가장 먼저 듣는 것은 바로 당신의 귀와 잠재의식이다. 현대 뇌과학에서는 당신의 뇌가 당신의 말을 진심으로 받아들여 그런 상황이 계속되도록 만든다고 설명한다. 우리는 무의식적으로 자신이 운 없는 사람이 되도록 스스로 기원하며 살아가는 경향이 있다. 매일 "나는 운이 좋다, 나는 행복하다, 나는 뭐든지 잘 될 것이다"라고 소리 내어 외쳐라. 100일만 꾸준히 외치면 당신은 뭐든지 잘 되는 사람이 될 것이다.

'하루라도 책을 읽지 않으면 입안에 가시가 돋는다—日不讀書 口中生荊棘'는 말은 누구나 들어봤을 것이다. 흔히 '그만큼 책을 읽고 싶어서 안달이 났다'는 식으로 해석하는데 사실 이 구절은 배움과 수양을 게을리하면 언행이 거칠어지고 덕을 잃게 된다는 뜻이다. 입에 돋는 가시란 타인을 향한 못된 말을 뜻하기 때문이다. '나는 운이 좋은 사람이다'라고 말하는 긍정적인 습관은 단순히 입 밖으로 내뱉는 행위를 넘어, 내면의 생각과 마음을 꾸준히 수련하는 것과 같다. 좋은 말을 하는 습관이 곧 자신을 이롭게 하고 주변 사람들에게 좋은 영향을 미치는 덕德이 되기 때문이다.

또한 생각하던 일을 즉시 행동으로 옮기는 습관을 가져야 한다. 자존감이 낮은 사람은 자신에 대한 만족감이 없다. 하고 싶은 것, 먹고 싶은 것 무엇이든 좋다. 하루에 딱 한 번만이라도 스스로에게 만족감을 주는 행동을 해야 한다. 우리는 "내일부터는 꼭 걸어야지", "내일부터는 일찍 자야지"와 같은 수많은 결심을 하지만, 실제로 그것을 행동으로 옮기는 경우는 드물다. 시도하다가 실패하더라도 좋다. 매일 하나씩만 행동으로 옮겨보라. 어느 순간 당신의 실천력은 강해질 것이고, 후회 없는 삶을 살아가는 자신을 발견하게 될 것이다. 이를 통해 자신에 대한 만족감과 자존감이 높아지면, 자연스럽게 품격 있는 사람이 될 수 있다.

스마트폰에도 적용되는
생활 풍수

　현대인에게 스마트폰은 없어서는 안 될 필수품이다. 불과 20~30년 전만 해도 이 작은 기기가 이렇게 대중화될 것이라고는 상상하지 못했다. 스마트폰은 단순한 통신 수단을 넘어, 우리의 생각과 행동에 깊은 영향을 미친다. 이 때문에 스마트폰에 무엇을 담고, 어떻게 활용하는지에 따라 불행해지는 사람과 번영할 사람의 차이가 생긴다.

　성공한 모든 사람은 자신이 할 일을 메모하는 습관을 가졌다. 떠오르는 아이디어를 즉석에서 기록하고, 자주 들여다보며 되새기는 것이다. 부자들의 서재에는 수백 권에 달하는 메모 노트와 수첩이 빼곡히 쌓여 있다. 삼성의 이건희 회장이 남긴 수많은 메모 노트나, 뽀빠이 이상용 선생이 평생을 함께했다는 메모 수첩은 그 중요성을 보여주는 대표적인 예시다. 인간의 기억력에는 한계가 있기에, 아무리 좋은 생각이라도 시간이 지나면 잊히기 마련이다. 스마트폰의 메모 기능이나 녹음 기능을 활용해 자신의 생각과 반성을 기록하라.

그것이 삶의 습관을 바꾸고 큰 번영을 얻는 첫걸음이 될 것이다.

또한 저장되어 있는 가족의 이름을 바꿔라. 가족 간의 갈등이나 불행한 삶을 사는 사람들의 공통점은 생각 자체에 부정과 불행이 심어져 있다는 것이다. 이 부정적인 생각은 어떤 방식으로든 드러나 삶을 불행하게 만든다. 지금 당장 스마트폰에 저장된 가족들의 이름을 살펴보라. 행복한 사람의 이름은 사랑과 아름다움을 담은 단어들로 채워져 있을 것이다. 반면 불행한 사람의 이름은 '원수'와 같은 부정적인 단어로 되어 있을 가능성이 높다. 필자의 경우 아내의 이름을 '삶의 의미', 큰딸을 '내 꿈', 막내딸을 '내 사랑 귀염둥이'로 기록해 두었다. 아내의 휴대폰에는 내가 '행복한 부자가 된 아빠'로 저장되어 있다. 말하는 대로 이루어진다는 말처럼, 필자의 삶은 실제로 바뀌기 시작했다. 가족의 이름을 바꾸는 것은 매일 보는 그 단어들이 잠재의식에 새겨져 행동을 긍정적인 방향으로 변화시키기 때문이다. 이것이 바로 생활 풍수의 핵심이다.

조선 말기 박상길이라는 나이 지긋한 백정이 있었다. 어느 날 이웃 마을의 양반 두 명이 함께 고기를 사러 왔다. 그중 한 사람이 다짜고짜 말했다.

"상길아, 쇠고기 한 근 썰어 내오너라."

백정은 말없이 칼을 들어 능숙한 손놀림으로 고기를 잘라 내주었다. 옆에 있던 다른 양반은, 비록 눈앞의 사람이 천민이라 할지라도 나이가 많은데 함부로 부르는 것이 마음에 걸렸다. 그는 한결 부드러운 목소리로 말했다.

"박 서방, 나도 쇠고기 한 근 주시게."

박상길은 빙긋 웃으며 고기를 썰어 건넸다. 그런데 먼저 주문한 양반의 눈에 두 덩이의 양이 확연히 달라 보였다. 자신의 몫이 훨씬 적었던 것이다.

"이보게, 같은 돈 주고 한 근씩 샀는데 왜 저 사람 건 많고 내 건 이렇게 적은가?"

박상길은 잠시 손을 멈추고 조용히 대꾸했다.

"손님 고기는 '상길이'가 썬 것이고, 이 어른 고기는 '박 서방'이 썬 것이지요."

그렇다. 말은 단순한 의사소통의 도구가 아니라, 내면의 마음이 밖으로 드러나는 현상이다. 가족의 이름을 긍정적인 단어로 바꾸는 행위는 마음속에 가족에 대한 사랑과 행복을 깊이 새겨 넣는 것과 같다. 이처럼 긍정적인 말과 생각이 모여 행동을 변화시키고, 결국 삶의 번영을 불러온다.

이와 함께 스마트폰의 배경 사진을 행복한 사진으로 바꿔라. 풍수학에서 가족 사진을 중요한 소품으로 여기는 이유는, 가족의 소중함을 매일 되새기도록 하기 위함이다. 지갑이나 거실, 침실에 가족 사진을 두는 것도 같은 이유다. 하지만 실제로 이렇게 하는 사람은 많지 않다. 스마트폰의 배경 사진을 가족 사진으로 바꿔보라. 가족을 향한 사랑을 매일 되새길 수 있고, 자녀와 배우자 역시 그 마음을 느낄 수 있게 된다.

또한 스마트폰을 쉬게 하는 것도 중요하다. 현대인들은 길을 건거나 차를 마시는 순간, 심지어 식사 시간에도 스마트폰을 들여다본다. 이는 아주 잘못된 습관이다. 규칙을 정해 가족이 모두 모이는 30분이라도 스마트폰을 내려놓고 서로의 얼굴을 바라보라. 그래야 정이 생기고 사랑이 생기며, 가정이 행복해진다. 필자 가족은 식사 시간만큼은 절대 스마트폰을 보지 않는다. 밥상머리 교육을 위해서다. 같은 시간, 같은 장소에서 모든 가족의 스마트폰을 잠시 쉬게 하라. 분명 그 가정에는 행복이 찾아오고, 이로 인해 큰 번영을 얻게 될 것이다.

마지막으로 미신에 현혹되지 마라. 스마트폰의 색상이나 그 외 다른 것들은 풍수적으로 아무런 영향을 주지 않는다. 휴대폰에 현금을 넣든, 카드를 넣든, 돌아가신 분의 사진을 보관하든, 이런 것들은 운에 영향을 주지 않는다. 풍수란 여러분의 생각을 바꾸고 행동을 변화시키는 것이지, 점쟁이의 헛된 이야기가 아니다. 이런 것에 현혹되지 말고, 편하게 사용하라. 그리운 분들의 사진을 보관하고 힘들 때마다 보면서 힘을 얻어라. 심리학에서 인간의 행동은 대부분 무의식에서 비롯된다고 말한다. 무의식을 얼마나 잘 활용하느냐가 성공과 번영을 만든다는 것이다. 결국 자신의 무의식 속에 가족에 대한 사랑과 삶의 번영을 위한 것들을 심어주고 새겨 넣는 것, 그것이 진정한 성취의 길이자 행복을 얻는 길이다.

기운을 불어넣는
아침 습관

　현대인의 아침은 늘 분주하다. 알람 소리에 맞춰 허겁지겁 일어나거나, 힘겹게 잠에서 깨어나도 이내 다시 침대로 돌아가고 싶은 마음은 많은 사람이 공감하는 현실이다. 바쁜 일상 속에서 아침 시간을 온전히 활용하는 것이 쉽지 않다는 것을 알지만, 성공한 사람들의 삶을 들여다보면 공통된 습관이 있다. 바로 아침 시간을 규칙적으로 활용한다는 점이다.

　하버드대학의 연구 결과와 동서양의 지혜가 일치하는 지점을 뽑아서 소개해보자. 성공한 사람들은 예외 없이 아침에 일찍 일어난다. 이는 밤의 음陰 기운이 사라지고 낮의 양陽 기운이 시작되는 아침이야말로 세상에서 가장 맑은 기운이 머무는 시간이기 때문이다. 이 기운은 우리에게 활력을 불어넣어주는데, 하버드 대학의 심리학 교수인 윌리엄 제임스 팀의 논문에 따르면 미국의 억만장자 97퍼센트가 새벽 6시 이전에 기상한다고 한다. 현대그룹 창업자 정주영 회장은 아침 일찍 일어나는 것으로 유명했으며, 빌 게이츠는 새벽 3시 30분에 하루를 시작하고, 성공학의 대가인 잭 웰치 회장은 7시 30분이면 업무를 시작한다고 한다. 동서양을 막론하고 모든 부자와 천재들이 아침 일찍 일어나는 습관을 통해 하루를 시작하는 이유가 여기에 있다.

  아침에 일어나 가장 먼저 하는 행동은 침구 정돈이다. 단순해 보이는 이 습관은 실제 억만장자의 80퍼센트 이상이 실천하고 있다. 이들은 잠에서 덜 깬 몸을 움직여 스트레칭을 하고, 침묵과 명상으로 하루를 정리하며 마음을 깨우는 중요한 과정을 거친다. 오프라 윈프리와 휴 잭맨 같은 유명인들도 이처럼 아침에 몸을 깨운 후 잠시 사색하며 오늘 할 일을 정리한다고 알려져 있다. 또한 아침 운동 역시 빠지지 않는 습관이다. 애플의 팀 쿡은 매일 새벽 4시 30분이면 일어나 피트니스 센터로 향하고, 페이스북 창업자인 마크 저커버그는 모든 일을 하는 데 에너지가 필요하므로 새벽 운동이 필수라고 말한다. 하버드 대학의 논문에서도 억만장자 대부분이 아침에 가벼운 산책이나 달리기를 한다고 기록되어 있다. 현대 심리학자들은 아침 운동이 건강은 물론 자신감과 집중력을 높여준다고 강조한다. "勿以善小而不爲 勿以惡小而爲之(물이선소이불위 물이악소이위지)"라고 하여 선이 작다고 해서 하지 않거나, 악이 작다고 해서 행하지 마라는 말이 있다. 이는 작은 습관의 중요성을 강조한다. 부자들의 아침 습관은 얼핏 보면 사소하고 작은 행동들처럼 보일 수 있다. 그러나 이 작은 행동들이 모여 큰 변화를 만들고, 결국 성공이라는 결과를 가져온다. 아침에 일찍 일어나고, 침구를 정리하고, 가볍게 운동하는 작은 습관들이 모여 삶의 큰 차이를 만들어낸다. 이처럼 좋은 습관은 작다고 무시하지 않고 꾸준히 실천하는 것이 중요하다. 작은 선행이 큰 덕을 이루듯, 작은 좋은 습관들이 모여 큰 성공을 만들어내는 것이다.

하루를 시작하기 전에 잠시 사색하는 시간 또한 중요하다. 백만장자들의 습관을 기록한 논문에 따르면, 이들은 아침에 명상이나 심호흡을 통해 하루의 할 일을 구체적으로 계획하고 순서를 정한다. 이는 우왕좌왕하며 시간을 낭비하는 것을 막고, 업무의 효율성을 높이기 위한 현명한 방법이다. 또한 집을 나서기 전 거울을 보며 스스로에게 긍정적인 확신을 주는 습관은 백만장자들 모두가 실천하는 공통적인 행동이다. 자신을 믿지 못하면 그 누구도 자신을 믿어주지 않는다는 진리처럼, 스스로에게 힘을 불어넣는 이 습관은 성공을 위한 최고의 동기부여가 된다. 이들은 타고난 천재가 아니라, 이러한 작은 습관들이 모여 평범한 사람들과 다른 길 위에 서게 된 것이다.

발전을 가져오는
저녁 습관

여러분은 성공한 사람들이 그저 운이 좋아서 성공했다고 생각하는가? 그들은 매일 저녁 단 10분, 특별한 습관을 통해 자신의 삶을 끊임없이 발전시켜 나간다. 이 작은 습관 하나가 그들을 성공의 길로 이끌었고, 당신의 삶도 바꿀 수 있는 열쇠가 될 것이다. 지금부터 성공한 사람들이 반드시 저녁마다 실천한다는 다섯 가지 반성의 단계를 알아보자.

첫째, 말에 대한 반성을 통해 인복을 얻는다. "나는 왜 인복이 없을까?"라고 생각한다면, 당신의 말 습관을 돌아보라. 똑같은 말이라도 기분 좋게 하는 사람이 있고, 기분 나쁘게 하는 사람이 있다. 사람들은 모두 자신에게 좋은 말을 해주는 사람에게 끌린다. 오늘 만난 사람들에게 어떤 말을 했는지, 더 좋은 말은 없었는지 매일 반성하라. 이 작은 노력이 당신의 말 습관을 바꾸고, 당신의 곁에 귀인을 모으는 최고의 방법이 될 것이다.

둘째, 행동에 대한 반성은 성공을 만든다. 세상의 모든 성공은 수많은 실패와 반성 끝에 만들어진다. 손흥민 선수가 세계적인 축구 선수가 될 수 있었던 것도 끊임없는 반복 연습과 반성 덕분이다. 실패를 두려워하지 마라. 그것은 당신의 잘못을 깨닫고 더 나아갈 수 있는 '축복'이다. 매일 당신의 행동을 반성하고, 잘못을 수정하려 노력하는 습관을 들이면 당신은 반드시 성공할 것이다.

셋째, 가족에 대한 반성은 행복을 가져온다. 우리는 가장 소중한 가족에게 가장 쉽게 상처를 주는 실수를 하곤 한다. 진정한 용기는 자녀에게 "미안해, 다시는 그러지 않을게"라고 말할 수 있는 것이고, 배우자에게 자신의 잘못을 인정하고 변화를 위해 노력하는 것이다. 가족 관계에서 발생하는 문제에 대해 매일 10분씩 반성하는 시간을 가져라. 당신의 진심 어린 반성은 가족들을 감동시키고, 그들은 영원히 당신의 편에 설 것이다.

넷째, 습관에 대한 반성은 운을 끌어당긴다. 운은 좋은 습관을 가진 사람에게만 찾아오는 특별한 손님과 같다. 당신의 삶이 변하지 않는다면, 당신의 습관을 돌아보라. 매일 당신의 습관을 반성하고, 나쁜 습관을 좋은 습관으로 바꾸려 노력하는 것만으로도 당신은 운이 좋아하는 사람이 될 수 있다.

다섯째, 돈에 대한 반성은 부유함을 만든다. 부자와 가난한 사람의 가장 큰 차이는 돈을 쓰는 방법이다. 부자들은 돈을 쓰기 전에도 신중하게 생각하고, 쓴 후에도 반드시 반성한다. 반면 가난한 사람들은 후회는 하지만 반성을 통해 교훈을 얻으려 하지 않는다. 돈은 버는 것보다 쓰는 것이 훨씬 더 중요하다. 당신이 돈을 쓰는 방식에 대해 매일 반성하는 습관을 들이면, 부는 자연스럽게 당신을 찾아올 것이다.

세상에 반성 없이 발전하는 것은 없다. 당신의 삶도 마찬가지다. 매일 저녁 10분, 이 다섯 가지 반성의 기술을 통해 당신의 삶을 끊임없이 업그레이드하라. 이 작은 습관이 당신을 행복과 번영의 길로 이끌 것이다.

복 있게 먹으면
재물이 몰려온다

음식을 먹는 행위는 단순히 배를 채우는 것을 넘어, 한 사람의 경제적 운과 인격을 드러내는 거울과 같다. 옛 선인들은 식사를 통해 그 사람의 재물복, 즉 '식복食福'을 가늠했다. 풍수에서 집의 대문을 중요하게 여기듯, 관상학에서는 입 주변을 재물을 담는 그릇이라고 부른다. 만약 식사 중에 무심코 이러한 행동을 하고 있다면, 이는 당신의 복을 스스로 깎아내리는 행위일 수 있다. 가난과 불행을 불러들이는 습관을 버리고, 운이 따르는 식습관을 익혀야 한다.

먼저 식사 중 수저를 뒤집어 놓거나 한숨을 자주 쉬는 행동을 경계해야 한다. 동양에서는 식사를 마쳤다는 뜻으로 수저를 엎어놓는 것을 '운이 다했다'는 부정적인 의미로 받아들였다. 실제로 심리학적으로도 이러한 행동은 늘 편안함만 추구하고 상대를 배려하는 마음이 부족한 사람에게서 자주 나타난다. 이와 더불어 식사 중에 습관적으로 한숨을 쉬는 사람은 패배주의에 물들어 스스로를 불행하게 만든다. 동서양을 막론하고 이러한 태도는 좋은 운의 흐름을 막고, 주변 사람에게도 부정적인 기운을 전염시키는 결과를 초래한다.

또한 음식에 대한 투정이나 욕심을 부리는 것은 식복을 스스로 차버리는 행동이다. 음식을 맛없다고 투덜대거나, 음식을 남겨서 버리는 습관은 음식에 대한 감사와 절제력이 부족함을 보여준다. 이런 사람과 식사를 하면 함께하는 사람의 기분까지 상하게 만든다. 반대로 음식을 맛있게 먹는 사람은 주변에 긍정적인 기운을 전파하며, 사람들에게 호감을 얻는다. 예의 없이 자신의 몫 이상으로 욕심을 부리거나, 남길 것을 알면서도 많이 담는 습관은 절제력이 없음을 보여주며, 결국 주변에 사람이 머물지 못하게 만든다. 《논어》에는 "君子食無求飽 居無求安 敏於事而慎於言(군자식무구포 거무구안 민어사이신어언)"이라는 격언이 있다. 군자는 먹을 때 배부름을 구하지 않고, 거할 때 편안함을 구하지 않으며, 일에는 민첩하고 말에는 신중하다는 뜻이다. 이 글귀는 군자의 태도를 통해 식사의 본질적인 의미를 되새기게 한다. 음식에 대한 욕심과 편안함만을 추구하는 태도는 지양하고, 먹는 행위 자체에 몰입하여 절제하고 경건한 마음을 가져야 한다. 식사라는 행위 속에서 드러나는 작은 습관과 마음가짐이 곧 그 사람의 인격과 덕을 보여준다는 깊은 뜻을 담고 있다. 이처럼 식사 시간을 단순히 배를 채우는 시간이 아닌, 자기 수양의 시간으로 여길 때 비로소 내면의 풍요와 함께 외부의 복도 따라오게 될 것이다.

식사 중 소리를 내거나 다리를 떠는 행위는 예의와 안정감이 부족함을 나타낸다. 쩝쩝 소리를 내며 먹는 것은 상대를 배려하지 않는 태도이고, 습관적으로 다리를 떠는 것은 마음의 여유가 없음을 보여준다. 이러한 사람은 어디를 가든 존중받기 어렵고, 시작은 잘해도 끝마무리가 부족한 경우가 많다. 이와 더불어 식사 시간에 휴대폰을 보거나 신문을 읽는 등 딴짓을 하는 것 또한 경계해야 한다. 식사 시간은 가족이나 동료와 소통하고 교류하는 중요한 시간인데, 다른 것에 집중하는 행위는 관계의 소홀함을 드러내며 결국 인복을 잃게 만든다.

음식에 대해 지나치게 까탈을 부리는 습관 역시 경계해야 할 태도다. 무엇이든 트집을 잡는 사람은 습관적으로 모든 것에 불만을 갖기 때문에 주변 사람들이 불편함을 느끼게 된다. 복은 여유와 배려에서 온다. 작은 음식 하나에도 까탈을 부리며 감사할 줄 모르는 사람은 사람의 마음을 얻지 못하고, 결국 인복을 잃게 된다. 예로부터 "천복이 있는 놈이 인복도 있고, 인복이 있는 놈이 식복도 있다"고 했다. 하늘의 복, 사람의 복, 그리고 음식의 복은 서로 연결되어 있다는 뜻이다. 이처럼 식사 습관은 단순한 행동이 아니라, 우리의 마음가짐을 투영하고 삶의 복을 결정하는 중요한 요소임을 잊지 말아야 한다.

말에
향기를 담아라

　당신이 사용하는 말이 당신의 삶을 어떻게 바꾸는지 알고 있는가? 말의 힘은 과학적으로 증명된 사실이며, 수많은 연구가 그 놀라운 결과를 보여주고 있다. 말은 생체 에너지를 만든다. 긍정적인 말을 들려준 밥은 부패하지 않고 몸에 좋은 곰팡이가 피었지만, 부정적인 말을 들려준 밥은 시커멓게 썩어버렸다는 일화가 있다. 이는 당신의 말이 당신 주변의 모든 것에 생기와 활력을 불어넣거나, 반대로 죽음의 기운을 퍼뜨릴 수 있음을 보여준다. 당신의 가족에게, 당신의 배우자에게 어떤 에너지를 주고 싶은가? 긍정적인 말은 당신의 삶에 활력을 불어넣는 마법과 같다.

　말하는 대로 현실이 된다. "말하는 대로 된다"는 우리 조상들의 지혜는 과학적으로도 증명된다. 성공한 사람들은 항상 "된다", "할 수 있다"와 같은 긍정적인 말을 사용하며, 행복한 미래를 상상한다. 반면, 불행한 사람들은 "안 될 거야", "힘들 거야"와 같은 부정적인 말을 달고 살며, 불행한 미래를 걱정한다. 당신의 말이 곧 당신의 미래가 된다는 사실을 잊지 마라. 지금 당장 당신의 언어를 바꾸고, 긍정적인 미래를 상상하라.

말의 힘은 이미 옛이야기에도 깊이 새겨져 있다. 한 제자가 스승에게 물었다.

"무엇이 가장 무섭습니까?"

스승은 붓을 꺼내 글을 썼다.

"칼刀이다. 칼은 사람의 목숨을 빼앗을 수 있기 때문이다."

그러고는 다른 종이에 다시 썼다.

"입口이다. 칼로 입은 상처는 치유될 수 있지만, 말로 입은 상처는 평생 치유되지 않기 때문이다."

이 이야기는 칼보다 말이 더 무섭다는 것을 강조하며, 말 한마디가 상대방의 인생에 깊은 상처를 남길 수 있음을 깨우쳐준다. 동시에 말의 중요성을 깨달은 사람은 신중하고 아름다운 말로 자신의 인생을 풍요롭게 가꿀 수 있다는 지혜를 담고 있다.

성공한 사람들은 타인을 칭찬한다. 부자들은 자신의 옆에 있는 사람을 높여주고 칭찬하는 데 능숙하다. 그들은 자신을 돋보이게 하는 것보다, 주변 사람들을 빛나게 하는 것이 결국 자신을 더 높이는 길임을 알고 있다. 당신의 배우자나 지인을 멋지게 포장할 줄 알아야 한다. 당신 주변의 사람들이 빛날 때, 당신의 삶도 함께 빛나게 될 것이다.

말에 향기를 담아야 한다. 욕설이나 비속어는 당신의 에너지를 혼탁하게 만들고, 당신에게 찾아올 운을 가로막는다. 성공한 사람들의 말에서는 부드럽고 향기로운 기운이 느껴진다. 항상 진심 어린 말, 상대에게 힘을 주는 말, 칭찬하는 말을 사용하라. 당신의 말에 향기가 담길 때, 사람들은 당신과 함께하고 싶어 하고, 그 속에서 당신의 인생을 바꿀 기회와 행복을 얻게 될 것이다.

더 나아가 부정적인 표현을 긍정적으로 바꿔야 한다. 같은 말이라도 어떻게 하느냐에 따라 그 결과는 완전히 달라진다. "안 된다"라는 말 대신 "이렇게 해보는 건 어때?"와 같이 상대의 의견을 존중하는 말투를 사용하라. 상대의 말을 무조건 부정하는 습관은 당신의 인간관계를 망치고, 결국 당신에게 오는 좋은 기회들을 막아버린다.

당신의 말은 단순한 소리가 아니다. 당신의 삶을 만들어가는 강력한 도구다. 오늘부터 당신의 언어를 바꾸는 작은 노력을 시작하라. 긍정적인 말로 가득 찬 당신의 삶에는 분명 행복과 풍요가 찾아올 것이다.

삶에
우연은 없다

여러분은 뭘 해도 잘되는 사람들을 보며, 그저 운이 좋아서 그런 것이라고 생각한 적이 있는가? 또는 그들이 특별한 재능이나 엄청난 유산을 물려받았기 때문이라고 생각했는가? 성공한 사람들을 만나보면 그들 안에 숨겨진 놀라운 공통점을 발견하게 된다. 그들은 한결같이 자신들의 성공을 운과 주변 사람들 덕분이라고 이야기하며 겸손함을 잃지 않는다. 성공은 타고나는 것이 아니라, 만들어지는 것이다. 지금부터 당신의 삶을 원하는 방향으로 이끌어줄, 뭘 해도 잘되는 사람들의 다섯 가지 비밀을 공개한다.

첫째, 그들은 부자들의 흉내를 낸다. 성공한 사람들은 성공을 이루기 위해 성공의 길을 따라가야 한다는 단순한 진리를 알고 있다. 그들은 끊임없이 배우고 탐색하며, 부자들의 생활 방식과 행동 습관을 모방한다. 자신의 분야가 아니더라도 돈을 벌고 불리는 지식에 관해서는 전문가 못지않은 수준을 자랑한다. 그들은 성공을 위한 가장 빠른 길이 이미 성공한 사람들의 발자취를 따라가는 것임을 알고 있다. 독서를 통해 부자들의 지혜를 배우고, 그것을 자신의 삶에 적용하는 것. 이것이 바로 그들이 운을 끌어당기는 첫 번째 비결이다.

둘째, 그들의 말 속에는 비관적인 말이 없다. 성공한 사람들은 의외로 융통성이 좋고 유머러스하다. 하지만 그들의 말을 자세히 들어보면 "한번 해보자", "재밌겠네"와 같은 긍정적인 표현들뿐이다. "안 될 거야", "시간 낭비야" 같은 부정적인 말은 찾아볼 수 없다. 그들은 모든 상황 속에서 긍정적인 가능성을 찾아내고, 사람들과 어울리며 얻는 사소한 정보들 속에서도 성공의 기회를 포착한다. 비관적인 태도는 당신에게 찾아올 운을 가로막는 가장 큰 걸림돌이다. 지금 당장 당신의 말 습관을 바꿔라. 당신의 언어가 바뀌면 당신의 운명도 바뀐다.

셋째, 그들은 내 이득보다 상대의 이득을 먼저 생각한다. 뭘 해도 잘되는 사람들의 주변에는 항상 사람들이 많다. 그들은 자기만 아는 이기적인 사람이 아니라, 주변 사람들과 함께 성장하려는 마음을 가지고 있다. 다른 사람들의 성공과 실패 경험을 자신의 삶의 '내비게이션'으로 삼아 시행착오를 줄인다. 이들은 늘 주변 사람들이 좋아하는 것을 함께해주려 노력하고, 타인과의 관계를 통해 얻는 경험과 지식을 자신의 자산으로 만든다. 당신이 먼저 베풀고 진심으로 대할 때, 사람들은 당신에게 모든 것을 나누고 싶어 할 것이다.

넷째, 그들은 힘들수록 강한 에너지를 가지려 노력한다. 활기차고 에너지가 넘치는 사람에게는 자연스럽게 좋은 기운이 모인다. 성공은 곧 에너지의 산물이다. 풀 죽은 모습, 지친 모습, 자신감 없는 태도는 당신에게 오는 운을 막는 최악의 행동이다. 어깨를 펴고, 허리에 힘을 주고, 당당하게 웃어라. 당신의 몸속 에너지가 살아나 강해지면, 당신의 운도 함께 좋아질 것이다. 스스로를 일으켜 세우는 힘이야말로 당신의 운명을 바꾸는 강력한 원동력이다.

다섯째, 그들은 약속을 소중히 여긴다. 성공한 사람들은 신뢰가 인생에서 가장 중요한 자산이라는 것을 알고 있다. 세상의 수많은 기업들이 막대한 광고비를 쏟아붓는 이유가 바로 '신뢰'를 얻기 위해서다. 하지만 인간관계에서 신뢰를 얻는 가장 확실한 방법은 바로 '약속을 잘 지키는 것'이다. 당신이 믿을 수 있는 사람이 될 때, 사람들은 당신에게 중요한 정보를 기꺼이 공유하고 기회를 만들어줄 것이다. 이처럼 작은 약속 하나를 소중히 여기는 습관이 당신을 성공의 길로 이끌 것이다.

성공은 결코 우연이 아니다. 운을 끌어당기는 생각과 행동, 그리고 마음이 합쳐질 때 비로소 만들어지는 결과다. 오늘부터 이 다섯 가지 비밀을 당신의 삶에 적용해 보라. 당신의 작은 변화가 모여, 당신의 운명을 완전히 바꿔 놓을 것이다.

관성의 법칙에서
벗어나려면

관성의 법칙이라는 말이 있듯이, 우리의 삶은 무의식적인 습관이 쌓여 만들어진다. 변화를 갈망하지만 늘 같은 생활을 반복하며, 어느 날 갑자기 찾아올 행운만을 바란다면 진정한 삶의 변화는 기대할 수 없다. 톨스토이가 말했듯, 작은 변화가 시작될 때 비로소 삶의 진정한 가치를 발견하게 된다. 부자가 되고 싶고, 현재의 삶을 바꾸고 싶다면, 의식적인 자각과 노력을 통해 변화를 만들어내야 한다.

먼저 삶의 목표에 대한 절실함을 가져야 한다. 만약 정부가 열흘 안에 20킬로그램을 감량하면 10억 원을 주겠다고 제안한다면, 사람들은 생명의 위험을 무릅쓰고라도 목표를 달성하기 위해 모든 노력을 기울일 것이다. 이것이 바로 절실함의 힘이다. 중간에 포기하는 이유는 대개 그 목표를 진심으로 절실하게 원하지 않기 때문이다. 인간의 위대한 업적 대부분이 절실함이라는 동기에서 비롯되었다. 돈이 없어도 그저 '불편할 뿐'이라고 생각한다면 절대 부자가 될 수 없다. 부에 대한 뜨거운 절실함을 먼저 마음에 품어야 한다.

절실함을 실행으로 옮기는 가장 강력한 동기는 '사명감'이다. 부자가 되겠다는 사명감을 가지고, 부를 위해 어떤 것이든 하겠다는 마음가짐을 가져라. 과거 '4당 5락'이라는 말이 있었듯, 성공하겠다는 의지로 잠을 줄이고, 남들이 놀고 쉴 때 깨어 고민하고 연구해야 한다. 대강대강 남들처럼 한다면 남들과 똑같은 결과만 얻을 뿐이다. 남들이 잠든 시간에 고민하고 준비하는 태도는 당신의 삶을 근본적으로 변화시킬 것이다.

하지만 일에 대한 마음가짐은 단순히 고통스러운 노력이 되어서는 안 된다. 부자들은 일이 '하고 싶어서' 출근하고, 그 일을 '재미있게' 즐긴다. 돈을 벌기 위해 마지못해 일하는 것이 아니라, 일 자체에서 오는 즐거움과 만족감을 느끼는 것이다. 요식업에 종사한다면 손님들이 당신의 음식을 맛있게 먹고 행복해하는 모습에서 즐거움을 찾아야 한다. 물건을 만드는 사람이라면 경쟁사보다 당신의 제품이 선택받는 그 순간을 즐길 줄 알아야 한다. 일이 놀이가 되는 순간, 돈은 자연스럽게 따라오게 된다.

성장과 성공을 위해서는 '좋은 멘토'를 반드시 곁에 두어야 한다. 잘못된 길을 가고 있는데도 아무도 조언해주지 않는다면, 스스로 깨닫기란 매우 어렵다. 나이와 상관없이 배울 것이 있다면 머리를 숙이고 배워야 한다. 자신이 하는 분야의 최고 전문가, 즉 '명인'을 찾아가 그의 삶과 방식을 배우라. 그들의 영상이나 글을 수백, 수천 번 보며 그들의 사고방식을 체화하려 노력하는 것도 좋은 방법이다.

'내가 찾아간다고 만나줄까?'라는 지레짐작으로 포기하지 말고, 용기를 내어 그들에게 다가가라. 이미 한 분야의 명인이 된 사람들은 당신이 겪는 고난을 모두 경험한 이들이기에, 당신의 노력을 대견하게 여기고 조언을 아끼지 않을 것이다.

마지막으로 '한결같은 마음'을 지켜야 한다. 모든 성공의 비결은 초심을 잃지 않는 한결같음에 있다. 어려웠던 시절, 단돈 천 원이 아쉬웠던 순간의 소중한 기억을 절대 잊어서는 안 된다. 그리고 성공을 이루었을 때, 당신에게 도움의 손길을 내밀었던 이들처럼 당신 역시 누군가의 손을 잡아줄 수 있어야 한다. '처음과 같이 항상 이대로 영원히'라는 성구처럼, 힘들었던 시절의 마음가짐을 잊지 않고 늘 한결같이 살아간다면 당신의 성공은 더욱 단단한 기반 위에 서게 될 것이다. 이 다섯 가지 습관은 단순히 돈을 버는 기술이 아니라, 그릇을 키워 운과 복을 담아내는 삶의 태도이다.

좋은 운은 가볍고
나쁜 운은 무겁다

부자들이 어떻게 큰 부자가 되었는지 물으면, 대다수는 '운이 좋았다'고 대답한다. 많은 사람이 운이라는 것을 무시하고 외면하지만, 세상에는 분명 자신의 능력이나 실력을 뛰어넘는 '운'이라는 것이 존재한다. 운이 존재하지 않는다면 부자가 되거나 큰 성취를 이룬 이들이 한결같이 운의 중요성을 말하지 않았을 것이다. 홍콩과학기술대학교 경제학과 김현철 교수가 인생의 8할은 운이며, 운에 의해 모든 사람의 삶이 만들어진다고 말했듯이, 어떤 사람이 가난하거나 부유한 나라에 태어나는 것부터 인맥, 사회 활동 등 모든 분야에서 운이 좌우하는 경우가 대부분이다.

하지만 어리석은 사람들은 운을 애써 외면하며, 운은 없다고 말한다. 이는 운을 누려보지 못한 사람들이 주로 보이는 현상이다. 마치 서울에 가보지 않은 사람이 서울에 대해 더 아는 척하는 것과 같다. 부자가 된 사람들이나 큰 성취를 이룬 사람들은 한결같이 운이 존재하며, 운의 도움이 얼마나 크냐에 따라 일의 성패가 결정된다고 말한다.

그렇다면 왜 부자가 되어보지 못한 사람들은 한사코 운을 부정하는 것일까? 이는 자기 자신에 대한 부정과 같다. 세상의 모든 학문 중에서 유일하게 운을 다루는 사주학은, 운은 마음에서 생기고 말로 만들어지며 행동으로 결실을 맺는다고 말한다.

말은 단순한 소리가 아니라, 사람의 마음을 다치게 하거나 용기를 주어 일으켜 세우는 힘을 가졌다. 말에는 곧 기운이 담겨 있으며, 그 기운이 긍정적이든 부정적이든 우리의 삶에 큰 영향을 미친다. 이처럼 말은 운을 부르기도 하고 내쫓기도 하므로, 우리는 말을 신중하게 사용해야 한다.

사주학에서는 좋은 운은 맑고 가벼우며, 나쁜 운은 탁하고 무겁다고 말한다. 좋은 운은 자주 옮겨 다니지만, 나쁜 운은 한 번 내려앉으면 좀처럼 떠나지 않는다. 그래서 부자가 되기는 어렵고, 가난에서 벗어나기는 더욱 어렵다. 운을 내쫓는 말은 결국 나쁜 운을 머물게 한다. 욕설은 맑고 깨끗할 리가 없다. 이 말은 상대방뿐 아니라 자신의 기분까지 나쁘게 만든다. 욕설을 자주 하는 사람 중에 좋은 운을 얻어 부자가 되는 경우는 드물다. 또한, 남과 비교하는 말은 상대방을 초라하게 만들고, 운을 부르는 '자신감'을 잃게 한다. 사주학에서 운은 자신감과 자존감에서 온다고 말하므로, 비교의 언어는 곧 운을 없애는 언어다. 상대의 인격을 무시하는 말 역시 자존감을 다치게 하는데, 자존감을 잃은 사람에게 운이 찾아올 리 없다. 상대 부모님을 욕하는 말은 상대방의 존재 자체를 부정하는 말이다. 세상 모든 사람은 부모님을 통해 태어난다. 운은 반드시 사람을 통해 오며, 운을 옮기는 이는 무조건 사람이다. 이렇게 한다면 당신은 사람으로부터 그 어떤 운도 기회도 얻지 못할 것이다. 독이 있는 말도 마찬가지다. 모진 말, 욕설, 탁한 언어를 쓰면 입이 탁해지고 텁텁해지는데, 그 독은 당사자가 제일 먼저 삼키게 된다. 이런 말을 하는 사람에게는 좋은 운이 오지 않고, 항상 나쁜 운이 따르게 된다.

반면 운을 부르는 말은 당신의 삶을 긍정적으로 변화시킬 수 있다. "우리 같이 할까?"와 같은 공동체의 언어를 사용하면, 사람은 자신이 꼭 필요한 존재라고 느낄 때 더 긍정적으로 변하고 자신감이 강해진다. 이러한 언어를 사용하는 당신에게는 가족뿐 아니라 누구라도 마음의 벽을 허물게 될 것이다. 이것이 바로 기회와 운을 얻는 언어다. 우리 사회에서의 성공은 상대가 잘할 것이라는 믿음, 서로에게 보여주는 신뢰에 달려 있다. 자녀에게 "네가 자랑스럽다"고 말하고, 배우자에게 "당신을 만난 것이 내 인생 최고의 선택이었다"고 말하며, 친구와 동료에게는 "나는 늘 당신을 신뢰하고 있다"고 말하라. 누구나 당신을 위해 최선을 다할 것이며, 당신의 앞날은 분명 밝아질 것이다. "감사합니다", "고맙습니다"라는 말은 사주에서 운을 부르는 최고의 언어다. 조상들은 고마움을 모르는 사람을 가까이 두지 말라고 했다. 모든 다툼은 미안함을 표현하지 않기에 생기고, 모든 행복은 감사함을 표현하는 것에서 시작된다. 부유하고 성공하며 행복한 삶을 살고 싶다면, 늘 감사하는 말을 입에 달고 다녀라. 또한, 인간의 모든 다툼은 미안함을 표현하지 않기에 생긴다. 잘못한 부분에는 진심으로 분명하게 사과하라. 그래야 적이 생기지 않고 타인에게 원망을 듣지 않게 된다. 운을 만드는 최고의 행동은 배움이다. 모르는 것을 아는 척하며 건방 떠는 것을 사람들은 싫어한다. 모르는 것은 모르겠다고 분명히 밝히고 배움을 청하라. 조상들은 "세 사람이 길을 가면 반드시 나의 스승이 있다三人行必有我師"고 했다. 항상 배우려는 자세를 가져야 삶에 번영과 행복이 생긴다.

폭풍 전 고요함을
감지하는 방법

인생은 백 번의 좋은 일보다 한 번의 불행이 더 치명적일 수 있다. 그 한 번의 불행이 당신이 쌓아온 모든 것을 한순간에 앗아갈 수 있기 때문이다. 하지만 불행은 갑자기 찾아오지 않는다. 마치 폭풍 전 고요함처럼, 큰 불행이 닥치기 전에는 반드시 몇 가지 전조 증상이 나타난다. 이 신호들을 미리 알아차리고 대비하면, 불행을 피하거나 그 크기를 줄일 수 있다. 지금부터 당신에게 불행이 찾아오고 있다는 일곱 가지 신호를 알아보자.

첫째, 기운이 계속 다운된다. 운이 나빠지기 시작하면, 당신의 몸과 마음은 이를 먼저 감지한다. 왠지 모르게 의욕이 없고, 짜증이 나며, 몸에 힘이 빠지는 현상이 지속된다면 이는 당신의 기운이 막히고 있다는 신호다. 이런 느낌이 든다면 억지로 무언가를 하려 하지 말고, 잠시 휴식을 취하라. 이 시기에 무리하게 일을 진행하면 큰 불행을 겪게 될 수도 있다.

둘째, 꿈을 꾸었지만 내용이 기억나지 않는다. '꿈자리가 사납다'는 말처럼, 꿈은 당신의 무의식이 보내는 중요한 경고다. 꿈의 내용이 혼란스럽고 복잡했는데 전혀 기억이 나지 않고 머리만 묵직하다면, 이는 좋지 않은 징조다. 이런 날은 중요한 결정이나 새로운 일을 시작하지 말고, 평소 하던 일만 하면서 하루를 보내는 것이 현명하다.

셋째, 주변 사람들이 당신의 얼굴을 보고 걱정한다. 불행이 찾아오기 전에는 당신의 얼굴에 그늘이 드리워지지만, 정작 자신은 이를 알아차리지 못한다. 주변 사람들이 "얼굴이 어두워 보인다", "무슨 걱정이 있냐"와 같은 말을 한다면, 이는 당신의 무의식이 보내는 경고를 주변 사람들이 대신 전해주는 것과 같다. 이럴 때는 대수롭지 않게 넘기지 말고, 자신의 일상을 다시 점검하고 조심하는 태도를 가져라.

넷째, 사소한 다툼이 계속 생긴다. 큰 불행은 사소한 다툼이나 작은 사건들이 반복되다가 발생하곤 한다. '하일리 법칙'처럼, 큰 사고는 작은 실수들이 계속 쌓이다가 터지는 것이다. 왠지 모르게 불편하고 다툼이 계속 생기는 사람이 있다면, 잠시 그 사람과의 만남을 피하는 것이 상책이다.

다섯째, 너무 좋은 일이 생긴다. '호사다마好事多魔'라는 말은 절대 허언이 아니다. 가장 좋은 일 뒤에는 가장 나쁜 일이 따라올 수 있다. 너무 좋은 일이 생겼다면 절반만 기뻐하고, 당분간은 그 사실을 자랑하지 마라. 운의 급격한 변화는 오히려 불행을 불러올 수 있으니, 좋은 일이 생겼을 때일수록 더욱 신중하고 겸손한 태도를 유지하라.

여섯째, 계속 정체된 듯한 느낌이 든다. 운은 끊임없이 움직이는 것이 정상이다. 만약 당신의 삶이 계속 변화 없이 정체되어 있다는 느낌이 든다면, 이는 운이 멈춰있다는 신호다. 이 시기 이후에는 좋지 않은 일들이 생길 가능성이 높다. 여행을 가거나, 새로운 사람을 만나는 등 일상에 작은 변화를 주어 정체된 기운을 깨워야 한다.

일곱째, 말이 거칠어진다. 운이 나빠지기 시작하면, 당신의 말이 먼저 거칠어진다. 평소와 달리 짜증 섞인 말이나 욕설이 늘었다면, 이는 당신의 내면에 알 수 없는 불편함이 생겼다는 신호다. 말이 거칠어지는 것은 큰 불행이 찾아오기 직전의 중요한 경고이니, 자신의 언어 습관을 되돌아보고 정제된 말을 사용하도록 노력하라.

이처럼 불행은 당신에게 미리 신호를 보낸다. 이 일곱 가지 신호를 놓치지 않고, 현명하게 대처하는 것만으로도 당신은 불행을 피하고 행복한 삶을 만들어갈 수 있다.

무언가에
씌인 사람의 특징

삶에서 가끔 '무언가에 씌었다'거나 '홀렸다'는 말을 할 때가 있다. 이는 평범했던 사람이 갑자기 이상한 행동을 보일 때 쓰는 표현이다. 이러한 현상은 정서적인 안정을 잃었거나 주변의 부정적인 환경, 혹은 미신적인 물건에 영향을 받아 생겨나는 경우가 많다.

마음의 중심을 잃은 사람은 조급해지고 타인의 조언을 듣지 않는다. 이들은 자신의 생각, 즉 내면의 불안감에만 갇혀 있어 누가 무슨 말을 해도 귀에 들어오지 않는다. 평소에는 차분했던 사람이 갑자기 조급해하며 자신의 생각만을 강요한다면, 이는 내면의 불균형이 시작되었음을 알리는 신호일 수 있다. 이런 경우, 먼저 집안에 깨진 그릇이나 불필요한 미신적 물건이 없는지 살펴보고, 있다면 반드시 정리해야 한다. 만일 가까운 사람이 이런 변화를 보인다면, 그 사람을 섣불리 만나지 않고 거리를 두는 것이 현명하다. 부정적인 기운은 전염될 수 있기 때문이다.

이들은 갑작스럽게 소리를 지르거나 평소와 전혀 다른 행동을 보이기도 한다. 눈의 흰자가 많이 보이는 '삼백안'과 함께 광기 어린 모습을 보이기 시작한다면 각별한 주의가 필요하다. 이럴 때는 최근에 장례식장이나 음기가 강한 장소에 다녀온 적이 없는지 살펴보고, 종교 시설을 찾아 마음의 안정을 찾도록 유도하는 것이 좋다. 또한, 극심한 우울감이나 자살 충동에 시달리는 것도 불안정한 마음의 전형적인 증상이다. 큰 상실감이 없는데도 이런 감정에 빠진다면, 밝은 공간에 머물고 식물을 기르거나 활기찬 활동을 통해 긍정적인 에너지를 되찾으려는 노력이 필요하다.

악몽을 자주 꾸거나 극심한 피로감, 무기력증에 시달리는 것 또한 내면의 불안정에서 비롯된다. 잠자리가 불편하거나 주변 환경이 맞지 않을 때 몸이 거부 반응을 일으켜 이런 현상이 나타나기도 한다. 이럴 때는 침대 위치를 바꾸거나, 침실 환경을 쾌적하게 정돈하는 것만으로도 상태가 호전될 수 있다. 또한, 평소와 달리 갑작스럽게 큰 사고를 내거나 사기를 당하는 경우도 있다. 이는 순간적인 판단력 상실로 인해 벌어지는 일들이다. 운전 중 정신이 흐려졌다고 느낀다면, 즉시 집안의 환경을 점검하고 부정적인 물건을 정리해야 한다. 특히 중고 물건이나 출처를 알 수 없는 물건들은 불필요한 기운을 가져올 수 있으니 주의해야 한다.

심리적인 불안정은 종종 폭력적인 성향이나 잦은 다툼으로 이어진다. 평소 차분하고 정이 많던 사람이 갑자기 거칠고 폭력적으로 변했다면, 이는 정신적 균형이 깨졌다는 명백한 신호다. 이런 경우,

집안을 밝고 환하게 만들고 즐거운 음악이나 방송을 들으며 긍정적인 기운을 회복하는 노력이 필요하다. 정신적 불안정은 갑자기 찾아오기 때문에, 우리는 늘 경계하고 자신의 마음을 돌보며, 부정적인 기운에 노출되지 않도록 노력해야 한다.

천리마도 한 번에
열 걸음 가지 못하니

　삶의 성공과 행복은 거창한 능력을 가진 사람보다 자신의 삶을 긍정하고 즐기는 사람에게, 그리고 무엇보다 운이 좋은 사람에게 찾아온다. 세상의 모든 성공한 이들이 한결같이 운의 중요성을 강조하는 이유가 여기에 있다. 운은 결코 우연히 얻어지는 것이 아니다. 좋은 운은 올바른 마음가짐과 습관, 그리고 환경을 통해 스스로 만들어갈 수 있는 것이다.

　긍정적인 에너지는 긍정적인 환경에서 비롯된다. 풍수지리가 청결과 단정함을 강조하는 이유는 외부 환경이 내면의 마음가짐에 영향을 미치기 때문이다. 긍정적인 사고는 행복과 즐거움에서 나오고, 이는 우리가 매일 접하는 주변 환경에 의해 형성된다. 생활 공간을 항상 깨끗하고 단정하게 유지하고, 불필요한 물건을 쌓아두지 않아야 한다. 이처럼 환경을 정돈하는 작은 습관이 내면의 평온을 만들고, 좋은 운을 불러들이는 시작점이 된다. 행복과 풍요는 멀리 있는 남의 이야기가 아니다. 마땅히 와야 할 운이 머물지 못하고 떠나는 이유는 당신이 그 운을 맞이할 준비가 되어 있지 않기 때문이다. "天時不如地利 地利不如人和(천시불여지리 지리불여인화)"라는 말을 들어봤는가? 하늘의 때가 지리적 이점만 못하고, 지리적 이점이 사람들의 화합만 못하다는 뜻으로 《맹자》에 나오는 문구다. 이 구절은 성공을 이루는 데 있어 가장 중요한 요소가 바로 사람의 화합임을 강조한다. 아무리 좋은 시운을 만나고 유리한 환경에 놓여도, 결국 성공은 사람과 사람 사이의 관계에서 비롯된다는 깊은 통찰을 담고 있다. 이처럼 좋은 운을 만드는 가장 확실한 방법 중 하나는 사람을 귀하게 여기는 것이다. 세상의 모든 성공은 결국 사람이 가져다준 기회를 잡은 결과다. 따라서 내 곁에 있는 사람을 소홀히 대하지 않고, 관계를 진심으로 가꾸는 것이 중요하다. 먼 친척보다 가까운 이웃이 더 소중하다는 조상들의 말씀처럼, 가까운 이들을 귀히 여기는 태도는 결국 예상치 못한 큰 운을 불러오게 된다.

또한 삶의 큰 복 중 하나인 조상복을 간과해서는 안 된다. 조상복은 인생의 중요한 순간에 예상치 못한 도움을 주는 강력한 힘이다. 풍수에서 묘를 명당에 쓰면 후손이 번영한다고 말하듯, 조상에 대한 정성과 공경은 후손에게 큰 복으로 돌아온다. 부모님을 공경하고 효를 다하는 것은 곧 조상에 대한 존경의 표현이며, 이는 당신의 삶에 불행이 없도록 지켜주는 든든한 울타리가 될 것이다. 이처럼 조상을 기리는 마음은 결국 당신의 삶을 윤택하게 만드는 중요한 근간이 된다. 《순자》는 일찍이 "騏驥一躍 不能十步 駑馬十駕 功在

不舍(기기일약 불능십보 노마십가 공재불사)"라고 했다. 천리마도 한 번 뛰어 열 걸음을 갈 수 없고, 둔한 말도 열흘을 가면 성공하는데, 그 성공은 포기하지 않는 데 있다는 의미다. 뛰어난 재능만으로는 성공할 수 없으며, 꾸준하고 성실한 노력이 중요하다. 부자가 되고 싶다면 그들의 사고방식과 행동을 배우고 따라 해야 한다. 성공한 이들의 삶을 연구하고 그들이 남긴 지혜를 습득하며, 그들의 일하는 방식을 흉내 내야 한다. 이것은 모방이 아니라 성공의 지름길을 배우는 현명한 태도다. 옷차림 또한 성공의 중요한 요소다. '의식주'라는 말처럼 옷은 인간의 삶에서 가장 먼저 오는 본질적인 부분이다. 단정하고 깔끔한 옷차림은 자신감을 높여줄 뿐만 아니라, 타인에게 신뢰를 주어 더 좋은 기회를 얻게 한다.

마지막으로 얼굴에 미소를 잃지 않는 것은 운을 부르는 가장 강력한 방법이다. 사람의 외모가 아닌 호감을 주는 인상이 중요하며, 이는 웃음과 미소로 만들어진다. 항상 밝게 웃는 습관은 주변 사람들에게 긍정적인 에너지를 전하고, 이는 다시 당신에게 좋은 인연과 기회로 돌아온다. 웃음을 연습하여 성공을 거둔 유명인들의 사례처럼, 미소는 삶의 모든 어려움을 이겨내고 행복을 향해 나아가는 강력한 힘이다. 당신의 얼굴에 늘 웃음꽃이 피어 있다면, 운명은 당신의 편이 되어줄 것이다.

기업가의 사주와
노숙자의 사주

　수많은 사람이 사주를 태어날 때부터 정해진 운명이라 생각한다. 같은 해, 같은 달, 같은 날, 같은 시에 태어난 사람은 존재하지 않을 것이라는 막연한 믿음 때문이다. 그러나 이는 사실과 다르다. 전 세계에는 같은 사주를 타고난 이들이 수백 명에 이른다. 그럼에도 그들의 삶은 부유한 기업가와 거리의 노숙자처럼, 혹은 행복한 가정을 이룬 사람과 힘겨운 삶을 사는 사람처럼 극명하게 갈린다. 이 현실은 사주가 개인의 운명을 결정한다는 통념이 허구임을 증명한다. 사주는 단지 개인이 타고난 자연의 기운일 뿐, 삶의 방향을 결정하는 궁극적인 힘은 다른 곳에 있다.

　사주는 연年, 월月, 일日, 시時라는 네 기둥과 여덟 글자(팔자)로 이루어진다. 같은 사주를 가진 사람들은 그 숫자만 해도 적게는 수백 명에 달한다. 이들 모두가 똑같이 실패하거나 성공하지 않는다는 사실은 사주가 삶의 결과를 직접적으로 좌우하지 않음을 분명히 보여준다. 예를 들어, 1970년에 태어난 이들 중 한 명은 수백억 자산가로 성공했지만, 똑같은 사주를 가진 또 다른 이는 삶의 어려움에 부딪혀 노숙 생활을 하고 있다. 이들의 삶이 완전히 다른 길을 걸어가는 이유는 사주가 아닌, 스스로 만들어가는 후천적인 운명에 있다.

운명을 결정하는 중요한 요소는 바로 '후천운'이다. 후천운은 타고난 기운을 바탕으로, 개인이 살아가면서 마주하는 환경과 마음가짐에 따라 달라지는 운을 의미한다. 후천운의 가장 핵심적인 요소는 부모나 배우자와 같은 인연, 그리고 무엇보다 자신의 '마음가짐'이다. 이 마음가짐이야말로 풍수지리와 깊이 연결되어 있다. 풍수가 단순히 공간의 배치를 넘어 마음의 상태를 다스리는 삶의 태도를 의미하는 것처럼, 마음가짐은 타고난 기운을 긍정적인 방향으로 이끌어가는 결정적인 역할을 한다.

그러므로 더 이상 허황된 사주풀이에 현혹되지 말아야 한다. 자신의 타고난 기운에 맞는 마음가짐과 삶의 태도를 갖추면 누구나 성공적이고 풍요로운 삶을 살아갈 수 있다. 사주는 단지 자신의 특성을 이해하는 하나의 도구일 뿐, 그것이 삶의 한계를 규정짓는 족쇄가 될 수는 없다. 진정한 운명은 외부의 예언에 있지 않고, 자신의 내면과 행동을 통해 만들어지는 것이다. 이제 사주라는 함정에서 벗어나, 주체적인 삶의 태도로 스스로의 후천운을 개척하며 번영의 길로 나아가야 할 때다.

부모가 자녀에게 물려줄
최고의 유산

　자식은 부모의 등을 보고 자라고, 부모는 자식의 거울이라는 말이 있다. 과거 조상들은 자식 보는 앞에서는 찬물도 못 마신다고 할 만큼, 부모의 처신이 자식의 앞날을 결정하는 중요한 요소임을 강조했다. 늦었다고 생각할 때가 가장 빠른 때다. 당신이 지금부터라도 좋은 습관과 마음가짐을 갖추려 노력한다면, 그 모습을 본 자녀의 인생 역시 긍정적으로 변화할 것이다. 그렇다면 부모가 자녀에게 물려줄 수 있는 최고의 유산은 무엇일까?

　먼저 좋은 이름은 한 사람의 근본 성품을 만드는 무엇보다 중요한 요소다. 이름이 잘 지어진 사람은 타고난 기운을 온전히 발휘하며 살아갈 수 있지만, 그렇지 못한 사람은 자신의 잠재력을 제대로 펼치기 어렵다. 자동차는 수천만 원을 주고 사면서도 평생을 사용할 이름을 짓는 데는 몇 푼을 아끼는 안타까운 현실이 존재한다. 이름 하나만큼은 소중히 지어주어야 자녀의 앞날이 탄탄해진다.

자녀는 부모의 행동을 그대로 따라간다. 부모의 행동과 다른 삶을 살기 위해서는 엄청난 노력과 성찰이 필요하다. '콩 심은 데 콩 나고 팥 심은 데 팥 난다'는 속담처럼, 부모가 불행한 삶을 살고 있다면 자녀 역시 비슷한 삶을 살게 될 가능성이 높다. 부모 스스로 좋은 습관을 가지려 노력해야 자녀도 자연스럽게 좋은 습관을 배우게 된다. '누구를 닮아서 저렇지?'라는 말은 결국 '너를 닮아서 그렇다'는 뜻임을 명심해야 한다.

성공한 사람들은 너그럽고 여유롭다. 그들은 절대 조급해하지 않으며, 실패와 실수에도 다시 시작할 수 있는 여유를 가지고 있다. 부모가 먼저 너그럽고 여유로운 모습을 보여주어야 한다. 한 박자 늦게, 한 걸음 늦게 걷는 여유를 가지는 습관은 조급함에 무너지는 삶을 막아준다. 눈앞의 이익만 좇는 조삼모사의 어리석음에서 벗어나, 멀리 내다볼 줄 아는 지혜를 물려주어야 한다.

웃는 사람은 항상 운을 얻어가지만, 웃을 줄 모르는 사람은 막힘이 많은 삶을 살아갈 수밖에 없다. 웃음은 부모로부터 물려받는 유전적인 요소와도 같다. 부모가 먼저 웃는 사람이 되면 자녀의 얼굴에도 미소가 생기고, 이 미소는 운을 불러들여 즐겁고 잘 되는 삶을 살게 한다. '세상이 고수에게는 놀이터요, 하수에게는 지옥'이라는 말처럼, 웃음은 인생을 즐겁게 살아갈 수 있는 가장 강력한 무기다.

가정이 화목해지는 비결은 '내가 하기 싫은 것은 가족에게 시키지 않고, 가족이 하기 싫은 것은 내가 하는 것'에서 비롯된다. 항상 나보다 가족의 행복을 먼저 생각하는 마음은 사회에서도 타인을 배려하는 사람으로 만들어주고, 결국 기회와 인복을 불러들인다. 돈이 행복의 전부라고 생각할 수 있지만, 진정한 행복은 가정의 화목에서 시작되며, 이 화목이야말로 돈을 벌 수 있는 기회를 만드는 원동력이 된다.

　마지막으로 인생이 실패하는 이유는 하지 말아야 할 것을 해서고, 성공하는 이유는 해야 할 것을 하기 때문이다. 부모가 습관처럼 '이것은 해야 할 일이고, 이것은 하지 말아야 할 일이다'를 보여주어야 자녀도 그 능력을 갖추게 된다. 올바른 분별력은 자녀의 인생을 번영으로 이끄는 최고의 나침반이 될 것이다.

만복의 근원인
쌀을 대하는 원칙

쌀은 단순한 식량이 아니라 식복의 상징이며, 이 식복은 만복의 근본이다. 예부터 우리 조상들은 쌀을 귀하게 여겨 보관하는 공간을 따로 두었다. 이곳은 바람이 잘 통하고 햇볕이 들지 않는 서늘한 곳에 두어 쌀벌레가 생기는 것을 방지했다. 쌀벌레는 쌀에 미생물이나 유해 물질을 만들어 건강에 해로울 수 있으므로, 현대 과학에서도 쌀벌레를 피하는 것을 중요하게 생각한다. 풍수에서도 쌀을 재물과 번영을 상징하는 중요한 요소로 여겼으며, 쌀을 보관하고 관리하는 방법에 관한 원칙을 철저히 따랐다.

쌀을 보관할 때 특히 피해야 할 곳들이 있다. 첫째, 화구 근처다. 밥, 국, 찌개 등을 조리할 때 생기는 습기를 쌀이 그대로 흡수하기 때문에 쌀의 변질을 초래한다. 둘째, 냉장고 뒤편이다. 냉장고에서 나오는 열기로 인해 쌀에 쌀벌레가 생길 수 있다. 셋째, 싱크대 볼 아래 하부장이다. 주방에서 가장 습기가 많은 곳이므로 쌀이 상하기 쉽다. 이처럼 쌀은 습기와 열기가 많은 곳을 피해야 하며, 풍수와 과학의 지혜는 결국 같은 곳을 가리키고 있다.

쌀은 쌀 냉장고에 보관하는 것이 가장 좋다. 쌀벌레가 생기지 않는 15도 이하의 서늘한 온도를 유지할 수 있기 때문이다. 쌀 냉장고가 없다면 김치냉장고나 일반 냉장고를 활용하는 것도 좋은 방법이다. 이때 냉장고 내부의 습기를 막기 위해 반드시 밀폐 용기에 나누어 보관해야 한다. 페트병을 깨끗하게 씻어 말린 후 사용해도 좋지만, 시중에 판매되는 밀폐형 플라스틱 용기를 사용하는 것도 편리하다.

또한 쌀 항아리를 사용하는 것도 좋은 선택이다. 항아리는 자연 통풍이 잘되고 온도가 잘 올라가지 않아 쌀벌레가 잘 생기지 않는다. 항아리 역시 서늘하고 습기가 없는 곳에 두어야 한다.

포대째로 보관하는 것은 피해야 한다. 포대째 보관하면 쌀벌레가 생기기 쉽고 쌀의 변질도 빨라진다. 귀찮더라도 반드시 쌀을 용기에 옮겨 보관하는 습관을 들이는 것이 좋다.

쌀은 가능한 한 낮게 보관해야 한다. 풍수에서 쌀은 땅의 기운인 지기地氣를 가득 품은 것으로 여긴다. 그 기운을 계속 유지시키기 위해 땅과 맞닿는 낮은 곳에 두는 것이 원칙이다. 현대 주택 구조상 바닥에 직접 두기 어렵다면, 가능한 한 낮은 위치에 두는 것이 풍수적으로 좋다.

주방을 기준으로 동쪽이나 남쪽에 보관하는 것이 좋다. 고택들을 보면 쌀 창고는 늘 집 안의 동쪽이나 남쪽에 있었다. 동쪽은 새로운 기운이 싹트는 곳이고, 남쪽은 움직이고 활동하는 기운을 가진 곳이기 때문이다. 이 기운이 쌀에 스며들어 우리 몸의 에너지원이 되는 쌀이 항상 생기 넘치는 기운을 머금도록 하려는 조상들의 지혜였다. 반면 북쪽은 정체되고 머무르는 기운이 있어 풍수에서는 쌀을 두기에 좋지 않은 방향으로 여긴다. 쌀을 북쪽에 두면 가족들이 멈춤과 순응의 에너지만 얻게 되어 활력을 잃을 수 있다고 보았다.

쌀은 단순히 먹는 것을 넘어, 재력과 번영을 상징하는 소중한 존재다. '쌀 미米'를 풀이하면 '여덟 팔八'자와 '열 십十' 자가 합쳐진 모양인데, 이는 쌀 한 톨을 얻기 위해 농부의 여든여덟 번의 수고가 들어간다는 의미를 담고 있다. 그만큼 쌀에는 사랑과 정성이 담겨 있다. 쌀을 함부로 다루거나 버리는 것은 가난과 불행을 부른다는 것이 풍수의 기본적인 원칙이다. 쌀벌레가 생겨 버리게 되는 상황을 극도로 경계했던 이유도 여기에 있다. 쌀을 보관하는 작은 습관 하나가 가정의 번영을 불러올 수 있다. 쌀을 소중하게 다루고 올바른 방법으로 보관하여, 항상 행복과 번영이 가득한 삶을 누리길 바란다.

가을에 금반지를
해야 하는 이유

고려시대, 심지어 삼국시대에도 남녀 불문하고 귀걸이와 반지를 하고 다녔다. 이는 일종의 유행이었다고 볼 수 있다. 하지만 조선시대에 접어들어 선조는 남성들의 귀걸이를 법으로 금지했다. 이전 시대의 선비들이 도포를 입고 갓을 쓴 채 귀걸이를 하고 다니던 모습은 지금의 우리에게는 상상하기 어렵다. 이는 우리가 조선 후기의 모습만을 조선의 전부라고 생각하기 때문이다. 가을에는 금을 반드시 몸에 지니고 다녀야 하는데, 그 이유에 대해 알아보자.

금반지에는 기력 회복과 건강 증진의 효능이 있다. 금은 체내든 체외든 우리에게 해를 주지 않는 유일한 물질이다. 손은 우리 인체의 모든 혈점과 연결되어 있어, 손을 자주 만지는 것만으로도 건강에 큰 도움이 된다. 조상들은 수상법이라 하여 손을 지압하는 법을 연구했고, 그 첫 번째가 바로 손에 금반지를 하는 것이었다. 특히 가을에는 금반지가 최고의 효과를 발휘한다. 금은 가을에 떨어지기 쉬운 기력을 회복시키고, 기의 순환을 원활하게 하여 환절기 질환을 예방하는 데 탁월하다는 사실이 동의보감에도 기록되어 있다.

또한 금은 재물운을 상승시키는 최고의 풍수 소품이다. 세상의 부자들은 하나같이 금을 좋아하고, 부자가 되고자 하는 사람들은 금을 모으려 한다. 금이 단순히 투자 가치가 있거나 탈세 수단으로 사용되기 때문일까? 사실 100달러짜리 지폐를 가지고 나가는 것이 금괴보다 훨씬 쉽고, 금은 30년 전과 비교했을 때 투자 가치로서의 역할은 크지 않다. 부자들이 이러한 사실을 모를 리 없다. 그럼에도 그들이 금을 모으는 이유는 금이 돈을 부른다는 사실을 알기 때문이다. 금은 재물운을 좋게 하여 스스로 더 부유한 삶을 살게 만드는 최고의 풍수 소품이다.

가을은 금이 가장 잘 반응하는 계절이다. 금은 우리 인체에 가장 적합한 물질로, 피부에 직접 닿을 때 그 효능이 가장 잘 전달된다. 조상들은 금은 보호하는 물질이라 아무리 많이 해도 해가 없다고 했다. 특히 금이 가장 잘 반응하는 계절이 바로 가을이다. 금은 황색으로 토행土行을 상징하며, 토행은 땅을 상징하여 부유함을 의미한다. 또한 토생금土生金의 순환으로 가을을 상징하는 금의 기운이 잘 살아나도록 돕는다. 올가을에는 꼭 금반지를 하나 착용하여 재물운이 상승하는 것을 직접 느껴보기를 바란다.

특히 약지에 금반지를 착용하면 좋다. 가을을 상징하는 손가락은 약지, 즉 네 번째 손가락이다. 결혼 반지를 약지에 끼우는 이유를 아는가? 약지는 다른 모든 손가락의 근육과 연결되어 있어 하나만 따로 펼 수 없다. 이는 화합과 단결을 의미하기 때문이다. 수상론에서는 이 약지에 금반지를 끼우면 재물운이 잘 살아나 부자가 될 수 있다고 한다. 가을에 약지에 금반지를 착용하여 내년 봄까지 그 기운을 이어가면 재물이 점차 불어나는 것을 경험하게 될 것이다.

또한 반지는 선물로 주고받아야 복이 커진다고 한다. 운은 마음으로 살아나고 정성으로 커진다. 조상들이 자녀나 손주들에게 금반지나 은가락지를 물려준 것도 바로 그들의 운을 살려주기 위함이었다. 올가을에는 소중한 배우자의 재물을 위해, 사랑하는 자녀의 성취를 위해 금반지를 선물하는 것은 좋은 일이다. 이미 선물했다면 가을 동안 꼭 그 반지를 착용하고 다니도록 권유해야 한다. 금이 반지로 손가락에 끼워져 있을 때 그 효능이 최고조에 달하기 때문이다.

금보다 은이
어울리는 사람

　현대를 살아가는 우리는 휴대폰과 컴퓨터를 손에서 놓지 않는다. 그만큼 전자파에 많이 노출돼 있으며, 이는 건강에 좋지 않은 영향을 미친다. 스스로의 건강이 걱정되거나, 휴대폰과 컴퓨터를 많이 사용하는 사람이라면 그 어떤 물건보다 은 제품을 지니는 것이 좋다. 동의보감에는 은이 혈액순환과 심신 안정에 효과가 있으며, 몸속 독을 판별하는 능력이 있다고 기록돼 있다. 풍수학에서도 은은 금과 더불어 재물을 상징하는 대표적인 물건으로 여긴다. 은반지, 은팔찌, 은목걸이, 은귀걸이 등 은 제품을 착용하는 것은 건강과 풍수적인 측면에서 모두 좋은 일이다.
　목은 하늘의 기운인 천기와 땅의 기운인 지기가 만나는 중요한 통로다. 은은 금과 달리 해당 부위의 기운을 중화시키는 기능이 있다. 따라서 목이 굵거나 짧아 기운이 너무 강한 사람에게는 은목걸이가 특히 좋다. 기운이 중화되면서 가장 좋은 상태로 유지될 수 있기 때문이다. 보통의 목을 가진 사람이라면 가는 은목걸이를 착용하고, 펜던트를 달아 기운의 응집과 발산을 돕는 것이 좋다.

귀는 우리 얼굴에서 재물복과 부귀를 상징하는 중요한 부위다. 조선시대에는 남성들도 귀걸이를 착용했으나, 이후 여성들만 하게 됐다. 귀걸이를 하는 것은 재물복을 높여주는 매우 좋은 행동이다. 은은 금과 달리 살균력이 뛰어나 약 650여 종의 세균을 살균하는 효과가 있다고 알려져 있다. 한의원에서 귀에 침을 놓아 치료하는 것처럼 귀는 건강과 직결되는 곳이기도 하다. 은귀걸이를 착용하는 것은 재물복을 높이고 건강을 지키는 데 큰 도움이 된다.

은반지를 착용할 때는 남녀가 서로 다른 손가락에 끼워야 한다. 풍수적으로 여성은 신장의 기운이, 남성은 심장의 기운이 가장 중요하기 때문이다. 여성은 신장의 기운을 살리는 중지에 착용하는 것이 가장 좋고, 위장 기능이 약한 사람은 가는 은반지를 착용한다. 남성은 심장의 기운을 강하게 해주는 새끼손가락에 착용하는 것이 가장 좋고, 생식 기능이 약한 사람 역시 가는 은반지를 착용하는 것이 좋다. 이는 재물운과 건강운을 동시에 살리는 은반지 착용법이다.

'물만 먹어도 살이 찐다'고 말하는 사람들은 해당 부위의 기운이 너무 강한 경우가 많다. 이럴 때 은 제품을 착용하면 강한 기운을 중화시키는 데 도움이 된다. 은수저를 사용하면 식사할 때마다 기운이 중화돼 체질이 개선되는 효과도 기대할 수 있다. 또한, 은은 풍수학에서 재물을 상징하므로, 은 제품을 하나 정도 집에 두거나 지니고 다니는 것만으로도 좋은 기운을 불러올 수 있다.

수면 후에도 몸이 무겁고 피곤하다면 침실에 은 제품을 두는 것이 좋다. 과거 수맥에 관한 이야기가 많았지만, 현대 주택 구조에서는 의미가 크지 않다. 그러나 잠자리가 불편하고 늘 피곤함을 느낀다면, 침실에 은 제품을 둬보는 것을 권한다. 은 제품은 잠자리를 편안하게 만들어주고, 풍수학적으로 집안의 번영을 가져다주는 효과가 있다고 한다. 건강과 풍수적인 측면 모두에서 침실에 은 제품을 두는 것은 좋은 방법이다.

은 제품은 우리 조상들이 건강과 집안의 번영을 위해 반드시 행했던 풍습이기도 하다. 특히 전자파에 많이 노출되는 현대인들에게는 필수적인 물건이다. 작은 은 제품 하나가 당신의 건강과 운을 지켜주는 든든한 역할을 해줄 것이다.

3부

기회는 인맥을
타고 온다

사람과 관계

살이 꼈다고 말하는
철학관을 피하라

아마 이 글을 읽는 이라면 사주, 운세, 궁합 등에 관심이 많을 것이다. 그러다 보니 철학관이나 점집을 찾아가거나, 주변 지인에게 자신의 앞날에 대해 물어본 경험이 있을 수 있다. 그러나 당신의 운명에 대해 함부로 말하거나 현혹하려는 사람은 반드시 피해야 한다. 그런 이들은 대개 "역마살이 있다", "배우자에게 도화살이 있어 큰일이다"와 같은 말로 사람들을 겁준다.

누구에게나 사주, 운세, 풍수, 관상에 대한 궁금증은 있을 것이다. 하지만 같은 학문이라도 이를 좋게 사용하는 사람이 있는가 하면, 나쁘게 사용하는 사람도 있다. 이제부터 알려주는 내용을 통해 올바른 학문을 이해하고 현혹되는 일이 없기를 바란다. 혹 당신은 역마살, 도화살, 원진살 등이 있으면 불행한 삶을 살게 될 것이라 생각하는가? 과연 역마살과 도화살이 함께 있으면 정말 이혼하고 가정을 버리는 삶이 만들어질까? 고란살이 있으면 남편 때문에 고생하거나 독수공방하게 될까? 이 '살'이라는 것은 도대체 무엇일까?

이러한 '살'이라는 말로 당신을 겁주는 자를 멀리해야 한다. 사실 '살'은 영어로 '스트레스'이며, 동양학에서는 '기'로 표현한다. 그러나 듣는 사람에게 겁을 주기 위해 '살'이라는 말로 바꾼 것이다. 이처럼 상대를 겁주기 위해 바꾼 말은 또 있다. '삼재'는 '삼원三元'이라는 말을 바꾼 것이다. 하늘, 땅, 사람으로부터 복을 얻는다는 삼원의 원리를, 이들은 돈을 벌기 위해 하늘, 땅, 사람으로부터 재앙을 받는다는 말로 바꾸었다. 또한 '상극'이라는 말도 마찬가지다. 상생은 순응과 평안을, 상극은 갈등, 대립, 경쟁을 의미한다. 경쟁 능력이 부족하고 남의 말에 순응하며 안정만 추구하는 사람이 과연 성공할 수 있을까? 상생과 상극은 함께 존재해야만 번영하는 삶을 만들어낼 수 있다. 이처럼 말장난으로 사람을 현혹하는 이들에게 절대 속지 말아야 한다.

살은 누구에게나 있으며, 오히려 있어야만 하는 것이다. 나 또한 역마살이 아주 강한 사주를 가지고 있지만, 하루 종일 연구실에서 강의 자료를 준비하고 연구를 하며 시간을 보낸다. 역마살이 있으면 늘 밖으로 떠돌며 배우자와 생이별하고 주색으로 방탕한 삶을 산다고 하지만, 나는 결혼 후 가족과 여행 가는 것을 제외하고는 외박을 한 적이 없다. 술도 마시지 않은 지 30년이 되었다. 이처럼 '살'은 전혀 가치가 없는 말이며, 우리의 사주학과도 무관하다. 오히려 역마살이 없는 사람은 방 밖으로 나가지 못해 병자가 될 수 있다. 도화살 또한 사람들로부터 인기를 얻는 살이다. 사람들로부터 인기를 얻고 싶지 않은 사람은 없을 것이다. 이처럼 세상에 태어나면서부터 바람을 피우거나 가정을 버리도록 명을 타고나는 사람은 없다. 살아가면서 주변 상황과 환경이 그 사람을 그렇게 만들 뿐이다.

결혼하는 순간의 궁합은 무조건 최고다. 결혼을 앞둔 자녀의 궁합을 보거나, 당신 스스로의 궁합을 보려고 생각한 적이 있을 것이다. 그러나 어떤 물건을 살 때도 마음에 들어야 소중한 돈을 주고 사듯이, 인생을 걸고 하는 결혼은 오죽할까? 결혼하는 순간, 두 사람의 궁합은 항상 최고다. 다만 삶을 살아가며 환경과 운이 바뀌니 두 사람의 기운이 맞지 않아 잠시 삐걱댈 뿐이다. 이것은 아주 당연한 자연스러운 현상이다. 내가 낳은 자식도 늘 마음에 들지 않을 때가 있는데, 전혀 다른 삶을 살아온 배우자가 어떻게 늘 마음에 들 수 있겠는가? 그래서 궁합을 보는 것이다. 두 사람에게 힘든 순간을 알려주고, 그 순간에 대처하는 방법을 미리 준비시켜주기 위해서다. 그러나 이것이 어느 순간부터 '결혼하면 된다, 안 된다', '두 사람은 맞다, 안 맞다'라는 식으로 바뀌어 버린 것이다. 동양학에는 이런 식의 궁합은 없다. 궁합이 맞지 않는 사람은 아예 결혼을 할 수 없으며, 같이 있으면 불편함을 느껴 서로 멀리하려 한다는 사실을 명심하라. 이런 엉터리 궁합 때문에 당신이나 당신의 자녀가 마음에 상처를 입는 일이 없기를 바란다.

이러한 '살'이라는 말은 사람들을 바보로 만들기 위해 만든 말이다. 역마살, 도화살, 원진살 등 나쁜 살들은 각각 우리나라 국민의 20퍼센트 정도가 가지고 있을 수밖에 없다. 문제는 이런 나쁜 살들이 열 개가 넘는다는 것이다. 그렇다면 국민 개개인이 적어도 두 개 이상의 나쁜 살을 가지고 있다는 이야기가 된다. 우리의 음양오행론과 사주학에는 이런 것은 없다. 이것은 일제강점기 시절, 우리 국민을 분열시키고 바보로 만들어 그들이 통치하기 위한 일환으로 전략적 목표에 따라 만들어진 것이다. 그리고 이것을 현재 대한민국의 거의 모든 철학관과 무속인들이 말하고 있다. 식민지 시절이야 배움이 없어 속았다 하더라도, 이제는 이성적으로 판단할 수 있는 세상이니 이런 어리석은 말에 절대 속지 않기를 바란다.

공자가 알려준
'귀인'의 조건

　이런 사람은 무슨 수를 써서라도 반드시 친하게 지내고 곁에 두어야 한다. 이 사람이 바로 당신에게 귀인이며, 이런 사람을 통해 당신의 삶은 변하고 발전하며 번영된 길로 나아갈 수 있기 때문이다.
　과거 공자는 사람에 관해 이렇게 말했다. "무릇 사람의 마음은 험하기가 산천보다 더하고, 그 마음을 알기는 하늘보다 더 어렵다." 하늘은 그래도 사계절의 변화와 아침저녁의 구별이라도 있지만, 사람은 꾸미는 얼굴에 따라 변하고 감정을 잘 숨기기 때문이다. 또한 공자는 사람의 외모는 진실해 보여도 마음이 교활한 자가 많고, 겉은 어른다워도 마음은 아이보다 못한 사람, 겉은 건실해 보여도 속은 게으른 사람, 겉은 너그러워 보여도 속은 좁고 조급한 사람이 너무나 많다고 했다. 그래서 공자는 사람을 판단하는 많은 방법을 이야기하며, 반드시 곁에 두어야 할 귀인에 관해서도 말했다. 물론 시대적인 상황을 고려한다면 모두 수용할 수는 없을 것이다. 따라서 이를 현대에 맞게 변형하여 이야기한다면 다음과 같다.

먼저 조건 없이 당신에게 연락하는 사람이다. 현대 사회에서는 가족조차 필요할 때만 연락하는 경우가 많다. 하물며 친구나 지인이라면 더 그럴 것이다. 하지만 특별한 이유나 이해관계 없이 자주 연락하고, 안부를 물어보는 사람이 있다면, 그는 틀림없이 당신을 좋아하고 아껴주는 사람이다. 이 사람은 무슨 일이 있어도 항상 당신의 편이 되어줄 것이며, 당신을 즐겁고 행복하게 만들어줄 사람이다.

또한 내일과 미래를 이야기하는 사람이 있다. 이런 사람은 발전 가능성이 많고 항상 변화하는 사람이다. 나이가 들면 누구나 변화와 새로운 것을 싫어하게 되는데, 이런 당신의 마음을 바꿔줄 사람이 바로 이 귀인이다. 이 사람은 항상 젊음을 유지시켜 줄 것이며, 반드시 성공하고 부유함을 가질 사람이니, 그를 가까이하는 당신의 삶 역시 덩달아 좋아질 것이다. 삶은 안주하려는 사람, 의미 없이 삶을 반복하는 사람에게 성공이라는 귀함을 주지 않는다. 끊임없이 변화하고 발전하려는 사람에게 성공은 찾아온다. 그러므로 항상 내일과 미래를 이야기하는 사람을 만나고, 당신 또한 그런 사람이 되도록 노력해야 한다. 성공할 사람 옆에 있어야 그 열매의 달콤함을 맛볼 수 있다.

내 이야기를 잘 들어주는 사람이 바로 귀인이다. 이 사람은 당신의 마음의 병과 정신적인 고통을 치료해줄 사람이다. 현대인의 가장 큰 고통이 말 못 할 고민이며, 중년기 이후에는 고민을 들어줄 사람이 없다는 사실은 여러 매체를 통해 알려졌다. 쓰레기를 버리지 않으면 살 수 없듯이, 감정에 쌓인 쓰레기를 배출하는 통로가 바로 말이다. 당신의 말을 묵묵히 잘 들어주고 교감해주는 사람은 당신의 인생을 즐겁게 만들어줄 감정 치료사인 것이다.

확신에 찬 말과 아름다운 말을 하는 사람도 당신에게 귀인이다. 확신에 찬 말을 하는 사람은 삶의 기준이 명확하여 가야 할 길과 가지 말아야 할 길을 정확하게 구분할 줄 안다. 물론 억지를 부리거나 아집을 고집하는 사람과는 구별해야 한다. 객관성을 잃지 않고 평정심을 가지고 조리 있게 자신의 주장을 펼치는 사람은 매력적이며, 어떤 일이든 쉽고 단순한 길로 나아갈 줄 아는 사람이다. 또한 아름다운 말을 하는 사람은 상대에게 용기를 준다. 말은 그 사람의 생각에서 나오는 것이며, 우리는 말을 통해 인격을 알 수 있다. 항상 상대를 존중하고 긍정적인 마인드를 심어주는 말을 하는 사람, 대화의 에너지를 상승시켜 주는 사람, 한마디라도 깊이가 있는 사람은 반드시 번영하고 행복해질 사람이다. 이런 사람이 바로 당신의 삶을 변화시키고 발전시킬 사람이다.

항상 감사하며 작은 것도 소중히 여기는 사람은 인생의 귀인이다. 우리 조상들은 "하나를 보면 열을 안다"고 했으며, "될성부른 나무는 떡잎부터 다르다"고 했다. 이는 작은 하나가 모든 것을 만든다는 말과 일치한다. 이런 사람은 작은 행복을 만들 줄 알며, 이 작은 행복을 통해 큰 행복을 얻을 줄 아는 사람이다. 이 사람은 삶의 소중함을 당신에게 보여주고 삶을 바꿔줄 사람이라 당신에게는 무엇보다 소중한 귀인이다.

언제나 밝게 웃을 줄 아는 사람은 당신의 인생의 귀인이다. 이 사람은 세상의 모든 운을 다 얻을 사람이다. 현대 사회에서 가장 돈을 많이 버는 사람 중 하나가 연예인이다. 인기 있는 유명 연예인들은 몇 번의 방송 출연으로 수십, 수백억을 번다. 그래서 누구나 연예인이 되고 싶어 한다. 이들의 얼굴에는 예외 없이 밝은 웃음이 있다. 세상에 웃지 않는 연예인은 없다. 이들이 왜 잘 웃을까? 잘 웃어야 잘되기 때문이다. 항상 잘 웃을 줄 아는 사람과 어울리려고 노력하라. 그 사람이 바로 크게 성공하고 항상 행복한 삶을 살아갈 사람이다. 이런 사람은 당신의 삶의 습관을 바꿔줄 사람이니 당신에게는 소중한 귀인이다.

부지런하고 성실한 사람은 무조건 귀인이다. 나 또한 평범한 사람이지만, 나의 유일한 장점은 꾸준함과 성실함이다. 우리 조상들은 "사람이 성실하면 큰 부자는 못 되어도 작은 부자는 된다"고 했다. 항상 성실한 사람을 곁에 두고 소중히 여겨라. 이런 사람은 절대 실패하지 않으며 항상 성장하는 사람이다. 욕심을 부리지 않는 성실한 사람은 당신의 삶의 모델이 되어줄 것이다.

공자가 말한 귀인의 조건을 현대 생활에 맞게 변형하여 이야기했다. 그렇다면 평생 귀인을 만나지 못하는 사람에게는 어떤 특징이 있을까? 사주학에서는 운이 변하고 번영이 이루어질 때 반드시 세 가지 도움이 생긴다고 말한다. 먼저 하늘의 도움, 다음으로 사람의 도움, 마지막으로 행동의 변화, 즉 절묘한 선택이 그것이다. 하늘의 도움은 나의 의지와 상관없이 세상이 변하여 나의 일이 부각되는 경우다. 사람의 도움은 귀인, 즉 나의 삶을 완전히 바꿔 놓을 절묘한 도움을 주는 사람이 나타나는 경우다. 선택의 절묘함은 좋은 배우자를 만나거나, 회사 선택을 잘하여 인생이 변하는 경우를 말한다.

사주학에서는 누구에게나 귀인은 반드시 나타난다고 말한다. 하지만 스스로 이 귀인이 나타나지 못하도록 만드는 것이 문제다. '나이에 무슨 귀인', '젊었을 때나 가능한 일'이라고 생각하는 것은 어리석은 생각이다. 에디슨은 쉰이 넘어 귀인을 만났고, 미국의 샤갈이라고 불리는 화가 해리 리버만은 무려 여든이 넘어 귀인을 만났다. 인생의 후반기에 삶의 변화를 이룬 사람들은 대부분 노년기에 귀인을 만났다. 귀인은 내일 나타날 수도, 모레 나타날 수도 있다.

그러나 스스로 귀인을 막는 사람들이 있다. 먼저 한숨을 자주 쉬는 사람에게는 절대 귀인이 오지 않는다. 한숨은 '나는 어떤 것도 할 수 없는 사람이다'는 것을 남에게 알리는 바보 같은 행동이다. 이런 행동을 보면 옆에 있던 귀인도 도망간다. 한숨은 입에서 나오는 체념이고 포기다.

습관적으로 화를 내는 사람에게도 절대 귀인이 오지 않는다. 화를 자주 내거나 소리를 지르는 사람에게는 아무리 능력이 뛰어나더라도 쉽게 다가서거나 어떤 제안을 할 수 없다. 귀인은 대단한 사람, 이마에 '나 귀인이오'라고 써 붙인 사람이 아니다. 당신이 매일 만나는 사람, 스쳐 지나가며 한마디 던져주는 사람, 이름도 모르는 그 사람일 수 있다. 그저 옆 사람의 일상적인 대화 속에서 인생을 바꿀 번뜩이는 생각을 얻은 사람들은 수도 없이 많다.

남에게 흉을 많이 받는 사람도 귀인을 만나기 어렵다. 누군가 당신에게 기회를 주려고 할 때, 반드시 당신 주변 사람들에게 당신의 평판을 물어볼 것이다. 인간성이 나쁜 사람이 능력을 발휘하게 되면 많은 사람에게 해가 된다는 것을 알기 때문이다. 남에게 흉거리를 만드는 사람이 되지 말고, 혹 과거에 잘못한 일이 있다면 진심으로 사과하고 풀어버리도록 하라.

마지막으로 남을 도울 줄 모르고 남의 불행을 즐기며 비웃는 사람이다. "명성은 십 년을 가지만 평판은 백 년을 간다"는 조상들의 말이 있다. 평판은 당신이 평소 했던 행동으로 만들어진다. 남의 불행을 즐기는 사람이라면 주변 사람들이 먼저 눈치챌 것이고, 그 소문은 퍼져 결정적인 순간에 당신의 발목을 잡을 것이다. 절대 남의 어려움을 외면하지 말라. 남의 불행을 함께 안타까워하고 공감해주는 당신의 한마디 한마디를 모든 사람이 믿어줄 것이다. 그렇게 당신은 늘 당신의 편을 만들어두는 것이다.

관상만 보지 말고
체상을 봐라

　어떤 사람의 작은 습관이나 행동으로 그의 인성과 성격을 알 수 있다면 대인 관계를 맺는 데 큰 도움이 될 것이다. 우리 관상학에서는 이를 '체상體相'이라 하여 사람의 체형과 행동에서 드러나는 기운을 통해 성격을 판단한다. 지금부터 알려주는 행동들을 잘 관찰하고, 당신에게 도움을 줄 사람과 멀리해야 할 사람을 현명하게 가려내라. 이러한 행동들은 무의식에서 나오는 것이니, 이를 타인을 판단하는 수단으로 사용하되, 혹 스스로도 이러한 행동을 하고 있지는 않은지 돌아보고 좋지 않은 행동이라면 고치도록 노력해야 한다. 누군가 당신의 이러한 면을 보고 있을 수도 있기 때문이다.

　고개를 숙이고 걷는 사람은 자신감이 없고 현실에 불만이 많으며 염세적이다. 상학에서는 천운이 이마로 내려온다고 하는데, 이마를 들어 하늘의 기운을 받아들여야 자신감과 자존감이 생긴다. 반면, 어깨를 흔들며 걷는 사람은 겸손하지만 자기중심적이고 거만할 수 있다. 그는 자신을 과시하고 싶어 하지만 내면은 외로운 사람일 가능성이 높다. 어깨는 하늘과 땅의 기운을 조화롭게 받아들이는 중심이므로, 중심이 흔들린다는 것은 변덕이 많고 항상 자신을 방어하려 한다는 의미다. 허리를 구부리고 걷는 사람은 자신감이 부족하고 주변에 믿을 만한 사람이 없다는 증거다. 허리에 있는 단전의 힘이 약하면 삶의 의욕이 없고 외로움을 타기 쉽다.

또한 행동과 습관에서도 성격이 드러난다. 함께 있는 사람의 어깨에 손을 올려놓는 것을 좋아하는 사람은 불안하고 과시욕이 강하다. 이런 행동은 상대방을 통제하려는 무의식적인 표현일 수 있으며, 타인의 시선을 의식하는 성향이 강하다. 물건을 들고 다니는 것을 싫어하는 사람은 자기 편의를 우선시하고 타인을 배려할 줄 모른다. 인간관계는 일정 부분의 희생이 필요하다는 것을 알지 못하는 게으르고 단체 생활에 익숙지 않은 사람이다. 자주 눈을 움직이거나 눈알을 굴리는 사람은 정서적으로 불안하고 자신에 대한 확신이 부족하다. 상학에서는 눈을 마음의 창이라 했으니, 눈이 안정적이지 못하다는 것은 마음이 불안하다는 증거다. 이 사람은 거짓말에 능하고 남을 비판하기 좋아하며, 시선이 흔들리는 것은 진실성을 의심하게 만든다. 걸음걸이의 속도가 지나치게 빠른 사람은 성격이 급해 실수가 많지만, 머리 회전이 빠르고 이재에 밝다. 그러나 손해 보는 것을 싫어하고 자신의 잘못을 남 탓으로 돌리는 경향이 강하다. 타인보다 늘 앞서려고 하고 뒤처지는 것을 견디지 못하므로 가까이하기 어려운 사람이다. 걸음을 걸을 때 보폭이 유난히 큰 사람은 거만하지만 당당하다. 자신감이 강하지만 의외로 마음의 여유가 없고 외로움을 많이 탄다. 의리는 좋으나 과장될 수 있으니 너무 깊은 친분은 피하는 것이 좋다.

재주나 능력은 뛰어나지만 인품이 부족한 사람을 경계하라는 격언이 있다. 외형적인 행동이나 습관을 통해 그 사람의 재주를 엿볼 수 있지만, 진정으로 가까이해야 할 사람은 재주와 더불어 덕을 갖춘 사람이다. 사람의 품성은 작은 행동에서 드러나므로, 겉으로 보이는 능력에만 현혹되지 않고 그 사람의 덕성까지 함께 살피는 지혜가 필요하다.

이와 더불어 사물과 관계 맺는 방식에서도 성격이 나타난다. 길을 걸으며 주변을 자주 기웃거리는 사람은 현재 자신의 일에 만족하지 못하고 쉽게 싫증을 내며 집중력이 떨어진다. 상학에서는 '시선이 앞에 있지 않으면 운이 피해가고, 시선이 뒤에 있으면 운이 거꾸러진다'고 말한다. 운이 없는 사람을 가까이해서 좋을 이유는 없으니 적당한 거리를 두는 것이 좋다. 한 가지 일에 집중하는 사람 곁에 있어라. 그런 사람은 운을 얻을 사람이며, 주변을 기웃거리지 않는다. 책을 읽을 때 머리를 푹 숙이고 읽는 사람은 타인의 일에 관심이 없고 자신의 일에도 타인이 관여하는 것을 싫어한다. 강한 소유욕과 '내 것을 빼앗길까' 하는 불안감 때문에 폭넓은 인간관계를 맺기 어렵고, 마음을 잘 열지 못한다. 사주학에서 운은 사람이 가져다준다고 했으니, 이런 사람은 운을 얻기 어렵다. 반대로 머리를 숙이지 않고 책을 들고 읽는 사람은 자신감이 강해 자신이 우월하다고 생각하며 타인을 이끌기를 좋아하지만, 이기적이어서 정을 잘 주지 않는 사람이다. 식사할 때 한 가지 반찬만 고집하는 사람은 외골수적인 성격이 강하고, 자신이 좋아하는 것 외에는 관심을 두지 않는다. 생활력이 강하고 현재 생활이 안정적이며, 타인에게 피해를 주는 것도, 도움을 받는 것도 싫어한다. 자기 밥벌이는 하겠지만 너무 가까이하기는 어려운 사람이다. 팔에 털이 많은 사람은 배우자나 이성을 아끼는 정이 많고 의리가 강하다. 반대로 팔에 털이 없는 사람은 이기적이고 냉정하며 현실적인 성향이 강하다. 털은 '정情'과 '의리'를 상징하므로, 전자는 곁에 두면 좋고 후자도 손해 될 일은 없다. 다리가 굵은 남녀는 모두 생활력이 강하고 부귀를 얻을 사람이다. 반면 발목이 가는 여성은 섬세하고 인정이 많아 내조를 잘하며 감각과 지성이 뛰어나다.

마지막으로 얼굴과 머리카락에서도 성격을 엿볼 수 있다. 얼굴에 비해 코가 유난히 작은 사람은 자존심이 약하고, 지나치게 큰 사람은 자기중심적이고 타인을 무시하는 경향이 있다. 코는 '재백궁財帛宮'이라 하여 부와 관련이 깊다. 코가 얼굴의 균형을 이루면 최상이고, 그보다 작으면 근면함으로 부족함을 메워야 하며, 그 이상으로 크면 재물복은 좋으나 관리가 어려워 무너지기 쉬우므로 이를 조절해 줄 사람이 필요하다. 목욕을 좋아하는 사람은 자기애가 강하고 기운을 강하게 하는 습관을 가졌다. 목욕은 인간의 기운을 맑게 하므로, 자주 목욕하는 사람은 큰 번영을 얻을 사람이라고 상학에서는 말한다. 부드럽고 윤기 나는 머리카락을 가진 사람은 온화하고 원만한 성품을 지녔으며, 큰 재물복을 가진 사람이다. 반대로 곱슬머리는 자기만의 고집과 세계가 강해 타인과 마찰이 잦고, 굵고 억센 머리카락을 가진 남성은 공처가 성향이, 여성은 남성에게 의지하는 성향이 강하다. 이마가 좁은 사람은 성격이 거칠고 타인과의 어울림이 부족하지만, 예술가적 기질이 뛰어나다. 오늘 알려드린 내용은 후천적으로 부족함을 메워 나갈 수 있다는 의미이기도 하다. 만약 이 내용에 해당하는 부분이 있다면, 자신의 부족함을 인정하고 이를 채워 멋진 삶을 만들어 가기를 바란다.

믿을 수 있는 사람과
그렇지 않은 사람

사람은 행복할 때보다 불행할 때, 잘나갈 때보다 고난이 닥쳤을 때 그 진면목이 드러난다. 고스톱을 쳐보면 그 사람을 알 수 있다는 말처럼, 위기의 순간에 어떻게 행동하는지를 보면 그 사람의 본성을 파악할 수 있다. 하지만 타인의 위기나 불행을 가까이에서 지켜보기는 쉽지 않다. 그렇다면 우리는 믿어도 될 사람과 그렇지 않은 사람을 어떻게 분별할 수 있을까? 사주학에서는 그 사람의 '화내는 방식'을 통해 내면을 들여다볼 수 있다고 말한다. 화를 내는 순간은 이성적인 판단이 흐트러지고 본능적인 감정이 드러나는 때이기 때문이다. 올바른 대상에게, 올바른 시기에, 올바른 방법으로 화를 내는 사람은 믿을 만한 사람이다.

믿을 수 있는 사람은 사실에 근거해 화를 내지만, 믿을 수 없는 사람은 감정에 치우쳐 화를 낸다. 전자는 논리적이고 이성적인 사람이지만, 후자는 감정적이고 즉흥적인 사람이다. 감정은 늘 변하기 때문에, 오늘은 사소한 일도 웃어넘기지만 내일은 전혀 다른 이유로 분노할 수 있다. 매사에 감정적인 사람을 멀리해야 하는 이유가 바로 여기에 있다. 반면, 상식과 보편적인 기준을 가진 사람은 시간이 흐르거나 감정이 식어도 쉽게 변하지 않는다. '네가 어떻게 나에게 이럴 수 있니?'라는 말은 믿었던 사람에게 배신당했을 때 나오는 말이다. 이는 감정적인 사람에게 의지했기 때문에 겪는 충격이다. 상식적인 사람은 자신에게 은혜를 베푼 사람을 절대 배신하지 않는다.

또한 믿을 수 있는 사람은 타인의 실수에 너그럽지만, 믿을 수 없는 사람은 상대의 실수에 크게 분노한다. 후자는 극도로 자기중심적이고 이기적인 사람이다. 사람은 누구나 실수를 할 수 있음을 인정하고, 상대의 실수를 너그러이 용서해 줄 줄 아는 사람은 타인과 더불어 사는 세상을 인정하는 현명한 사람이다. 반면, 자신의 피해만 생각하며 분노하는 사람은 자신이 실수할 수 있다는 사실을 망각한 채, 내가 하는 것은 괜찮고 남이 하는 것은 용납할 수 없다고 생각한다. 사주학에서는 이런 사람을 '삶의 여유가 없는 사람'이라 부르며, 신의를 기대하기 어렵다고 말한다.

마지막으로 귀가 막힌 사람은 멀리해야 한다. 사주학에서는 눈이 둘이고 귀가 둘인 것은 세상의 양면을 균형 있게 보고, 양쪽의 말을 공평하게 들어야 함을 뜻한다고 말한다. 반면 입이 하나인 것은 이러한 시각과 청각을 종합하여 바른 말을 해야 한다는 의미다. 즉, 남의 말을 들으려고 하지 않고 자신의 생각만 말하는 사람은 균형 잡힌 시각을 가질 수 없다. 상대의 입장을 들어보지도 않고 무작정

화부터 내는 사람은 결국 자신의 생각이나 상황에 따라 입장을 바꾸는 사람이다. 이런 사람은 지금은 당신과 친할지라도 입장이 달라지면 큰 피해를 줄 수 있다. 사주학은 단순히 점을 보거나 운세를 점치는 학문이 아니다. 우리의 삶을 더욱 복되고 행복하게 만들기 위해 올바른 마음가짐을 알려주는 지혜의 학문이다. 이처럼 사람을 분별하는 지혜를 통해 진정한 인연을 맺고, 행복과 번영이 가득한 삶을 만들어가길 바란다.

궁합은
남녀의 애정운이 아니다

 '궁합'이라는 말을 들으면 대다수는 결혼할 남녀 관계만을 떠올린다. 하지만 궁합은 남녀 관계뿐만 아니라 음식, 옷, 그리고 사람 사이에도 존재한다. 물론 타고난 기운과 후천운을 모두 풀이하여 궁합을 판단하는 것이 가장 정확하겠지만, 현실적으로는 불가능하다. 그러므로 나와 궁합이 맞는 사람을 만났을 때와 맞지 않는 사람을 만났을 때 어떤 현상이 생기는지 아는 것만으로도 큰 도움이 된다.
 인생의 후천운에서 가장 중요한 것은 사람으로 인한 도움, 즉 인복이다. 장년기와 노년기의 삶은 이 인복에 의해 결정된다고 해도 과언이 아니다. 게다가 현대 사회에서 사람으로 인한 스트레스와 고통을 호소하는 이들이 정말 많다는 것이 정신의학 전문의의 이야기다. 궁합이 맞지 않는 사람을 만나면 끝이 좋지 않거나 어려움에 처하게 되지만, 궁합이 잘 맞는 사람을 만나면 항상 서로에게 도움이 되고 즐거운 만남이 이어진다. 다음 현상들을 잘 기억하여 사람으로 인한 고통은 받지 않기를 바란다.

사물은 종류에 따라 모이고, 사람은 무리에 따라 나뉘는 법이다. '궁합' 또한 이와 같다. 당신의 기운과 잘 맞는 사람에게는 자연스럽게 호감이 생기고 끌리게 된다. 이는 우연이 아니라, 당신의 무의식이 본능적으로 보내는 신호다. 궁합이 맞는 사람을 만나면 긍정적인 시너지가 생기고, 궁합이 맞지 않는 사람을 만나면 당신의 기운이 약해진다. 그러므로 당신의 마음이 끌리는 사람, 당신의 기운과 잘 맞는 사람을 만나는 것이 행복한 삶과 번영을 위한 중요한 시작이다.

궁합이 맞는 사람을 만났을 때와 그렇지 않은 사람을 만났을 때 우리 몸은 다양한 신호를 보낸다. 먼저, 알 수 없는 거부감이 생기는지 생각해 보라. 사람은 자신에게 맞지 않는 것에 대해 알 수 없는 거부감을 느낀다. 마치 먹기 싫은 음식을 먹고 나면 소화가 안 되거나 체한 듯한 느낌이 드는 것처럼, 사람도 마찬가지다. 이런 거부감은 당신의 무의식이 보내는 '조심하라'는 경고 신호다. 하지만 처음 만났는데도 전혀 거부감 없이 편안하게 대화를 나눌 수 있다면, 그 사람은 당신과 궁합이 아주 잘 맞는 사람이다.

또한 그 사람의 몸에서 나는 냄새를 주의 깊게 맡아보라. 사람은 누구나 고유한 향기를 가지고 있는데, 궁합이 맞지 않는 사람에게서는 반드시 역겹거나 고약한 냄새가 나는 듯한 느낌을 받을 수 있다. 반면, 궁합이 맞는 사람에게서는 냄새를 전혀 느끼지 못하거나 오히려 친근하고 좋은 향이 난다고 생각하게 된다. 1~2미터 거리에서 느껴지는 그 사람의 향기에 친근함이 생기는지, 아니면 거부감이 느껴지는지에 신경을 쓰는 것이 궁합을 구별하는 좋은 방법 중 하나다.

더불어 상대방의 외모나 인상에 인상이 찌푸려지지는 않는지 살펴봐야 한다. '콩깍지가 씌었다'는 표현은 다른 사람들에게 보이는 문제점도 나에게는 좋게 보인다는 것을 의미한다. 모든 것이 다 좋게 보이는 사람은 분명 당신과 궁합이 아주 잘 맞는 사람이다. 그러나 왠지 모르게 인상이 찌푸려지거나 "뭘 저렇게 입었어" 하는 식으로 생각이 든다면, 이 사람은 당신과 궁합이 맞지 않는 사람일 수 있다.

대화와 말투 역시 중요한 판단 기준이다. 궁합이 맞으면 호감이 생겨 상대방의 이야기에 귀를 기울이고 조심하게 된다. 거친 말도 전혀 거부감이 들지 않고, 약간 불쾌한 행동도 이해하거나 양보하게 된다. 반대로 궁합이 맞지 않는 사람의 이야기는 이유 없이 계속 부정하게 되고, 알 수 없는 거부감이 생긴다. 많은 사람이 말을 잘하고 싶어 하지만, 말을 잘한다는 것은 상대가 잘 들어주기에 가능한 것이다. 누군가와 잘 맞는 사람인지를 판단하려면 대화의 원활함을 잘 살펴보면 된다. 또한, 어느 순간 그 사람이 하는 이야기에서 거부감이 생긴다면, 그 사람과 궁합이 틀어지고 있다는 신호일 수 있다. 반대로 그 사람의 이야기를 계속 듣고 싶고 대화하고 싶다면, 그 사람과 궁합이 잘 맞는 사이라고 할 수 있다.

마지막으로 그 사람의 행동에서 매너가 보이는지 보라. 우리는 좋은 사람에게 항상 매너를 지키고 양보하며 도움을 주려 한다. 당신이 누군가에게 이렇게 행동하고 있다면, 그 사람은 당신과 궁합이 잘 맞는 사람이다. 그리고 상대가 당신에게 그렇게 하고 있다면, 그 사람에게 당신이 궁합이 좋은 것이다. 궁합은 항상 둘 다 완벽하게 좋을 수는 없다. 서로에게 더 잘 맞는 사람이 있고 조금 덜 맞는 사람이 있을 뿐이다. 선택은 당신의 몫이다. 당신이 더 좋은 사람과 관계를 이어갈지, 아니면 당신을 더 좋아해 주는 사람과 관계를 이어갈지에 관해서 말이다.

운명을 바꾸려면
인맥을 바꿔라

운은 반드시 사람을 통해 찾아온다. 주변에 좋은 사람이 많은 이는 어떤 일을 해도 성공할 수 있고 삶이 즐거워진다. 반대로 주변에 사람이 없다면 외로운 삶을 살게 되며, 돈이 아무리 많아도 불안에 떨게 된다. 인간관계가 흔들리면 삶의 기반 자체가 흔들리는 것과 같다. 단 한 사람을 만나더라도 그를 진정한 내 사람으로 만드는 지혜가 필요한 이유가 바로 여기에 있다. 이 한 명 한 명의 인연이 쌓여 결국 인생의 가장 큰 자산인 '인맥'을 이룬다.

사람의 마음을 얻는 첫걸음은 따뜻한 미소에서 시작된다. 미소는 '당신을 만나 기쁘다'는 진심을 전하는 가장 강력한 언어다. 사람들은 누구나 성공하고 행복한 사람 곁에 머물고 싶어 한다. 미소는 현재 내가 즐겁고 만족스러운 삶을 살고 있음을 보여주는 가장 확실한 증거이며, 상대방에게 좋은 첫인상을 각인시켜 관계의 시작을 부드럽게 만든다.

이렇게 관계가 시작되면, 칭찬과 격려를 아낌없이 베푸는 태도가 필요하다. 사람들은 본능적으로 칭찬에 약하며, 칭찬은 책임감과 의욕을 불러일으키는 힘이 있다. 상대방의 작은 노력이나 성취를 놓치지 않고 진심으로 칭찬하고 격려하는 습관을 들여야 한다. 다만, 칭찬할 상황과 격려할 상황을 구분하는 지혜를 잊어서는 안 된다. 상황에 맞지 않는 칭찬은 오히려 관계에 부작용을 일으킬 수 있다.

진정한 소통은 말을 잘하는 것이 아닌, 잘 들어주는 것에서 시작된다. 인간은 누구나 자신에게 가장 관심이 많으며, 자신의 이야기를 들어주는 사람에게 호감을 느낀다. 우리는 비싼 옷과 차로 관심을 받고 싶어 하듯, 자신의 이야기를 통해 존재감을 인정받고 싶어 한다. 따라서 관계를 깊게 만들고 싶다면, 상대방의 말문을 터주어야 한다. 상대의 관심사에 대해 질문하고, 그들이 자신의 이야기를 편안하게 할 수 있도록 배려하는 태도를 보여야 한다. 상대의 이야기에 애정을 가지고 경청하며 진심 어린 맞장구를 쳐주면, 상대는 당신에게 깊은 공감과 감동을 느낄 것이다. 공감은 인간관계를 끈끈하게 만드는 가장 중요한 요소다.

웃음은 관계를 풍요롭게 하는 최고의 기술이다. 웃음은 몸의 면역 체계를 강화하고, 심장 박동 수를 증가시키며, 폐 속의 탁한 공기를 신선한 공기로 바꿔주는 훌륭한 운동 효과를 가져온다. 상대를 웃게 만들면 그에게 건강과 행복을 선물하는 것과 같다. 이 재치 있는 능력은 타고나는 것이 아니라, 평소에 재미있는 이야기를 찾아 기억하는 노력에서 비롯된다. 처음에는 어색할지라도 습관적으로 웃음을 주려는 노력을 하다 보면, 당신은 어느새 유쾌하고 재치 있는 사람으로 기억될 것이다.

진정한 관계는 역경 속에서 더욱 빛을 발한다. 《논어》는 "歲寒然後知松柏之後彫也(세한연후지송백지후조야)"라고 가르친다. 날이 추워진 뒤에야 소나무와 잣나무가 늦게 시든다는 것을 안다는 뜻이다. 평온하고 좋을 때는 그 관계의 진정성을 알기 어렵지만, 어렵고 힘든 시기를 겪어봐야 비로소 변치 않는 진정한 친구가 누구인지 깨닫게 된다는 의미다. 사람의 마음을 얻는 작은 노력과 태도들이 모여 쌓이면, 힘든 순간에도 당신 곁을 떠나지 않는 든든한 관계를 만들 수 있다. 이처럼 진정한 관계는 평소의 꾸준한 노력을 통해 만들어지며, 그것이 당신의 인생을 지키고 일으켜 세우는 가장 큰 힘이 된다.

오래가는 관계를 위해서는 공통된 화제를 찾아야 한다. 관계에서 오는 피로감은 현대인이 겪는 스트레스의 주요 원인이다. 오래도록 서로에게 즐거움을 주는 관계는 두 사람 사이에 동질감을 느낄 수 있는 공통의 관심사를 통해 유지된다. 상대방과 운동, 취미 등 공통된 화제로 대화를 나누고, 일치된 생각을 나눌 수 있다면 관계는 더욱 깊어질 것이다.

무엇보다 중요한 것은 상대를 배려하고 늘 겸손한 자세를 유지하는 것이다. 진정한 배려는 상대의 눈높이에 맞추는 것이다. 당신이 아무리 많이 가졌거나 지위가 높더라도 상대를 강요하거나 자신의 우월함을 과시하는 행동은 삼가야 한다. 상대가 작은 실수를 하더라도 우월감을 드러내며 비난하는 행동은 관계를 망치는 지름길이다. 대화에서 이기려고 하는 사람은 결국 사람을 잃게 되지만, 슬쩍 져줄 줄 아는 사람은 사람의 마음을 얻는다. 겸손하고 배려하는 태도는 당신의 인품을 빛나게 하고, 결국 수많은 사람들의 신뢰를 얻게 될 것이다. 운은 반드시 사람을 타고 들어오고, 사람이 곧 운이라는 사실을 잊지 말자.

얼굴을 보면
나를 망하게 할 사람인지 알 수 있다

나를 불행하게 할 사람의 얼굴에는 반드시 특정한 흔적이 보인다. 이 흔적을 통해 삶을 힘들게 만들 사람을 미리 알아내고 멀리하는 지혜가 필요하다. 인생을 살다 보면 궁합이 맞아 좋은 일을 만들어 줄 사람도 있고, 궁합이 맞지 않아 삶을 어렵게 만들 사람도 나타난다. 이 두 부류의 사람을 만났을 때 나타나는 현상에는 분명한 차이가 있으며, 이를 잘 파악하면 누구나 쉽게 구별할 수 있다.

사주학에서는 '궁합'을 통해 나와 잘 맞는 사람과 잘 맞지 않는 사람을 구별하고, 가까이할 사람을 가려내야 한다고 말한다. 그러나 대부분의 사람은 모든 이에게 잘해주고 모든 이와 원만하게 지내기를 원한다. 이는 어리석은 생각이다. 싫어하는 음식을 억지로 먹으면 불쾌해지듯이, 맞지 않는 사람과의 관계를 억지로 유지하는 것은 자신의 기운을 깎아내리는 욕심일 뿐이다. 마이너스 효과, 즉 '링겔만 효과'를 내는 사람과는 가능한 한 멀리하는 것이 삶의 행복을 위해 현명하다.

링겔만 효과는 여러 명이 함께하는 집단 작업에서 구성원의 수가 늘어날수록 개개인의 노력이 줄어드는 현상을 말한다. 심리학자 막시밀리앙 링겔만이 진행한 실험에서 이 현상이 처음 발견됐다. 그는 여러 사람에게 밧줄을 당기게 하고 개개인의 힘을 측정했다. 혼자 밧줄을 당길 때 100퍼센트의 힘을 냈다면, 두 명이 함께 당길 때는 각자 90퍼센트, 세 명이 함께 당길 때는 80퍼센트, 여덟 명이 함께 당길 때는 50퍼센트의 힘밖에 내지 않는다는 것을 발견했다.

이러한 현상은 두 가지 주요 원인 때문에 발생한다. 첫 번째는 조정 손실이다. 여러 사람이 동시에 힘을 쓸 때, 모두가 완벽하게 호흡을 맞춰 힘을 내기 어렵기 때문에 발생하는 물리적 손실이다. 두 번째는 동기 손실, 즉 사회적 태만 때문이다. 다른 사람이 있을 때는 자신의 노력이 눈에 띄지 않으리라 생각하며 책임을 덜 느끼고, '누군가가 대신하겠지'라고 생각하며 무임승차하려는 심리가 발동한다.

이 링겔만 효과는 단순히 집단 과제에만 적용되는 것이 아니다. 인간관계에서도 유사한 현상을 찾아볼 수 있다. 관계를 유지하는 것을 공동의 일이라 생각해보면, 당신의 에너지를 깎아내리는 사람은 관계 속에서 사회적 태만을 일으키는 존재라고 할 수 있다. 그들은 상대방의 노력에 기대어 최소한의 기여만 하거나, 심지어는 부정적인 기운으로 상대방의 에너지를 소모시킨다. 이는 마치 밧줄을 함께 당기는 대신, 뒤에서 힘을 빼앗는 것과 같다. 결과적으로 관계는 마이너스 효과를 내고, 혼자 힘쓰는 사람은 쉽게 지치고 삶의 기운을 잃게 된다.

따라서 링겔만 효과를 이해하는 것은 당신의 삶에 긍정적인 영향을 주는 사람과, 그렇지 않은 사람을 구별하는 중요한 기준이 될 수 있다. 관계를 통해 서로의 힘을 더하고 성장을 이끌어낼 수 있는 인연을 찾아야 하는 이유가 바로 여기에 있다. 옛말에 "近朱者赤 近墨者黑(근주자적 근묵자흑)"이라 하여 붉은 것을 가까이하는 사람은 붉어지고, 먹을 가까이하는 사람은 검어진다고 했다. 이 구절은 주변 환경과 교류하는 사람의 영향을 받아 그 성격과 품성이 변함을 의미한다. 나쁜 기운을 가진 사람을 가까이하면 나의 기운까지 부정적인 영향을 받을 수밖에 없다. 사람의 기운은 전이되는 것이므로, 당신의 기운을 빼앗고 불운을 옮기는 사람을 멀리하는 것은 스스로의 삶을 지키는 가장 중요한 시작이다.

어떤 사람에게서 알 수 없는 거부감이 생긴다면 그를 경계해야 한다. '이상하게 같은 말을 하는데도 저 사람이 이야기하면 기분이 나쁘다'는 생각이 든다면, 그는 당신과 궁합이 아주 맞지 않거나 당신에게 해를 줄 수 있는 사람이다. 인간은 본능적으로 위험을 감지하는 능력이 뛰어나기에, 당신의 무의식이 그 사람을 거부하고 있다는 사실을 간과해서는 안 된다. 많은 사람이 문명에 익숙해져 본능적인 거부감을 무시하지만, 그 결과로 언젠가 큰 손해를 보거나 낭패를 겪게 될 수도 있다.

또한 나를 보면 표정에 변화가 생기는 사람을 주의해야 한다. 물론 인위적으로 표정 변화를 만들 수도 있지만, 이는 주로 상대에게 무엇을 바랄 때 나타난다. 문제는 다른 사람에게는 그렇지 않은데, 유독 나를 볼 때 미간을 찡그리거나 눈썹을 많이 움직이는 사람이다. 상학에서는 이런 사람을 '나와 맞지 않는 사람', '나를 싫어하는 사람'이라고 정의한다. 친분을 넘어선 관계를 맺지 말아야 한다. 반대로 당신 스스로가 누군가를 볼 때 계속 인상을 쓰게 된다면, 당신의 본능이 그 사람을 피하라고 신호를 보내는 것이다. 그 사람은 당신에게 절대 도움이 되지 않을 것이다.

특정 사람과 함께 있을 때 내 얼굴에서 웃음기가 사라지는 경우도 있다. 사람은 좋은 사람과 있으면 표정이 부드러워지지만, 싫은 사람과 있으면 딱딱하고 험악해진다. 단순히 기분이 나빠서가 아니라, 특정 사람과 있을 때만 웃음이 사라진다면 그것은 운이 떠나가고 불운이 다가온다는 증거다. 전문가들은 이를 '미러링 효과', 즉 거울 효과라고 말한다. 상대방이 웃고 있으면 나도 웃고, 인상을 쓰고 있으면 나도 인상을 쓰는 것처럼 상대방의 표정과 기운에 영향을 받는 것이다. 평소에는 잘 웃었지만, 그 사람과 있을 때만 웃을 일이 없었다면 당신의 삶이 그 사람 때문에 불행하게 변할 수 있다는 반증이다.

나아가 함께 있을 때 나도 모르게 등이 구부러지고 손에 힘이 빠지게 하는 사람이 있다. 나와 궁합이 맞는 사람, 즉 기의 파동이 일치하는 사람과 함께 있을 때면 어깨와 등이 자연스럽게 펴지지만, 궁합이 맞지 않는 사람과 함께 있으면 몸에 힘이 빠지고 자세가 구부정해진다. 이것은 당신도 모르게 기운이 빠져나가고 있다는 증거다. 운이 좋은 사람과 나쁜 사람은 체형에서부터 표시가 나게 되어 있다. 나의 기운을 강하게 만들어주는 사람은 나와 잘 맞는 사람이고, 기운을 약하게 만드는 사람은 나를 불행하게 만들 사람이다.

함께 있을 때 내 행동과 말투가 평소와 다르게 거칠어지는 사람도 멀리해야 한다. 같은 일에도 부드러운 말투를 쓸 때와 거친 말투를 쓸 때가 있다면, 이는 나의 기운이 균형을 잃고 있다는 신호다. 체력이 없는 사람이 생각을 많이 하지 못하듯, 몸에 힘이 빠지면 말투와 행동이 거칠어진다. 상학에서는 이를 '기력氣力'이라고 한다. 특정 사람과 있을 때만 말투나 행동이 거칠어진다면, 그 사람은 당신과 궁합이 맞지 않는 사람이다. 불운을 불러올 사람이니 일정한 거리를 두는 것이 좋다.

이처럼 궁합이 맞는 사람과 맞지 않는 사람을 만났을 때 생기는 현상에는 분명한 차이가 있다. 당신의 주변에는 어떤 사람이 더 많은가? 궁합이 잘 맞는 사람이 많다면 당신은 행복하고 부유한 삶을 살고 있는 것이고, 궁합이 맞지 않는 사람이 많다면 힘들고 고통스러운 삶을 살고 있을 가능성이 높다. 한 예로, 불행한 결혼 생활을 끝내고 혼자 지내다가 자신과 처지가 비슷한 사람을 만나 행복하게 살고 있는 여성이 있었다. 전 남편은 평범한 외모에 왜소했지만 돈을 잘 버는 대신 아내를 의심하고 폭력을 행사했다. 반면 재혼한 남편은 이해심이 넓고 친절하여 전 아내에게는 큰 도움이 되지 못했지만, 이 여성에게는 꼭 필요한 사람이었다. 이처럼 누구에게나 필요한 것이 누군가에게는 전혀 필요 없는 것일 수도 있다. 나와 궁합이 맞지 않는 사람이라고 해서 다른 사람에게도 그러한 것은 아니며, 반대로 나와 잘 맞는 사람이 다른 사람에게도 잘 맞는 것은 아니다. 그러므로 오늘의 이야기를 당신의 삶에 적용하여 사람으로부터 받는 고통에서 벗어나고, 행복하고 번영된 삶을 살아가기를 바란다.

사주와 풍수가 말하는
무조건 멀리해야 할 인물

이런 사람은 주변의 기운을 빼앗고 당신에게 운이 다가오지 못하도록 막는다. 당신의 삶을 계속 어렵게 만드는 인연이 있다면, 그 사람을 멀리해야 한다. 그래야 운이 다가오고 당신의 삶이 변화할 수 있다.

우리 부모님들은 "친구 따라 강남 간다"며 친구를 사귀는 데 신중하라고 하셨다. 좋은 친구를 만나 함께 발전하며 멋진 인생을 사는 사람이 있는가 하면, 잘못된 친구들로 인해 재능을 발휘하지 못하고 힘든 삶을 살아가는 사람도 있다. 세상에서 유일하게 운을 다루는 학문인 사주학과 풍수학에서는 이런 사람들을 무조건 멀리해야 한다고 말한다.

만날 때마다 안 좋은 일이 생기는 사람은 무조건 멀리해야 한다. 사람에게는 '기氣의 파장'이 있기 마련이다. 기의 파장이 잘 맞는 사람을 만나면 늘 좋은 일이 생기지만, 맞지 않는 사람을 만나면 항상 다툼이나 갈등이 생길 수밖에 없다. 기가 서로 부딪히기 때문이다. 사주학에서 '궁합'을 말하는 이유가 바로 여기에 있다. 세상 모든 물건에 선악은 없지만, 아무리 좋은 물건이라도 사람을 잘못 만나면 제 역할을 못하듯이, 당신도 마찬가지다. 당신에게 좋은 기운을 주는 사람은 서서히 당신의 삶을 좋게 만들 것이며, 나쁜 기운을 주는 사람은 서서히 불운을 불러올 것이다. 헤어질 때 좋은 분위기로 끝나는 사람을 만나라. 그 사람이 바로 당신에게 좋은 기운을 주는 사람이다. 하지만 헤어질 때마다 다툼이나 갈등을 만드는 사람이 있다면, 그 사람은 당신을 불행하게 만들 사람이다.

의욕이 없는 사람은 당신을 불행하게 만든다. '생기生氣가 좋다'고 하는 것은 좋은 기운이 전이되기 때문이고, '사기邪氣가 나쁘다'고 하는 것은 나쁜 기운이 전이되기 때문이다. 당신에게 전이되는 좋은 기운과 나쁜 기운은 당신의 자녀와 배우자에게도 그대로 전이된다. 즐거운 분위기 속에 있으면 기분이 좋아지고, 슬픈 분위기 속에 있으면 함께 슬퍼지는 것도 모두 기운이 전이되기 때문이다. 의욕이 없고 자주 한숨을 쉬며, '안 될 것'이라는 부정적인 의견을 내는 사람은 당신까지 그러한 사람으로 만들 것이다. 좋은 운은 생기가 강할 때 들어오고, 죽어가는 운은 나쁜 기운이 강한 곳에 머문다. 이런 사람을 만나면 계속 나쁜 기운만 들어오게 되니, 만나는 횟수를 줄이거나 가능한 자제하는 것이 삶에 도움이 된다.

미간을 자주 찡그리는 사람은 불운을 만드는 사람이다. 미간을 찡그리는 것은 마음속에 부정이 가득하다는 의미이며, 상학에서는 미간을 자주 움직이는 관상을 가장 좋지 않게 여긴다. 이런 사람은 운을 얻지 못하고 항상 사람으로 인한 괴로움을 안고 살아간다고 한다. 현대 인상학에서도 미간을 자주 찡그리는 사람은 자신의 행복을 모르고 상대를 무시하는 사람이라 말한다. 이들은 운이 사람으로부터 온다는 것을 모르기에, 주변 사람들로부터 경시되어 불운만 얻는 경우가 많다. 혹시 당신도 이런 습관이 있다면 무조건 고치고, 이런 습관을 가진 사람이 주변에 있다면 멀리해야 한다.

거짓말을 잘하는 사람은 불운을 옮기는 사람이다. 신의信義는 인간이 가질 수 있는 상대에 대한 최소한의 예의다. 거짓말과 허풍은 순간적으로 상대로부터 부러움을 얻을 수 있지만, 오래도록 인연을 맺을 수는 없다. 거짓말을 잘하는 사람은 다른 사람도 자신과 같을 것이라 생각하여 상대를 믿지 않는다. 또한 항상 상대를 이용하려는 특성을 가지고 있어, 당신도 그에게는 존중의 대상이 아닌 이용의 대상일 뿐이다. 그러므로 당신이 어려움에 처했을 때 이 사람이 도움을 주는 경우는 절대로 없을 것이다. 사람으로 인한 고통을 겪지 않으려면 거짓말을 잘하는 사람을 가장 먼저 멀리해야 한다.

마지막으로 운이 없는 사람은 무조건 멀리해야 한다. 운이 없는 사람을 가까이하면 당신도 운이 없는 사람이 되어 간다. 운은 그 사람의 마음과 행동이 만들어내는 것이므로, 그 사람과 같이 행동하는 당신 역시 운이 없는 사람이 될 수밖에 없다. 운이 없는 사람을 보고 그와 반대되는 행동을 하려고 노력하라. 그들은 자기 발전이나 개발에 시간과 돈을 투자하지 않고, 늘 놀고 즐기는 것만 생각한다.

또한 자신보다 잘난 사람을 보면 비난거리를 찾고 뒷담화를 하며, 마음속에는 일확천금의 꿈만 가득하다. 부자들은 시간이 나면 책을 읽고, 빈자들은 시간이 나면 TV를 본다. 부자들은 자신이 부족하다고 생각하기에 배우려 하지만, 빈자들은 자신이 다 안다고 생각한다. 운이 없는 사람들은 항상 타인에게 냉정하고 자신에게는 온화하다. 이런 것을 배우면 당신도 운이 없는 사람이 될 수밖에 없다.

이런 사람은 무조건 멀리해야 당신의 삶이 바뀐다. 운은 반드시 사람으로부터 들어온다. 때로는 사람이 기회를 통해 운을 주기도 하지만, 대부분은 운이 좋은 사람들과 만나고 어울리면서 그들의 습관, 행동, 마음가짐이 당신에게 전이되어 삶이 바뀌는 경우가 훨씬 많다. 그러므로 앞서 언급한 사람들은 절대적으로 멀리해야 한다.

끊어야 할 인연이라면
형제라도 끊어라

　우리 조상들은 형제를 팔다리와 같아서 절대 절연해서는 안 된다고 했다. 하지만 조상들조차도 이런 형제는 반드시 절연해야 한다고 강조하기도 했다. 이는 사람의 도리를 모르는 사람과 함께 있으면 나의 기운까지 쇠퇴하기 때문이다. 이런 사람이라면 친구뿐 아니라 그 누구라도 인연을 끊어야 한다. 똥이 방에 있으면 오물이라 하고, 밭에 있으면 거름이라 한다. 사람도 똥과 같은 사람이 있고, 거름과 같은 사람이 있다. 가족 중에 문제가 많은 사람이 찾아올까 봐 두렵다는 상담 메일을 자주 받는다. 그 사람이 오면 가족 간에 다툼이 생기고 경찰까지 출동하는 일이 빈번하며, 심지어 술병을 휘둘러 가족이 다치기도 했다는 안타까운 사연도 있었다. 아무리 안타까운 일이라도 정에 이끌려 계속 관계를 맺다 보면 더 큰 문제가 생길 수 있다. 우리 조상들도 '집안을 망하게 할 사람'이라 하여 가족 회의를 통해 문중에서 쫓아내는 경우가 많았다. 가족이라도 이럴진대, 하물며 친구나 지인이라면 더더욱 멀리해야 할 것이다.

인연을 끊어야 하는 첫 번째 유형은 억지를 쓰는 사람이다. 억지를 쓰는 것과 생각이 다른 것은 분명 다르다. 다른 사람들이 짜장면을 먹자고 하는데, 자신은 돼지고기를 잘 먹지 못하니 김치국을 먹겠다고 하는 것은 가능한 일이다. 하지만 '돼지고기가 몸에 해로우니 모두 김치국을 먹어야 한다'고 억지를 부리고 강요하며, 뜻대로 되지 않으면 행패를 부리거나 분위기를 망치는 사람이 있다. 이런 사람은 항상 자기 생각대로 다른 사람들이 따라주어야 한다고 생각한다. 이런 친구가 있다면 반드시 인연을 끊어라. 하지만 가족이라면 그 행동이 잘못된 것임을 차분히 설명하고, 그래도 억지를 부린다면 일정한 거리를 두는 것이 좋다. 조상들도 이런 사람을 '집안에 분란을 일으킬 사람'이라 하여 경계했다.

다음으로 자기 입장만 생각하는 사람을 멀리해야 한다. 어딜 가나 자기 입장만 중요하고 다른 사람의 입장이나 사정은 전혀 고려하지 않는 사람이 있다. 한마디로 미안함과 고마움을 모르는 사람이다. 이런 사람은 대개 부모가 과보호하며 키웠기 때문에 생긴다. 공동체 의식을 배우지 못해 자신만 아는 이기적인 성향을 갖게 된 것이다. 이런 사람이 친구나 지인이라면 반드시 절연해야 한다. 이 사람은 어디를 가나 환영받지 못하며, 함께 있는 사람마저 같은 부류로 오해받을 수 있기 때문이다. 하지만 가족이라면 그 행동이 잘못되었음을 알려주고 함께 고쳐나가려 노력해야 한다. 가족의 노력으로 얼마든지 좋아질 수 있다. 만약 노력에도 불구하고 변하려는 의지가 없다면, 일정한 거리를 두는 것이 현명하다.

이와 더불어 이간질을 하는 사람을 경계해야 한다. 이간질을 하는 사람은 어떤 공동체든 깨뜨려 버린다. 세상 그 누구든 약점과 장점이 있고, 실수와 잘못을 하기 마련이다. 하지만 가족이라면 이러한 단점을 덮어주고 보듬어 주어야 한다. 조상들은 "가족이 화목하면 약점이 강점이 되어 반드시 번영한다"고 했고, "가족이 불화하면 강점도 비난거리가 되어 몰락한다"고 했다. 이간질은 가족을 불화하게 만들어 가정을 망하게 하는 일이다. 과거에는 남성 중심의 사회였기에 여자가 집안 분란을 일으킨다고 했지만, 지금은 오히려 남자들이 여자 형제들을 시기하고 질투하며 분란을 일으키는 경우가 더 많다. 가족 간에는 무조건 화목해야 한다. 비록 힘들게 살더라도 서로 보듬고 감싸주며 힘을 북돋아주는 가족이 되어야 한다.

마지막으로 술만 먹으면 폭력을 쓰는 사람은 반드시 관계를 끊어야 한다. 술에 취해 인사불성이 되거나 폭언, 폭력을 쓰는 것은 습관이자 버릇이다. "술에 안 취하면 정말 좋은 사람"이라고 말하는 경우가 있지만, 이는 이미 나쁜 것에 익숙해져 다른 행동이 덜 나빠 보일 뿐이다. 이런 사람은 절대 변하지 않는다. 배우자가 이런 사람이라면 이혼을 권유한다. 가족이라면 내 집에 발도 들이지 못하게 해야 한다. 폭력은 상대의 존엄성과 자존감을 파괴하는 행위다. 이런 사람이 언젠가 변할 것이라고 기대하는 것 자체가 어리석은 생각이다. 그들의 미래가 밝을 것이라고 기대하는 것 또한 마찬가지다.

천성부터
악인도 있다

현대를 살아가는 우리에게 가장 큰 스트레스는 사람으로 인한 것이다. 주변에는 만날 때마다 자신이 믿는 종교나 정치 이야기만 하는 사람이 있을 것이다. 상대방의 생각은 고려하지 않고 자신의 생각만 옳다고 주장하며 큰소리를 친다. 이런 사람들과는 인연을 끊어야 할까? 감정에 치우쳐 '기분이 나쁘니까', '다투었으니까'라는 이유로 모든 인연을 끊는다면 당신 곁에는 아무도 남지 않을 것이다. 이런 사람들과는 잠시 거리를 두고 시간을 두어야지, 인연을 끊어서는 안 된다.

그러나 당신의 삶을 바꾸어 버리는 사람도 있다. 당신도 모르게 불행을 몰고 오는 습관, 무의식적인 생각과 행동으로 당신을 물들이는 경우다. 이런 사람과는 반드시 절연해야 한다. 그렇지 않으면 당신은 크게 불행해질 것이다.

악한 사람은 자신의 행동이 악하다는 것을 모른다. 반면 착한 사람은 자신의 행동이 당연하다고 여기기에 자신이 착한 줄 모른다. 주변의 기운을 해치는 사람은 스스로의 문제를 인식하지 못하며, 이러한 사람과 관계를 유지하면 당신 또한 불행의 소용돌이에 휩쓸릴 수 있다. 관계의 악영향을 인지했다면, 당신의 삶을 위해 단호하게 정리하는 지혜가 필요하다.

천성이 악한 사람과 후천성이 악한 사람은 구분해야 한다. 남의 아픔과 슬픔을 보고 즐기며 웃는 사람은 태어날 때부터 악함을 가지고 태어난 사람일 가능성이 크므로, 무조건 인연을 끊어야 한다. 그러나 삶의 무게 때문에 못된 행동을 하지만 남의 아픔에는 심한 소리를 하지 못하는 사람은 천성이 악한 것이 아니다. 이런 사람으로 인해 고통받고 있다면, 잠시 그를 멀리하고 그가 변하기를 기다려야 한다. 세상이 그에게 기회를 주고 그의 삶이 원활해지면 충분히 좋은 사람으로 바뀔 수 있기 때문이다. 하지만 웃으면서 남을 괴롭히는 행동을 하는 사람은 현대 의학에서 말하는 사이코패스나 소시오패스일 가능성이 높다. 이런 사람과는 무조건 인연을 정리해야 한다.

다혈질인 사람과 폭력적인 사람을 구별하라. 욱하는 성격은 시간이 지나거나 환경이 바뀌면 변할 가능성이 많다. 그러나 욱하는 성격이 폭력으로 변하는 사람은 절대 변하지 않는다. 이런 사람은 가족이라도, 친지라도 무조건 인연을 끊어야 한다. 이런 사람과 얽매여 있으면 정신적, 신체적으로 끊임없는 고통을 받게 될 것이다. 조상들 역시 "흰 개 꼬리 굴뚝에 3년을 묻어두어도 검은 개 꼬리 되지 않는다"고 했으니, 이는 폭력을 쓰는 사람은 변하지 않으므로 무조건 피하라는 뜻이다. 특히 술만 먹으면 폭력을 쓰는 사람은 환영받지 못하며 항상 주변 사람들을 괴롭힐 사람이다. 이런 사람은 배우자라도, 부모라도, 자식이라도 인연을 끊는 것이 옳다.

독선적인 사람과 예의가 없는 사람도 구분해야 한다. 자기주장이 강한 독선적인 사람은 자신의 생각이 틀렸다는 것을 계속 깨닫게 되면 변할 수 있다. 하지만 예의가 없는 사람은 상대를 무시하고 그 존재 자체를 부정하려 한다. 자신은 약속을 대부분 지키면서 상대가 한두 번 약속을 어기는 것에 심하게 탓하는 사람은 독선적이고 이기심이 강하지만, 이는 충분히 고칠 수 있다. 반면, 자신은 대부분의 약속을 지키지 않으면서 상대의 한두 번의 실수를 맹렬히 비난하는 사람이 있다. '나는 나쁜 짓을 다 하면서 다른 사람들은 그러면 안 된다'고 말하는 사람이다. 이런 사람과는 반드시 인연을 끊어야 한다. 그 사람은 언젠가 당신에게 큰 해를 줄 사람이다.

광기에 빠진 사람과 거짓말을 늘 하는 사람을 구별하라. 요즘은 종교나 정치 문제로 인해 광기에 빠진 사람들이 많이 생겨난다. 자신의 종교만 옳다고 주장하거나 자신의 정치색만 고집하는 사람들이다. 이들은 자기 확신이 너무 강하고, 사실은 그것밖에 할 말이 없는 불쌍한 사람들이다. 원래 선한 사람들이 이런 것에 더 쉽게 빠지기 때문에 삶이 바뀌고 좋아지면 변하게 된다. 그러나 없는 이야기로 다른 사람을 모함하고 자신의 상황을 피하기 위해 늘 거짓말을 하는 사람들은 절대 변하지 않는다. 이들은 자신에게 필요하면 누구든 이용하고 버릴 사람들이다. 거짓말을 하는 사람은 절대 만나지 말라. 그래야 이 사람으로 인해 닥칠 수 있는 불행을 미연에 막을 수 있다.

마지막으로 게으른 사람과 부정적인 사람을 구분하라. 게으름은 자각과 깨우침, 그리고 삶의 무게에 의해 충분히 변할 수 있다. 하지만 생각 자체가 부정적인 사람은 아무리 좋은 소리를 해도 비난만 하고 비난거리를 찾으려 한다. 상대가 아무리 좋은 것을 주어도 '뭔가 흑막이 있을 거야'라고 생각하여 주는 사람의 기분을 상하게 만든다. 이런 사람들은 타인에게 기회를 얻지 못해 평생을 가난과 싸우게 된다. 더 큰 문제는 이러한 부정적인 생각이 주변 사람들에게 전염된다는 점이다. 부정적인 사람은 주변 사람들을 모두 부정적으로 바꾸어 버린다. 이는 흑사병이나 코로나보다 더 무서운 전염병이므로, 무조건 인연을 끊어야 한다.

인복을 높이는
7가지 법칙

우리는 인복에 의해 성공하거나 실패한다. 인생을 살면서 좋은 인연을 만나면 운과 복을 얻지만, 악연을 만나면 큰 해를 입게 된다. 좋은 인연과 악연을 구별하는 것은 매우 중요한 일이다. 전문적인 지식이 없더라도, 당신이 충분히 알아차릴 수 있는 악연의 징후들이 있다.

첫째, 같이 있으면 왠지 불편한 사람은 멀리하라. 인간은 본능적으로 자신과 맞지 않는 사람에게 불편함이나 거부감을 느낀다. 왠지 모르게 다가가기 싫고, 만나면 부담스러운 사람이 있다면 그 사람은 당신과 기운이 맞지 않는 사람일 가능성이 높다. 이런 사람에게는 당신의 사생활을 함부로 말하지 말고, 깊은 관계를 맺지 않는 것이 현명하다.

둘째, 나의 행복을 진심으로 축하해주지 않는 사람을 경계하라. 당신이 잘되었을 때, 진심으로 기뻐해주고 축하해주는 사람이 바로 당신의 인연이다. 반면, 질투하거나 무관심한 태도를 보이는 사람은 당신의 삶에 해를 끼칠 악연이 될 수 있다. 세상 사람들은 세 가지 부류로 나눌 수 있다. 무조건 곁에 두어야 할 사람, 그냥 곁에 두어도 되는 사람, 그리고 친분 이상의 관계를 가져서는 안 될 사람이다. 당신의 행복을 진심으로 기뻐해주는 사람만이 첫 번째 부류에 속한다는 것을 잊지 마라.

셋째, 만나고 나면 왠지 모르게 불쾌한 사람은 멀리하라. 어떤 사람과 만나고 나면 왠지 모르게 기분이 상하거나, 안 좋은 일이 생기는 경우가 있다. 이런 사람은 당신과 기의 파동이 맞지 않아 당신의 운을 빼앗아가는 사람일 수 있다. 이런 사람과는 일정한 거리 이상의 친분을 만들지 말고, 당신의 중요한 약점을 노출하지 않는 것이 중요하다.

넷째, 필요 이상으로 갑자기 친하게 다가오는 사람을 조심하라. 좋은 인연은 순리적으로 오랜 시간에 걸쳐 만들어지는 법이다. 그런데 갑자기 필요 이상으로 친하게 다가오는 사람이 있다면, 이는 큰 행운이거나 큰 불운의 징조일 수 있다. 대부분의 사기나 금전적 손해는 이런 급작스러운 관계에서 발생한다. 이런 사람이 나타났을 때는 경계심을 늦추지 말고, 한 걸음 물러서서 지켜보는 현명함이 필요하다.

다섯째, 말투나 행동이 함부로인 사람은 절대 피하라. 자신의 말과 행동에 조심성이 없는 사람은 타인을 존중하지 않는 사람이다. 이런 사람은 결국 당신에게도 함부로 대할 것이다. '하나를 보면 열을 안다'는 말처럼, 타인에게 하는 말을 보고 그 사람의 인격을 판단할 수 있다. 이런 사람은 당신의 삶에 좋은 운을 가져다주지 못한다.

여섯째, 모든 것을 돈과 연결시키는 사람을 멀리하라. 사람을 만나는 목적이 오직 돈이나 이득에만 있다면, 그 관계는 오래 지속될 수 없다. 이런 사람은 당신을 존중하지 않고, 목적이 달성되면 언제든 당신을 떠날 사람이다. 이런 사람과는 깊은 관계를 맺지 않는 것이 좋다.

일곱째, 늘 비관적인 사람과는 인연을 끊어라. 긍정적인 말과 에너지를 가진 사람은 주변 사람들에게 좋은 기운을 전파하지만, 부정적인 말과 태도를 가진 사람은 주변 사람들의 기운을 갉아먹는다. 늘 "안 될 거야", "힘들 거야"라고 말하는 사람과 함께 있다면 당신의 삶에도 부정적인 기운이 퍼질 수 있다.

이처럼 당신의 삶에 들어오는 사람을 현명하게 판단하고, 악연을 피하는 것만으로도 당신은 행복과 번영에 더 가까이 다가갈 수 있다. 당신의 인복은 당신의 선택에 달려있다는 것을 명심하라.

돈보다
사람을 벌어라

우리가 딛고 있는 땅이 흔들린다면 그 위에서 어떤 일도 안정적으로 해낼 수 없다. 삶의 모든 성공과 번영은 '안정'이라는 굳건한 기반에서 시작된다. 가정의 안정, 직장의 안정, 그리고 대인 관계의 안정이 뒷받침되어야 비로소 우리는 즐겁게 하루를 살아가고, 어떤 일이든 성취할 수 있다. 성공한 사람들은 이러한 기본의 중요성을 잊지 않는다. 뛰어난 운동선수들이 슬럼프에 빠졌을 때 초심으로 돌아가 기본기를 다지는 것처럼, 삶의 성공 역시 기본기를 튼튼히 하는 데서 비롯된다. 이 안정의 기반을 다져 번영을 이끌어낼 수 있는 지혜를 소개한다.

성공의 길에 서기 위해서는 먼저 자신만의 가치를 만들어 당당해져야 한다. 세상 모든 것을 이루는 주체는 바로 당신 자신이다. 이러한 사실을 깨달을 때 비로소 자신감이 생기고, 당당해질 수 있다. 남들과 똑같이 해서는 늘 비교당하는 삶을 살 수밖에 없으니, 다른 사람들과 차별화되는 자신만의 가치를 만들어야 한다. 다른 빵집에는 없는 특별한 빵, 다른 식당에는 없는 독특한 메뉴, 다른 가게에는 없는 친절함처럼, 자신만의 개성을 만들어라. 그 개성이 결국 당신을 성공한 사업가로, 능력 있는 직장인으로, 존경받는 사람으로 만들어줄 것이다.

가정의 안정 역시 빼놓을 수 없는 중요한 기반이다. 인생에서 가장 많은 시간을 함께하는 소중한 사람은 바로 배우자다. 하지만 사람들은 늘 곁에 있는 존재의 소중함을 잊곤 한다. 배우자를 존중하지 않으면 그 누구도 당신의 배우자를 존중하지 않는다. 모든 기쁨과 성공은 배우자의 공으로 돌리고, 모든 어려움과 실패는 자신의 탓으로 돌리는 자세를 가져야 한다. 이러한 겸허함은 결국 배우자의 존경을 얻고, 가정에 웃음과 행복을 가득 채울 것이다.

자녀를 대하는 태도 또한 삶의 안정과 직결된다. 자녀는 단순한 보살핌만으로 잘 성장하지 않는다. 식물에게 물과 거름을 주듯, 자녀에게는 관심과 사랑이라는 거름이 필요하다. 자녀가 아파할 때는 격려의 말을 건네고, 기뻐할 때는 칭찬의 말을 아끼지 말아야 한다. "바보야, 그것도 못해?"라는 부정적인 말보다는 "힘들었지? 누구나 실수할 수 있어. 다음에는 분명 잘할 거야"라는 긍정적인 말로 자녀를 대해야 한다. 이러한 태도는 자녀를 긍정적이고 자신감 있는 사람으로 성장하게 하는 중요한 밑거름이 된다. 예로부터 "孝德之本(효덕지본)"이라 해서 효는 덕의 근본이라고 했다. 효는 모든 덕행의 뿌리임을 강조하는 것이다. 부모에게 베푸는 효도는 단순히 개인적인 도리를 넘어, 한 사람의 인격을 완성하는 근본적인 행위다. 효를 다하는 사람은 그 어떤 일에도 거짓됨이 없고 은혜를 잊지 않는 진실한 사람으로 성장할 수 있다. 반면 은혜를 모르는 사람은 겉으로는 성공하는 듯 보이지만, 결국 높은 곳에서 더 크게 추락하게 마련이다. 부모님의 은혜를 잊지 않고, 힘없는 부모님을 더 세심하게 살피는 효심은 결국 당신의 먼 훗날을 행복하게 만들어줄 것이다.

마지막으로 벗들에게는 늘 한결같고 진득한 모습을 보여야 한다. 성공의 기회는 결국 당신을 믿어주는 사람들로부터 온다. 동양에서는 복 중 가장 으뜸을 '인복'이라 했다. 주변 사람들에게 늘 한결같고 믿음직한 사람이라는 이미지를 심어주는 것이 중요하다. '이 사람은 틀림이 없다'는 신뢰가 쌓이면, 그 믿음은 결국 당신의 삶을 번영으로 이끌어주는 가장 강력한 힘이 될 것이다. 결국, 안정된 삶의 기반은 자신에 대한 확신, 가정에 대한 헌신, 주변 사람들에 대한 사랑과 신뢰로부터 만들어진다. 이 지혜를 통해 흔들리지 않는 삶을 만들어가길 바란다.

4부

어디에 사는지보다는 어떻게 사는지

풍수와 공간

부자의 집터에 들어간
두 명의 재벌 회장

　많은 사람이 좋은 집터를 찾아 헤매지만, 진정한 명당은 이미 정해진 곳이 아니라 사람이 만들어 가는 곳이다. 과거 일제강점기 최고의 부자였던 박흥식 씨가 살았던 집터에 정주영 현대그룹 회장이 살면서 사업이 더욱 번창하자, 사람들은 그 터를 명당이라 여겼다. 그러나 이후 그 터에 들어간 한보그룹의 정태수 회장은 사업 실패와 구속이라는 불운을 겪었다. 이 사례는 터가 아무리 좋아도 결국 그곳에 사는 사람의 마음가짐과 행동에 따라 길흉이 달라진다는 것을 보여준다.

　최근 청와대 터에 대한 풍수 논쟁도 마찬가지다. 일부 풍수사들이 음기가 강하거나 터의 기운이 다했다며 흉당이라 주장했고, 결국 용산으로 이전했다. 그러나 용산으로 옮긴 후에도 좋지 않은 일이 있었고, 다시 청와대로 돌아가야 한다는 이야기가 나오는 것을 보면 터 자체가 문제가 아님을 알 수 있다. 아파트의 수많은 층에서 어떤 사람은 부유하게 살고, 어떤 사람은 가난하게 살며, 어떤 사람은 명이 짧기도 한 것처럼, 집터는 그저 배경일 뿐 그곳에서 살아가는 사람의 역할이 가장 중요한 것이다.

인자한 사람이 사는 마을을 선택해야 한다. 이 말은 풍수지리에서 말하는 명당의 본질을 꿰뚫는 가르침이다. 진정한 좋은 터는 땅의 형세나 기운이 아니라, 인자하고 덕이 있는 사람들이 모여 사는 곳이라는 의미다. 집의 터가 아무리 뛰어나도 그 안에 사는 사람이 선하지 못하면 결국 불행을 피할 수 없다. 따라서 좋은 집을 찾는 것보다, 좋은 마음을 가진 사람이 되려 노력하고 그 기운으로 집을 채우는 것이 진정한 풍수라 할 수 있다.

현재 대한민국에 명당은 없다고 단언할 수 있다. 어떤 터든 그 안에 사는 사람이 누구인지에 따라 명당이 되기도 하고 흉당이 되기도 한다. 그러므로 집을 구할 때나 집을 꾸밀 때 가장 중요하게 생각해야 할 것은 다음 다섯 가지다.

첫째, 집이 늘 즐거운 기운으로 가득 차도록 만들어야 한다. 우리가 즐거운 사람과 함께할 때 행복을 느끼듯, 집안에 기쁨을 주는 물건을 들이고 가족이 함께 웃는 시간을 만드는 것이 중요하다. 이처럼 내가 즐겁고 가족이 즐거운 것이 풍수의 제1원칙이다.

둘째, 집 안에 꼭 필요한 물건은 두되, 필요 없는 물건은 두지 않는 습관을 가져야 한다. 물건이 많아 집안이 어수선해지면 기운의 흐름이 막히고 집안의 생기를 잃게 된다.

셋째, 집안의 생기가 강하도록 만들어야 한다. 식물을 기른다면 건강하게 잘 자라도록 보살피고, 반려동물이 있다면 활력 넘치게 생활할 수 있도록 돌보는 것이 좋다. 생기가 넘치는 집은 자연스럽게 좋은 기운을 불러들인다.

넷째, 항상 대화가 많은 가정을 만들어야 한다. 대화는 가족 간의 유대감을 강화할 뿐만 아니라, 집안의 기운을 활발하게 만든다. 즐거운 대화가 오가는 가정은 그 자체로 명당이 된다.

다섯째, 집을 항상 깔끔하고 단정하게 유지해야 한다. 세상의 어떤 부자도 집을 더럽고 지저분하게 관리하는 사람은 없다. 청결함은 풍요와 질서의 상징이며, 깨끗한 집은 좋은 기운을 머무르게 한다.

예부터 우리나라의 땅은 터가 좋은 곳이 많았다고 전해진다. 신라는 천 년, 고려는 육백 년, 조선은 오백 년이라는 긴 역사를 유지할 수 있었던 것도 그 덕분이라고 할 수 있다. 그러므로 굳이 좋은 터를 찾아 헤매지 않아도 괜찮다. 대신 우리가 할 일은 좋은 터를 만드는 사람이 되는 것이다. 자동차나 칼처럼 물건 자체에 길흉이 있는 것이 아니라, 그것을 사용하는 사람에 따라 그 결과가 달라지듯이 집도 마찬가지다. 집 자체가 명당이 아니라, 그 집에서 살아가는 사람이 명당을 만드는 것이다. 즐거움과 생기가 넘치고, 깔끔하게 정리된 집을 만드는 습관이야말로 가장 중요한 비보 풍수이며, 이는 우리의 삶 전체를 풍요롭게 만들어줄 것이다.

돈이 모이는 집,
돈이 도망가는 집

부는 단순히 많은 돈을 가지는 것이 아니라, 돈의 흐름을 이해하고 관리하는 데서 시작된다. 돈이 잘 모이는 집에는 그만한 이유가 있고, 돈이 흩어지는 집에는 그 원인이 있다. 부를 얻고 싶다면 먼저 재물의 흐름이 끊어지지 않도록 환경을 조성해야 한다.

먼저 타인의 물건을 함부로 집에 들이지 않는 것이 중요하다. 운은 전염된다는 말이 있듯이, 특히 힘들어하는 사람의 물건은 불운의 기운을 옮겨올 수 있다. 아무리 잘되는 집이라도 이런 물건 하나가 운의 흐름을 깨뜨릴 수 있다. 가능하면 남이 쓰던 물건은 피하고, 잘 되는 사람의 물건을 들이는 습관을 들이는 것이 좋다. 돈은 그 돈이 놓이는 곳에 따라 기운이 달라지므로, 돈이나 돈으로 바꿀 수 있는 모든 것을 보관할 때 신중해야 한다. 부자들이 금고에 돈을 보관하는 것도 이 때문이다. 돈은 옷장 속에 숨기거나 침실의 북쪽, 서쪽에 두지 않고, 한곳에 모아 보관해야 한다. 《대학》이 이르기를

"德者本也 財者末也(덕자본야 재자말야)"라고 해서 덕이 근본이고 재물은 그에 따르는 것이라고 했다. 이를 통해 재물은 그 사람이 지닌 덕성과 인격의 결과임을 강조한다. 재물을 소중히 여기고 깨끗하게 관리하는 습관은 곧 자신의 덕을 쌓는 행위와 같다. 돈을 함부로 다루거나 여기저기 흩어두는 것은 덕을 잃는 행위이며, 이는 결국 재물이 모이지 않게 되는 원인이 된다. 돈을 깨끗하고 정돈된 상태로 유지하는 습관은 부를 향한 마음가짐을 다지는 첫걸음이다.

집 안에서 재물운을 생성하는 곳은 주방과 화장실이며, 반대로 돈을 상징하는 것을 두어서는 안 되는 곳은 현관이다. 주방의 화구 주변과 싱크대, 화장실의 세면대와 배수구는 아무리 깨끗하게 관리해도 지나치지 않다. 돈 때문에 걱정하는 집의 주방에는 항상 설거지거리가 쌓여 있고, 먹다 남은 음식물 냄비가 올려져 있는 경우가 많다. 이처럼 깨끗하게 유지하는 습관만으로도 돈으로 인한 고민에서 벗어날 수 있다. 또한, 돈을 의미하는 물건들을 함부로 다루지 않는 것이 중요하다. 집 안에서 돈을 상징하는 물건은 주방의 냉장고와 화장실의 거울장이다. 가난으로 힘들어하는 집은 냉장고에 먹지 못할 음식들이 가득하고 정리가 되어 있지 않으며, 거울장 안에도 버려야 할 물건들이 가득 차 있다. 이러한 공간을 깨끗하게 정리하고 관리하는 것만으로도 돈 걱정은 덜게 될 것이다.

돈을 부르는 물건들을 올바르게 배치하는 것도 중요하다. 미신적인 물건들은 집안의 기운을 어지럽힐 수 있으니 피하고, 창가에는 안 쓰는 물건이나 빈 상자를 두지 않는 것이 좋다. 창가는 좋은 기운이 드나드는 통로이므로 항상 트여 있어야 한다. 집 안에 걸린 사진이나 그림은 항상 행복하고 편안한 느낌을 주는 것을 선택해야 한다. 삐뚤어진 사진이나 흉측한 그림은 집안의 기운을 해칠 수 있다.

 돈을 의미하는 물건들을 타인과 함부로 나누는 것도 신중해야 한다. 신발, 지갑, 가방, 시계, 반지 등은 개인의 운을 상징하는 물건이다. 우리 조상들은 반지는 물려주는 것이라 했고, 신발은 남에게 주는 것이 아니며, 지갑과 가방은 함부로 버리는 것이 아니라고 했다. 이러한 물건을 주어야 할 경우가 있다면, 정말 소중한 사람, 나의 운을 나누어 줘도 아깝지 않을 사람에게만 주어야 한다. 특히 가족들은 운을 함께 나누는 대상이므로 해당될 수 있다.

 마지막으로 돈을 만드는 사람을 항상 행복하게 해주어야 한다. 풍수에서 돈을 만드는 사람은 돈을 버는 사람이 아니라 '아내'라고 명확하게 말한다. 과거 집안의 경제권이 아내에게 있었던 것도 이 때문이다. '남자는 부엌에 들어가면 안 된다'는 말은 요리를 하지 말라는 뜻이 아니라, 경제적인 영역에 남자가 관여하지 말라는 의미였다. 세상 어디에도 아내가 불행한 가정에 행복과 번영이 있는 경우는 없다. 아내를 기쁘게 해주는 것이 가정의 화목을 만들고, 이 화목이야말로 돈을 불러들이는 최고의 수단이다. 비상금을 만든다고 돈을 구겨서 숨겨두는 일도 피해야 한다. 돈은 항상 깨끗하게 펴서 보관하는 습관을 들여야 한다. 이 작은 습관 하나가 가난해지는 지름길을 막고, 돈이 모이는 사람이 되는 길로 인도할 것이다.

집안의 모든 것을 바꾸는
단 하나의 원칙

당신의 집은 당신의 삶을 그대로 반영한다. 집안 곳곳에 놓인 물건들, 작은 습관들이 모여 당신의 운명을 만든다는 사실을 알고 있는가? 집안의 모든 것을 올바른 원칙대로 정돈하면, 불행은 사라지고 행복과 번영이 당신의 삶을 가득 채울 것이다. 지금부터 집안의 기운을 바꾸고 삶을 풍요롭게 만드는 원칙에 대해 알아보자.

먼저 벽에 거는 모든 것을 안정적으로 배치하라. 당신의 무의식은 평소 보고 듣는 모든 것에 영향을 받는다. 벽에 걸린 그림이나 액자가 삐뚤어져 있거나 중심을 벗어나면, 당신의 무의식은 불안정함을 느끼게 된다. 모든 것을 벽의 중심에 안정적으로 걸어라. 이 작은 습관이 당신의 삶을 순탄하고 평화롭게 만들어줄 것이다.

또한 비워야 할 곳은 반드시 비워라. 풍수 인테리어의 핵심은 '비움'이다. 소파 위, 식탁 위, 싱크대 위 조리대는 불필요한 물건으로 채워져서는 안 되는 공간이다. 소파는 휴식을 위한 공간이며, 식탁과 조리대는 청결함이 생명이다. 이 세 곳이 어수선하면 가정의 화목과 행복이 깨지고, 가난의 원인이 될 수 있다. 이 공간들을 깨끗이 비워두는 습관을 들여라.

수납공간은 여유를 두어라. 물건을 수납할 때 절대적인 원칙은 '꽉 채우지 않는 것'이다. 옷장, 냉장고, 책장, 서랍 등 모든 수납공간을 빈틈없이 채우면 기의 흐름이 막혀 실패와 가난을 불러들인다. 항상 약간의 여유 공간을 남겨두어 맑은 기운이 흐를 수 있도록 하라. 이 여유가 곧 당신의 삶의 여유로움으로 이어질 것이다.

버리고 비우는 것의 중요성은 예로부터 전해지고 있다. 한 스님이 무거운 돌멩이를 등에 지고 길을 걷고 있었다. 동행하던 이가 "어째서 그렇게 무거운 돌을 지고 가십니까?" 하고 묻자 스님은 웃으며 말했다.

"이 돌은 한때 내게 기쁨을 주었던 소중한 돌이라오. 버리기가 아까워 가져왔지요."

그러자 일행은 "스님, 그 돌이 스님의 수행을 방해하는 것은 아닌지요?" 하고 물었다. 스님은 이내 돌을 내려놓고는 가벼운 발걸음으로 길을 떠났다고 한다.

이 이야기는 과거에 대한 미련과 집착이 우리 삶의 발걸음을 무겁게 만든다는 것을 알려준다. 쓸데없는 물건들을 정리하고 마음을 비워야만 비로소 새로운 기운이 들어와 우리의 삶이 가벼워질 수 있다.

버릴 것은 미련 없이 버려라. '언젠가는 쓰겠지'라는 생각은 가난을 부르는 가장 위험한 생각이다. 3년 이상 입지 않은 옷, 1년 이상 사용하지 않은 물건들은 앞으로도 사용할 일이 거의 없다. 이런 물건들은 죽음의 기운인 '사기邪氣'를 만들어 당신의 삶을 정체시킨다. 불필요한 물건들을 정리하는 것만으로도 당신의 삶에 새로운 생기가 살아날 것이다.

모든 물건을 소중히 보관하라. 물건을 아무렇게나 보관하는 사람은 자신의 삶도 함부로 대하는 사람이다. 옷을 보관할 때는 입을 때를 생각하며 청결하게, 음식을 보관할 때는 먹을 때를 생각하며 위생적으로 보관하라. 이 습관은 비단 물건에만 적용되는 것이 아니다. 당신이 하는 모든 일, 사람을 대하는 태도에도 그대로 드러난다.

또한 욕실과 옷장은 항상 질서 있게 하라. 욕실에 빈 플라스틱 용기나 더러운 수건이 있으면 금전적인 공허함과 불행이 찾아온다. 옷장 역시 입지 않는 옷과 입는 옷을 함께 보관하면 가난으로 가는 지름길이 된다. 욕실의 용품과 수건, 옷장의 옷들을 깔끔하게 정리하고 정돈하는 것은 당신의 삶에 질서와 풍요를 가져다줄 것이다.

냉장고 정리가 부를 결정한다. 냉장고는 그 집안의 재물운을 상징한다. 신선하고 먹을 수 있는 식재료로 채워져 있을 때, 당신의 재물운은 살아난다. 언제부터 있었는지 모를 오래된 식재료로 가득 차 있다면, 당신은 스스로 가난을 선언하는 것과 다름없다. 버리는 것을 아까워하지 말고, 애초에 버릴 음식을 만들지 않는 현명함을 갖추어라.

옛 선조들의 삶에서도 작은 물건을 소중히 다루고 정갈하게 정돈하는 습관의 중요성을 찾을 수 있다. 한 선비가 스승을 찾아가 가르침을 청했다. 스승은 묵묵히 선비가 앉았던 자리를 가리켰다. 선비가 의아해하며 주변을 둘러보니, 자신의 갓과 옷가지가 아무렇게나 놓여 있었다. 스승은 아무 말 없이 갓을 들어 가지런히 걸고, 옷을 정성스럽게 개어 두었다. 이 작은 행동은 자신이 머문 자리를 정돈하는 것이 곧 삶의 태도이자 수양의 시작이라는 것을 말해준다. 물건을 소중히 다루는 습관은 그 사람의 인격을 드러내고, 그 정돈된 마음이 곧 풍요로운 삶을 이끄는 힘이 된다.

그릇과 수저를 정갈하게 보관하라. 그릇과 수저의 보관 상태는 식복, 즉 돈복을 결정한다. 그릇과 수저를 소중하고 정갈하게 보관하는 습관은 당신의 가정에 존중과 행복을 가져다줄 것이다.

마지막으로 바닥에 물건을 두지 마라. 바닥에 놓인 물건들은 게으름의 상징이며, 좋은 기운의 흐름을 방해한다. "이따가 하지, 뭐"라며 미루는 습관이 가난을 만든다. 물건을 제자리에 두는 작은 습관이 당신의 삶을 부지런하고 풍요롭게 만들어 줄 것이다.

못을 잘못 박으면
기의 흐름이 끊긴다

 집안의 기운을 좋게 만들고 싶다면, 무엇을 두어야 하는지 아는 것보다 무엇을 두지 않아야 하는지 아는 것이 더 중요하다. 특히 못을 박지 말아야 할 곳과 책을 두지 말아야 할 곳은 집안의 흥망성쇠를 결정하는 중요한 요소다. 이 두 가지를 올바르게 알고 실천하는 것이 불행 없는 가정을 만드는 첫걸음이다.

 먼저 못을 박지 말아야 할 곳에 대해 이야기해보자. 현관문에는 절대로 못을 박으면 안 된다. 현관은 집안으로 좋은 기운이 들어오는 첫 관문인데, 이곳에 못이 박히면 기운의 흐름이 끊겨 집안 전체의 운이 막힌다. 이는 한의원에서 침을 놓아 기의 흐름을 끊는 것과 같은 이치다. 또한, 방 안에서 보이는 부분에도 못을 박지 마라. 방문에 못이 박히면 그 방에 사는 사람의 기운이 막혀 성취운이 약해지고, 건강에도 문제가 생길 수 있다. 물이 흐르는 곳 근처에도 못을 박으면 안 된다. 주방 싱크대나 화장실 배수구 주변에 못이 박히면 돈의 흐름이 막혀 금전적인 어려움을 겪게 된다. 마지막으로, 침대나 소파 머리 부분에는 절대 못을 박지 마라. 머리 부분은 세상의 모든 기운을 흡수하는 곳인데, 못이 박히면 기운의 흐름이 방해되어 늘 불안과 걱정에 휩싸인 삶을 살게 된다.

다음으로 책을 두지 말아야 할 곳이다. 화장실에는 책을 두면 안 된다. 화장실은 습기가 많아 책을 훼손하고, 양기가 가장 강한 책을 쓸모없는 것으로 만들어 명예운을 떨어뜨린다. 또한, 베란다에도 책을 두지 마라. 베란다는 음기가 강한 공간인데, 이곳에 책을 두면 책의 좋은 기운이 사라져 하는 일마다 꼬이게 된다. 베란다에 책을 보관해야 한다면 큰 박스에 넣어 보관해야 한다. 침실에도 많은 책을 쌓아두지 마라. 침실은 음기가 강해야 숙면을 취할 수 있는데, 양기가 강한 책이 너무 많으면 침실의 기운을 해쳐 수면을 방해하고, 이는 곧 인생의 성패에 영향을 미친다. 자기 전에 읽을 한두 권 정도만 두는 것이 좋다.

마지막으로 책을 항상 소중히 대해야 한다. 책은 당신의 번영과 성취를 상징하는 물건이다. 바닥에 직접 두거나 함부로 다루지 말고, 항상 단정하고 성의 있게 놓아두어야 한다. 책을 함부로 다루는 사람치고 자신의 일에서 존중받는 삶을 사는 사람은 없다. 풍수는 과거의 미신이 아니라, 기의 흐름을 이해하고 삶을 지혜롭게 가꾸는 학문이다. 이 작은 원칙들을 지키는 것만으로도 당신은 분명히 더 나은 삶을 살게 될 것이다.

집안의 앞날을 좌우하는 공간, 화장실

　당신은 화장실을 그저 생리적인 문제를 해결하는 곳이라고 생각하는가? 많은 사람이 화장실에서 무심코 하는 행동과 두는 물건들이 당신의 운명을 서서히 갉아먹고 있다는 사실을 알고 있는가? 지금부터 이야기하는 내용들은 당신의 삶에 가난과 불행을 불러들이는 최악의 습관이자 물건들이다. 만약 당신이 지금도 이런 행동을 하고 있다면, 이제는 멈춰야 한다.

　먼저 화장실에서 휴대폰을 보거나 책을 읽는 습관은 버려야 한다. 영국 브리스톨대 연구팀의 발표에 따르면, 화장실에서 휴대폰을 보는 사람들은 심장 질환이나 세균 감염에 노출될 가능성이 훨씬 높다고 한다. 풍수는 건강하고 행복하며 풍요롭게 살기 위한 지혜를 전하는 학문이다. 현대 과학조차 화장실에서 휴대폰을 보는 것이 불행을 만드는 행동이라고 말하고 있다는 것을 잊지 마라. 또한, 볼일을 보고 난 후에는 반드시 변기 뚜껑을 닫고 물을 내려야 한다.

뚜껑을 열고 물을 내리면 세균이 담긴 물방울이 1미터나 튀어 공기 중에 퍼지고, 결국 집안 전체로 퍼질 수 있다는 것을 명심해라.

욕실에 오래된 신발이나 싸구려 플라스틱 슬리퍼를 두는 것도 피해야 할 행동이다. 이는 풍수적으로 가난을 만드는 최악의 물건으로 여겨진다. 화장실은 재물복을 담당하는 영역이므로, 이곳에 싸구려 물건을 두면 그 가정이 천박한 삶을 살게 된다고 한다. 다른 곳은 몰라도 욕실만큼은 당신의 능력보다 조금 더 좋은 물건을 두는 것이 돈복을 좋게 만드는 방법이다. 그러니 신발을 두려거든 좋은 것을 둬라. 절대 품질이 낮은 싸구려 신발은 두지 마라.

화장실에 화학 제품으로 된 인공 향기 제제를 두는 것도 피해야 한다. 풍수에서는 화장실에 나무 향처럼 자연의 기운을 담은 향이 나는 것이 좋다고 말하며, 화학 제품은 오히려 건강에 해롭다. 만약 향기 제제를 두려거든 꼭 자연의 기운을 담은 것으로 둬라. 그렇지 않다면 오히려 두지 않는 것이 훨씬 더 좋다. 또한, 화장실은 청결하고 단정해야 한다. 오래된 샤워 커튼이나 변기 커버도 주기적으로 세탁하여 청결을 유지해야 한다. 세상의 부자들은 모두 화장실이 깨끗한 집에서 살며, 이는 돈복을 주관하는 화장실이 불결하면 가난이 찾아온다고 믿기 때문이다.

혹시 당신의 화장실에 부적이나 주술적인 물건을 걸어둔 사람들이 있나? 이런 미신적인 물건을 두는 것도 가난을 불러오는 행동이다. 귀신은 사람에게 장난을 하고, 재산을 탕진하게 만들거나 큰 사기를 당하게 하는 원인이 될 수 있다. 돈 걱정 없이 살고 싶다면 이런 물건들은 절대 화장실에 두어서는 안 된다. 또한, 세탁할 옷을 화장실에 쌓아두는 것도 좋지 않다. 화장실은 사기邪氣가 강한 곳이므로, 이곳에 빨래를 쌓아두면 재물복이 죽게 된다.

화장실에 그림이나 사진을 두는 것도 가난을 불러올 수 있다. 벽에 그림이나 사진을 거는 것은 번영과 행복을 바라는 마음이지만, 습기가 많은 화장실에 두면 곰팡이가 생겨 오히려 그 기운을 해치게 된다. 화장실은 무조건 단순하게 만들어야 한다. 언제 보아도 시원하고 쾌적한 느낌이 들도록 관리하면 금전적인 고민이나 어려움이 생기지 않을 것이다. 이처럼 작은 습관과 배려가 당신의 인생에 큰 변화를 가져올 수 있다.

지갑은
운명을 담는 그릇

당신은 재물이 술술 새는 지갑과 돈복이 풍요로워지는 지갑이 어떻게 다른지 알고 있는가? 우리는 평생을 함께하는 물건들에 대해 생각보다 무심한 태도를 취하고는 한다. 이름에도 사용 기간이 있듯, 당신의 운에 따라 물건들도 그 역할을 다하는 순간이 온다. 성공한 사람들은 이러한 기운의 변화를 민감하게 감지하고 행동한다. 지금부터 당신의 삶을 풍요롭게 만들어줄 물건들의 비밀에 대해 알아보자.

먼저 당신의 지갑과 가방을 돌아보라. 이 두 가지는 당신의 재물운과 가장 밀접한 관계를 맺고 있다. 현재 당신의 금전 상황이 안정적이라면, 그 지갑이 낡고 헤어졌어도 절대 바꾸지 마라. 그것은 당신과 잘 맞는 기운을 가지고 있다는 증거다. 하지만 금전적인 어려움이 지속되고 있다면, 가장 먼저 지갑이나 가방을 바꾸어 보는 것이 좋다. 이것이 바로 '지갑은 함부로 선물하는 것이 아니다'라는 옛

말의 진정한 의미다. 가장 현명한 방법은 두세 개의 지갑을 번갈아 사용하는 것이다. 이렇게 하면 특정 물건의 기운에 좌우되지 않고 당신의 운을 안정적으로 유지할 수 있다.

옷과 신발 역시 마찬가지다. 특히 신발은 매일 신는 물건이기에 그 영향력이 크다. 옷은 여러 벌을 돌려 입지만, 신발은 하나만 고집하는 경우가 많다. 이럴 때는 신발도 두세 켤레를 준비해 번갈아 신는 습관을 들여라. 옷 또한 항상 단정하게 입으려 노력하는 것이 중요하다. 이렇게 하면 당신의 운이 물건 하나에 의해 흔들리는 일은 없을 것이다.

가구나 가전제품의 경우, 그 물건 자체보다 놓여 있는 위치가 중요하다. 가구는 반드시 제자리에 있어야 하고, 당신의 시선이나 동선을 불편하게 만들지 않아야 한다. 만약 어떤 가구가 놓여 있는 것이 불편하게 느껴진다면, 그것은 그 자리에 있으면 안 되는 물건이다. 망설이지 말고 위치를 바꾸거나 정리하라.

착용하는 액세서리도 마찬가지다. 과하거나, 불편하거나, 왠지 모르게 거부감이 드는 것은 피해야 한다. 무의식은 자연스러운 상태에서 가장 큰 힘을 발휘한다. 당신의 느낌이 좋고 기분이 밝아지는 액세서리를 선택하라. 이러한 선택이 당신의 무의식을 긍정적으로 자극하고, 좋은 일들을 불러들일 것이다.

집 안에 걸어둔 풍수 그림이나 사진은 깨끗이 관리하는 것이 중요하다. 더러워졌다고 해서 버릴 것이 아니라, 먼저 깨끗하게 닦아보라. 아무리 좋은 그림이라도 관리를 소홀히 하면 오히려 나쁜 기운을 발산하게 된다. 만약 청결을 유지했는데도 가족들이 불편함을 호소하며 바꿔야 한다고 말한다면, 그때가 바로 그 그림의 유효 기간이 다한 것이다. 이처럼 물건의 기운과 당신의 감정을 살피는 섬세한 태도가 당신의 삶을 풍요롭게 만들 것이다.

현관이 막혀 있으면
기운이 들어오지 못한다

　집의 첫인상은 현관에서 시작된다. 기운이 가장 먼저 드나드는 현관은 우리 몸의 코와 입처럼, 외부의 공기를 들이마시는 중요한 통로다. 현관이 막혀 있거나 지저분하면 좋은 기운은 들어오지 못하고, 탁하고 좋지 않은 기운만 맴돌게 된다. 많은 사람이 이를 알지 못하고 신발을 아무렇게나 두어 스스로 운의 흐름을 막아버리곤 한다. 신발은 단순히 발을 보호하는 도구가 아니라, 당신의 삶을 어디로 이끌지 보여주는 비밀 지도와 같다. 신발을 어떻게 두느냐에 따라 당신의 존재감과 자신감, 심지어 가정의 화목까지 달라질 수 있다.

　신발을 놓을 때는 항상 현관의 가운데를 중심으로 좌우에 두어야 한다. 신발을 한쪽 구석에 몰아두는 것은 심리적으로 큰 영향을 미친다. 구석에 신발을 벗어두는 사람은 자신도 모르게 소극적이고 자신감이 결여된 삶을 살기 쉽다. 반대로 가운데를 중심으로 신발을 가지런히 두는 사람은 어디를 가든 자신의 목소리를 내고 당당하게 행동하는 경향이 있다. 특히 집안의 가장이라면 반드시 자신의 신발을 현관의 중심에 두어 가정의 주춧돌로서 당당한 기운을 지켜야 한다. "習與性成(습여성성)"이라는 말을 아는가? '습관이 성품을 이룬다'는 뜻의 사자성어로, 습관의 힘이 본래의 성품까지 바꿀 수 있음을 강조한다. 신발을 한 방향으로 정리하는 작은 습관은 단정함과 질서를 무의식에 각인시키고, 이는 곧 삶 전체의 태도로 이어진다. 신발을 가지런히 정돈하는 사람은 어디를 가든 흐트러짐 없이 행동하고 질서를 지키는 사람이 된다. 이러한 사소한 습관이 모여 결국 그 사람의 운명을 결정하는 중요한 성품을 형성하는 것이다.

신발은 항상 한 방향을 바라보도록 두어야 한다. 매장에 진열된 신발들이 모두 한 방향을 향하고 있듯이, 신발은 보는 이에게 단정함과 질서의 느낌을 주어야 한다. 급하더라도 신발을 벗을 때는 방향을 바로잡아 두는 습관을 들여야 한다. 이는 신발장 안에서도 마찬가지다. 신발장 안에서 서로 다른 방향을 향하고 있는 신발들은 그 사람의 마음이 흐트러져 있음을 상징한다. 정돈된 신발은 곧 정돈된 마음을 의미하며, 이러한 습관이 바로 삶의 혼란을 막아주는 힘이 된다.

또한 신발장 안에 신발을 넣을 때는 질서를 지켜야 한다. 집안의 어른 신발부터 가장 높은 칸에 두는 것이 좋은 기운을 만드는 데 필수적이다. 이는 가정 내의 질서를 세우는 것과 같은 의미다. 자녀의 신발이 부모의 신발보다 높은 칸에 자리하는 일은 없어야 한다.

이러한 습관은 '나는 이 집안의 어른이며 이 가정을 지켜야 한다'는 무의식적인 책임감을 심어준다. 이런 가치관을 지키는 가정은 부모가 자녀를 함부로 대하지 않고, 자녀도 부모를 존중하는 화목한 관계를 유지할 수 있다.

신발장 안에는 신발만 두어야 한다. 신발이 아닌 다른 물건들, 특히 버려야 할 물건이나 죽은 기운을 가진 물건을 보관하면 신발장 전체의 생기가 죽어버린다. 죽은 식물을 집에 두는 것이 망하자는 소리와 같듯이, 죽은 기운을 담은 물건들은 좋은 기운을 해치는 독소 역할을 한다. 신발장도 마찬가지다. 낡고 구멍 나거나 폐기해야 할 신발을 아깝다는 이유로 보관하는 것은 신발장에 죽은 기운을 가득 채우는 행위다. 현관의 신발장은 그 집의 번영운을 상징하는 곳이므로, 이곳에 죽은 기운이 가득하다면 그 집은 무엇을 해도 잘 될 수 없다.

신발을 버릴 때도 함부로 해서는 안 된다. 신발은 그 사람의 번영과 밀접한 관계가 있으므로, 버릴 때는 신발끈을 풀거나 밑창을 떼어서 버려야 한다. 이러한 작은 의식은 신발에 깃든 기운을 온전히 떠나보내고 새로운 시작을 맞이한다는 의미를 담고 있다.

마지막으로 신발장에서는 항상 좋은 향기가 나도록 해야 한다. 현관은 집의 첫인상이자 복이 들어오는 곳이므로, 좋은 향기를 유지하는 것이 매우 중요하다. 과거 우리 조상들이 대문 주변에 향기로운 꽃들을 심어 두었던 것도 이 때문이다. 신발에서 나는 좋지 않은 냄새는 현관의 기운을 흐트러뜨리는 주범이 될 수 있으니, 신발장 안에 방향제를 두어 항상 좋은 향기가 나도록 관리해야 한다. 이처럼 사소해 보이는 습관 하나가 우리의 운명을 결정하는 큰 차이를 만들어낸다. 명당이 정해져 있는 것이 아니라, 사람이 명당을 만들어가듯이, 신발장 역시 당신의 습관과 정성에 따라 번영을 부르는 공간이 될 수 있다.

일이 잘 풀리지 않을 때
점검해야 할 곳

배우자의 운이 풀리지 않는 것 같고, 가정의 미래가 걱정된다면 집안의 풍수를 점검해야 할 때다. 풍수는 단순히 미신이 아니라, 집안의 기운을 다스려 가정을 번영시키는 지혜다. 우리 조상들은 풍수를 통해 수백 년간 가업을 이어왔다. 삼성가의 집터와 건물 배치 역시 풍수에 맞춰 지어졌다는 사실은 잘 알려져 있다. 우리 가정에 막힌 운을 뚫고, 번영을 가져다줄 풍수학 지혜를 소개한다.

가장 먼저 현관문에 어떤 물건도 부착해서는 안 된다. 현관문은 그 집의 얼굴이자 가정의 명예를 상징하는 곳이다. 웅장하고 단정해야 할 입구에 불길하거나 어지러운 물건을 두면 집안 전체의 운이 막히고, 구성원들이 사회생활에서 존중받지 못하는 결과를 초래할 수 있다. 늘 현관문을 깨끗하게 관리하고 정리해야 모두의 얼굴에 웃음꽃이 피고, 좋은 기운이 집 안으로 들어올 수 있다.

또한 소파와 식탁에서의 자리를 명확하게 정해야 한다. 소파와 식탁에서의 자리 배치는 무의식적으로 그 사람의 존재감과 책임감을 형성한다. 회의실의 상석에 함부로 앉지 않듯, 집에서도 중요한 구성원의 자리를 명확히 정하고 그 자리를 존중해야 한다. 존중받지 못한다고 느끼는 구성원은 자신의 어깨에 무거운 짐을 올리려 하지 않는다. 소파와 식탁에서 가족들이 서로의 자리를 지켜주는 것만으로도, 모두가 가정에 대한 의무감과 책임감을 갖게 된다. 실제로 함부로 행동하는 사람들 중 많은 수가 가정에서 자신이 대우받지 못한다고 느끼는 경우가 대부분이다.

침실을 가장 편안한 곳으로 만드는 일 또한 중요하다. 구성원 각자가 능력을 제대로 발휘하지 못하는 가장 큰 이유 중 하나는 잠자리가 불편하기 때문이다. 세상 그 누구도 편히 잠들지 못하고 성공한 사람은 없다. 잠은 몸과 마음을 회복하고 재충전하는 가장 중요한 시간이다. 따라서 구성원의 침대 위치나 침구를 편안하게 정돈하여 깊은 잠을 잘 수 있는 환경을 만들어야 한다. 편안한 잠자리는 다음 날 활기차게 움직일 수 있는 에너지를 주고, 이는 곧 타인과의 경쟁에서 이길 수 있는 가장 강력한 무기가 된다.

더불어 각자의 책상 위에는 반드시 소나무 분재, 난초, 작은 미니 식물 중 하나를 올려두어야 한다. 소나무 분재는 재물운과 번영운을, 난초는 고난을 이겨내는 굳건함을 상징한다. 세상의 모든 성공은 어려움을 극복하는 데서 오므로, 난초는 역경을 이겨낼 힘을 불어넣어 줄 것이다. 작은 미니 식물은 구성원의 얼굴에 웃음꽃을 피게 하여 가정에 행복을 불러들인다. 책상이 없더라도 주로 머무는 공간에 이 중 하나를 배치하면 가정에 불행이 생기지 않도록 막아준다.

  마지막으로 각자에게는 자신만의 즐거움을 두어야 한다. 집안의 풍수를 좋게 만드는 가장 단순하고 빠른 방법은 구성원들이 행복을 느끼는 소장품이나 취미 생활을 즐길 수 있도록 배려하는 것이다. 세상의 모든 부자들은 자신만의 취미와 소장품을 통해 삶의 여유를 얻는다. 구성원이 불행한 집은 가족들이 함께 모이려 하지 않고, 결국 가정의 생기를 잃게 된다. 모든 구성원이 삶의 여유를 가질 때 비로소 가정의 화목이 만들어지고, 이 화목이야말로 가정 전체의 행복과 번영을 불러오는 힘이 될 것이다.

모든 부자의 집에는
이 물건이 있다

한국 최고의 부자였던 이건희 회장이 항상 곁에 두었던 물건들, 그리고 미국 최고의 부자들이 집에 꼭 두는 물건들에는 공통점이 있다. 바로 부를 불러들이는 풍수적인 의미와 더불어, 부자들의 성공 습관을 담고 있다는 점이다. 동서양을 막론하고 부자들은 운을 만드는 기운과 습관을 중요하게 생각한다.

부자들은 항상 기록한다. 워런 버핏은 자신이 기록했던 투자 다이어리를, 이건희 회장은 수백 권에 달하는 메모 노트를 소중히 여겼다. 순간순간 떠오르는 생각들을 기록하는 고급 노트나 가죽 다이어리는 부자가 되는 최고의 습관이다. 또한, 책을 읽을 수 있는 공간을 반드시 마련한다. 워런 버핏이 하루의 80퍼센트 이상을 독서로 보내고, 이건희 회장이 회의 중에도 책을 놓지 않았던 것처럼, 책은 번영과 성공을 만드는 가장 강력한 도구다. 굳이 읽지 않더라도 곁에 두는 것만으로도 긍정적인 기운을 얻을 수 있다.

숙면 환경을 위한 노력도 게을리하지 않는다. 부자들의 평균 수면 시간은 6시간을 넘지 않지만, 그들의 숙면 시간은 일반인의 두 배가 넘는다고 한다. 얼마나 깊고 편안하게 자느냐가 성공과 실패를 가르는 중요한 열쇠임을 알기 때문이다. 따라서 그들은 침실을 최대한 단순화하고, 숙면을 위한 장비와 도구를 아낌없이 사용한다.

집 안을 좋은 그림이나 잘 쓰여진 글씨로 꾸미는 것도 부자들의 공통적인 습관이다. 워런 버핏을 비롯한 많은 부자들이 집안에 그림을 전시하고, 이건희 회장 역시 막대한 양의 그림을 소장했다. 그림이나 좋은 글씨는 무의식에 긍정적인 변화를 일으켜 부를 불러들이는 최고의 도구가 된다.

청결함과 단정함은 부자들의 기본 습관이다. 워런 버핏이 흐트러진 것을 가장 싫어했듯이, 모든 부자들은 규칙적인 생활을 통해 물건을 제자리에 두는 습관이 몸에 배어 있다. 고급스럽고 프라이빗한 욕실에서 많이 씻는 습관 역시 청결함을 중요시하는 부자들의 생활 방식이다.

소음이 없는 미니멀한 거실 또한 부자들의 집에서 흔히 볼 수 있다. 풍수에서는 소파 위가 단정하면 부가 찾아온다고 말한다. 부자들은 편안한 휴식을 위해 최대한 푹 꺼지는 소파를 사용하고, 외부 소음을 차단하여 좋은 기운이 머물 수 있는 환경을 만든다.

조경이 된 정원이나 작은 정원을 가꾸는 것도 부자들의 중요한 습관이다. 한국 부자들이 소나무나 난초를 기르고, 서양 부자들이 올리브 나무나 유칼립투스를 기르는 것은 식물이 가져다주는 긍정적인 기운을 중시하기 때문이다. 소나무 분재나 난초 분재를 집에 두는 것만으로도 가정에 부와 행복을 가져다줄 수 있다.

  마지막으로 부자들은 비상용 금고를 통해 재물을 한곳에 모아 보관하는 습관이 있다. 재물을 여기저기 흩어두는 것은 돈에 대한 존중이 없다는 것을 의미한다. 기운은 모여야 더 강해지고 큰 힘을 발휘하기 때문에, 재물을 소중히 모아 보관하는 마음가짐이 중요하다. 이런 습관 하나하나가 모여 결국 부와 행복을 끌어들이는 힘이 된다.

마당의 풍수를
대신하는 화분

어떤 집에는 불행이 찾아오지 않고, 하는 일마다 번창하며 행복이 가득하다. 이 모든 것이 풍수 소품을 적절히 활용하는 지혜에서 비롯된다. 부자들의 집에는 반드시 있으며, 가난으로 힘들어하는 집에서는 찾아보기 어려운 물건들이 있다. 이러한 물건들은 집안으로 부를 불러들이는 도구이자, 삶의 행복과 번영을 지키는 든든한 방패가 되어준다.

현대 주택과 과거의 주택 가장 큰 차이는 마당의 유무다. 마당이 넓었던 과거에는 큰 나무를 심어 생기를 얻었지만, 아파트나 원룸 생활이 보편화된 현대에는 마당을 대체할 수 있는 생기 있는 물건이 필요하다. 집의 크기에 맞게 생기를 불어넣는 훌륭한 도구가 바로 미니 식물이다. 식물은 집의 생기를 살려주고, 이는 곧 집안의 좋은 기운을 강화하는 역할을 한다. 또한 세상 어느 부자의 집에도 소나무가 없는 경우는 없다. 소나무는 재물운과 번영운을 상징하는 대표적인 나무다. 청와대 정원에도 소나무가 가득 심겨 있듯이, 부자가 되고 싶다면 부자들의 습관을 따라야 한다. 작은 소나무 분재 하나만으로도 집안에 재물의 기운을 불러들일 수 있다.

난초 역시 과거부터 집안의 명예를 가져다주는 식물로 알려져 양반들이 즐겨 길렀다. 난초는 고난을 이겨내는 굳건함을 의미하며, 이는 곧 성공의 필수 조건이다. 개업이나 창업 선물로 난초를 많이 주는 것도 이 때문이다. 배우자가 주로 머무는 자리에 난초를 두어 그가 하는 일에 막힘이 없도록 돕는 지혜가 필요하다.

집 안에 그림이 없는 집은 부를 얻기 어렵다. 특히 물 그림은 재물의 흐름을 원활하게 하고, 초목 그림은 성장과 발전의 의미를 담고 있어 매우 좋다. 거실이나 통로 주변에 물과 초목 그림을 걸어두어 집안의 기운을 풍요롭게 만들어야 한다. 모든 종교에서 종은 신성한 의미를 가지며 불행과 사악한 기운을 막아준다고 믿는다. 현관에 종을 걸어두면 불행과 삿됨을 막아주고, 집안으로 들어오는 나쁜 기운을 정화하는 역할을 한다. 눈에 보일 때마다 한 번씩 닦아주면 그 효과가 배가되어 가정에 불행이 깃드는 것을 막아준다.

현관과 화장실 입구에 발매트를 두는 것도 기운의 흐름을 원활하게 하기 위함이다. 현관으로 들어오는 불순한 기운을 발매트가 걸러주고, 화장실을 통해 재물운이 흘러나가는 것을 막아준다. 과거 조상들이 신발을 놓는 선돌을 두었던 것도 같은 이유에서다. 그리고 부자가 되고 싶다면 메모하는 습관을 가져야 한다. 과거 조상들도 항상 지필묵을 가까이 두었으며, 현대 부자들 역시 메모 도구를 늘 곁에 둔다. 메모는 좋은 습관을 만들고, 구체화된 목표와 소망을 무의식에 새기는 중요한 도구가 된다. 늘 메모를 습관화하면 인생에 실패는 없을 것이다.

사람은 무의식적인 행동과 생각으로 자신의 삶을 만들어간다. 무의식에 선한 마음과 목표 의식이 가득한 사람은 반드시 성공한다. 간절함이 없는 사람은 어떤 일도 잘할 수 없기에, 구체적인 목표와 소망을 적어 눈에 보이는 곳에 두어야 한다. 좋은 문구나 글귀는 무의식을 긍정적으로 채워 삶의 번영을 불러올 것이다. 또한, 가족들이 집에 머무는 것을 즐거워하면 집안의 생기는 자연스럽게 살아난다. 생기 중 가장 강한 것은 사람의 기운이며, 사람이 많이 모이는 집은 번영하게 되어 있다. 가족들에게 웃음과 행복을 주는 물건을 집에 두어 즐거운 기운이 끊이지 않게 해야 한다.

마지막으로 거울은 어느 집이든 번영을 만드는 최고의 풍수 도구다. 거울을 두면 안 되는 장소도 있지만, 거실에 전신 거울을 두는 것은 좋은 기운을 증폭시키는 가장 보편적인 방법이다. 거울은 자신의 모습을 보며 단정하고 긍정적인 태도를 유지하게 돕고, 이는 곧 삶의 번영으로 이어지는 작은 시작이 된다. 이처럼 작은 소품 하나하나가 당신의 인생에 큰 변화를 가져올 것이다.

홍콩 건물에
구멍이 뚫려 있는 까닭

홍콩 여행을 가본 사람은 그 비싼 땅에 지은 건물마다 구멍이 크게 뚫려 있다는 것을 알 것이다. 땅값이 높은 만큼 건물을 꽉꽉 채워서 지어야 할 것 같지만 그렇지 않은 것이다. 그 거대한 구멍은 산에서 내려오는 좋은 기운이 막히지 않도록 하기 위한 풍수적 배려다. 이처럼 전 세계 부자들은 풍수를 미신이 아닌, 삶의 성공을 위한 중요한 원칙으로 여기고 있다. 당신의 삶을 바꾸고 싶다면, 이 부자들의 습관을 따라야 한다.

당신의 침실을 돌아보라. 한때 주목을 받았던 유명 호텔 회장님의 침실 사진에서 볼 수 있듯이, 그들의 침대 머리맡에는 아무것도 걸려 있지 않다. 침대 머리맡은 당신의 수면과 무의식에 가장 큰 영향을 주는 공간이다. 이곳이 깔끔하고 정돈되어 있을 때 비로소 당신의 삶도 정돈될 수 있다. 또한 침구는 늘 단정하게 정리해야 한다. 아침에 일어나 침구를 정돈하는 작은 습관이 하루를 성공으로 이끄는 첫걸음이 된다. 미국 수많은 백만장자들이 매일 아침 침대를 정리하며 하루를 시작하는 이유가 바로 이것이다.

집안에 소나무 한 그루를 두는 것도 부자들이 지키는 중요한 원칙이다. 우리나라 대기업 회장님 댁에는 반드시 소나무가 있는데, 이는 소나무가 부를 만들어주는 나무라고 믿기 때문이다. 비록 정원이 없더라도 작은 소나무 분재를 집에 두는 것만으로도 재물의 기운을 불러들일 수 있다.

당신의 거실에 휴지통이 눈에 띄게 보이는가? 세상 어느 특급 호텔 로비에서도 휴지통은 눈에 띄지 않는다. 과거 풍수에서는 마당에 버릴 것이 보이면 그 집은 망한다고 했다. 현대의 마당은 바로 거실이다. 편리함 때문에 휴지통을 두기 쉽지만, 부자들은 거실에 휴지통이 보이지 않도록 한다. 이는 불필요한 기운을 차단하고, 집안의 품격을 높이는 행동이다. 또한, 소파 위에는 그 어떤 물건도 두지 마라. 소파는 휴식을 위한 공간이며, 소파가 단정할 때 그 집안에 부가 찾아온다는 것이 부자들의 철칙이다.

부자들이 지키는 풍수의 핵심은 단순하다. 첫째, 집안에 식물이나 그림을 두어 생기를 불어넣어라. 둘째, 휴지통이 눈에 보이지 않게 하고, 소파 위에는 아무것도 두지 마라. 셋째, 침대 머리맡을 비우고, 침구는 항상 단정하게 정리해라. 넷째, 무엇보다 중요한 것은 집안을 항상 청결하고 단정하게 유지하는 것이다. 이 간단한 원칙들을 실천하는 것이야말로 풍수를 통해 부자가 되는 가장 확실한 방법이다.

일터에서
지켜야 할 풍수

사업을 하는 사람, 장사를 하는 사람, 혹은 직장을 다니는 사람이라면 앉는 자리가 곧 당신의 운명을 좌우할 수 있다. 집안에도 풍수가 있듯, 가게나 사무실, 회사에도 성공을 부르는 풍수 원칙이 있다. 이 원칙들을 잘 지키면 당신이 하는 모든 일에서 막힘이 사라지고, 번영과 성공이 늘 함께할 것이다.

먼저 출입구는 무조건 단정하게 유지해야 한다. 풍수의 가장 기본은 기의 순환이다. 좋은 기운이 들어오는 통로인 출입구가 막혀 있거나 지저분하면 절대 번영을 이룰 수 없다. 쓰레기통을 출입구에 두는 것은 최악의 풍수다. 모든 고급 호텔의 로비가 항상 화려하고 청결하게 유지되는 이유를 명심하라.

또한 입구에 생기를 두는 것이 좋다. 가게나 사무실의 입구에 생기가 도는 화분이나 꽃을 두면, 사람들이 모여들고 사업이 번창하게 된다. 시들거나 더러운 식물은 오히려 기운을 죽이므로, 항상 산뜻하고 깨끗하게 관리해야 한다. 관리가 어렵다면 차라리 두지 않는 것이 낫다.

책상은 항상 입구를 바라보게 배치하라. 집과는 반대로, 사업장이나 사무실에서는 앉는 자리가 입구를 바라보도록 배치해야 한다. 이는 손님을 맞이하고 공간 전체를 살피는 주인의 자세를 의미하며, 풍수적으로 가장 좋은 자리다. 카운터 역시 입구를 정면으로 바라보도록 배치해야 한다.

앉는 자리에서 달력과 시계가 보이도록 하는 것 또한 중요하다. 달력과 시계는 사업장의 필수적인 풍수 아이템이다. 주인이 앉아서 가장 잘 보이는 곳에 두면, 시간의 흐름과 일의 진행을 한눈에 파악할 수 있어 사업의 번영을 돕는다. 이 역시 집과는 정반대의 원칙이다.

앉아서 측면으로 창을 볼 수 있게 하라. 앉는 자리의 측면에 창문이 있으면 기의 흐름이 원활해져 사업운이 좋아진다. 만약 측면이 막혀 있다면, 그림이라도 걸어두어 답답한 기운을 해소해야 한다.

자리에 앉아 모든 것이 한눈에 보이게 하는 것이 좋다. 사업장이나 사무실의 상석은 앉아서 전체 공간을 한눈에 살필 수 있는 곳이다. 이는 주인의 리더십과 통솔력을 상징한다. 카운터가 쉽게 눈에 띄지 않거나, 방의 책임자가 어디 있는지 찾기 어려운 사무실은 번영하기 어렵다.

버려야 할 것은 보이지 않게 하라. 휴지통은 눈에 띄지 않는 곳에 두는 것이 풍수의 기본이다. 휴지통이 실내에 노출되어 있으면 나쁜 기운이 퍼져 번영을 막는다. 테이블에 휴지통을 두어야 한다면 반드시 뚜껑이 있는 것을 사용하라. 특급 호텔 로비에 휴지통이 없는 이유를 생각하면 이해하기 쉽다.

조명은 밝게 하는 것이 좋다. 성공을 원한다면 당신이 앉는 자리를 최고로 밝게 만들어라. 가게의 카운터나 사무실의 책상에 조명을 더 밝게 하면 돈복과 출세운이 좋아진다. 풍수에서는 밝은 곳에 좋은 기운이 더 많이 모인다고 말한다.

마지막으로 식물은 싱싱하게 관리하거나 아예 두지 마라. 사무실이나 가게에 죽어가는 식물이나 먼지 쌓인 식물이 있다면 그곳의 운은 죽어가고 있다는 신호다. 식물을 둘 때는 항상 산뜻하고 깨끗하게 관리하여 생기를 살려야 한다. 관리가 어렵다면 차라리 식물을 두지 않는 것이 훨씬 더 좋은 풍수가 된다.

남향집의 기준은
창이 아니라 문

집을 구할 때 "이 집은 남향이라 아주 좋다"는 식의 말을 들어봤을 것이다. 남향집은 다른 집보다 조금 더 비싸고, 풍수적으로도 뛰어나다는 설명을 덧붙이기도 한다. 그러나 여기에서 꼭 알아야 할 점이 있다. 현대 사회에서 말하는 남향의 의미와 과거 풍수에서 말하는 남향의 의미는 완전히 다른 이야기라는 것이다.

과거 주택은 대문과 본채가 일직선으로 배치되는 구조가 대부분이었다. 이때 집의 방향을 결정하는 기준은 바로 '문'이었다. 대문이 남쪽을 향하면 남향집으로 간주했다. 경복궁이나 많은 고택들을 보면 이러한 구조로 지어졌다. 그러나 현대 건축 구조는 이와 다르다. 일반적인 아파트나 주택에서 대문과 집의 본체가 일직선으로 놓인 경우는 드물다.

현대 주택에서 남향의 기준은 대문이 아닌 거실 창문이다. 거실 창문이 남쪽을 향하고 있으면 남향집이라고 부른다. 부동산 전문가

들 역시 이 기준에 따라 남향을 구분한다. 결국 현대의 남향은 과거 풍수와는 아무런 관련이 없다. 해가 동쪽에서 떠서 서쪽으로 지기 때문에, 남향집은 하루 종일 햇빛이 잘 들어 일조량이 풍부하다. 반면, 북향집은 햇빛이 적어 상대적으로 일조량이 부족하다. 현대 사회에서 남향을 선호하는 이유는 풍수적 길흉이 아니라 단순히 생활의 편의성 때문이다.

현대 주택은 풍수와 직접적인 관계가 없으므로 집 안의 기운을 다루는 풍수 인테리어가 중요해진다. 현대 풍수에서 가장 중요하게 여기는 것은 바로 생기生氣이다. 집 안에 긍정적인 기운인 생기를 불어넣고 나쁜 기운인 사기를 없애는 것이 핵심이다. 생기가 강하면 좋은 집, 사기가 많으면 나쁜 집으로 나뉜다.

집에 생기를 불어넣는 가장 좋은 방법은 식물과 그림을 두는 것이다. 풍수 출장을 다닐 때마다 늘 권하는 방법이기도 하다. 식물이나 그림을 고를 때 가장 중요한 원칙은 바로 '마음에 드는 것'을 선택하는 것이다. 유행이나 타인의 의견에 휩쓸리지 말고, 오직 마음을 편안하게 해주고 보았을 때 즐거움을 주는 것을 골라야 한다.

식물은 집의 크기에 맞춰 선택하는 것이 중요하다. 집이 좁다면 작은 미니 식물을, 집이 넓다면 큰 식물을 두는 것이 좋다. 그리고 가족 구성원 모두가 그 식물이나 그림을 보고 "보기 좋다"와 같은 긍정적인 반응이 나오는 것이 가장 중요하다. 누군가라도 마음에 들지 않는다면 그 물건은 좋은 기운을 주지 못하기 때문이다.

또한 가족 모두에게 웃음을 주는 물건을 두는 것도 좋은 방법이다. 좋아하는 취미와 관련된 물건이든, 가족 간의 즐거운 추억이 담긴 사진이든, 혹은 단순히 웃음을 자아내는 인형이든 상관없다. 얼마 전 한 집에서는 거실에 파이프 오르간을 두어 가족 모두가 즐거워하는 것을 보았다. 이처럼 보는 것만으로도 웃음꽃이 피어나는 물건 하나가 집안의 생기를 한층 더 끌어올려 준다.

풍수에서는 물건을 '두는 것'보다 '두지 않는 것'이 더 중요할 때가 많다. 우리 삶에서도 해야 할 일을 하는 것보다 하지 말아야 할 일을 하지 않는 것이 더 어려운 것처럼, 풍수에서도 집 안의 사기를 없애는 것이 가장 중요한 과제이다.

사기를 만드는 가장 큰 원인은 쓰레기이다. 버려야 할 것을 쌓아두는 것이다. 호텔 로비에 쓰레기통이 없는 것처럼, 거실에 휴지통을 두지 않는 것만으로도 집안의 기운이 달라질 수 있다.

또한 집의 현관과 창가를 깔끔하게 유지해야 한다. 현관은 집의 첫인상이자 외부의 기운이 들어오는 통로이다. 신발이나 불필요한 물건을 쌓아두지 않고 항상 정돈된 상태를 유지해야 한다. 돈과 관련된 물건은 현관에 두지 않는 것이 좋다. 마지막으로, 현대 집의 방향을 결정하는 기준인 창가에는 아무것도 두지 않는 것이 중요하다. 창가가 물건으로 막히지 않도록 하여 외부의 좋은 기운이 집안으로 원활하게 들어오게 해야 한다. 현대의 남향과 풍수는 관계가 없다는 점을 이해하고, 생기를 더하고 사기를 없애는 방법을 잘 활용하여 좋은 기운이 가득한 집을 만들기를 바란다.

전월세 거주자를 위한 풍수 인테리어

　전세나 월세로 사는 사람들은 집을 마음대로 바꾸기 어렵다. 하지만 집의 기운을 자신의 기운과 맞추는 것은 반드시 해야 하는 일이다. 이는 거주하는 동안 불행을 막고 행복과 번영만 가득하게 만드는 중요한 수단이 된다. 자가 주택은 주인의 기운에 맞춰 변형될 수 있지만, 임대 주택은 거주자가 바뀔 때마다 기운이 단절되어 집의 생기가 부족한 경우가 많다. 이럴 때일수록 의식적으로 집의 기운을 얻고 정비하려는 노력이 필요하다.

　거실에는 반드시 작은 식물을 둔다. 주인이 오래 사는 집은 시간이 흐르며 주인의 기운과 집의 기운이 자연스럽게 맞춰지기에 생기가 부족할 일이 거의 없다. 하지만 여러 세입자가 거쳐 가는 임대 주택은 그 기운이 가족의 기운과 일치하기 어렵다. 따라서 새집에 들어갈 때 거실에 작은 식물을 두어 집의 생기를 회복시키는 것이 중요하다. 이를 통해 집의 기운을 얻는 삶을 살게 된다.

벽에 박힌 못이나 흔적도 반드시 정리해야 한다. 못은 어떤 식으로든 거주자에게 불행을 주는 요소가 된다. 특히 못이 많이 박혔거나 그 흔적이 많은 집은 본연의 기운을 발휘하지 못하는, 병든 집이라고 할 수 있다. 전월세로 이사할 때 가장 먼저 할 일은 벽에 박힌 못을 모두 빼고, 못 자국까지 깔끔하게 메우는 것이다. 못 자국을 지우기 어렵다면 그 위에 벽걸이용 접착고리 등을 붙여 흔적을 가리는 것도 좋은 방법이다.

벽에 남은 얼룩이나 자국 역시 깨끗하게 처리한다. 전 거주자가 그림을 걸었던 자리에는 얼룩이 남기 마련이다. 이런 얼룩은 무의식적으로 불쾌감을 유발하며, 긍정적인 사고를 방해한다. 풍수는 무의식을 이용하는 학문이므로, 깨끗한 벽은 필수적인 요소다. 이사할 때 도배를 새로 하는 경우가 많지만, 여의치 않다면 얼룩진 부분에 좋은 그림을 다시 거는 등의 방법으로 가려야 한다.

이사 초기에 청소를 많이 하는 것만큼 생기를 만들고 사기를 없애는 데 좋은 것은 없다. 청소를 소홀히 한 집은 번영이 없고 불행만 많아진다. 특히 전월세 주택은 앞사람의 기운이 남아 있기 마련인데, 그 기운은 다음 사람에게 긍정적인 영향을 주지 않는다. 이사 초기부터 심하다 싶을 만큼 청소를 철저히 해야 한다. 이는 신축이 아닌 기존의 집을 구매하여 들어가는 사람에게도 해당되는 필수적인 일이다. 청소는 집의 기운을 자신의 기운과 일치시키는 가장 좋은 수단이다.

우리 풍수는 원래 단층을 기준으로 만들어졌다. 하지만 현대는 고층 건물이 많으므로 풍수 기준도 현대에 맞게 변형해야 한다. 가장 대표적인 예가 고층에는 물건을 많이 두고, 저층에는 책이나 그림을 많이 두는 것이다. 이는 집의 기운을 잃지 않도록 하는 방법이다. 고층과 저층의 기준은 개인마다 다르지만, 본인이 느끼기에 높다고 생각되면 고층, 낮다고 생각되면 저층으로 여기면 된다.

주방의 화구 근처는 무조건 단정히 만들어야 한다. 풍수는 재물복의 상승을 가장 우선시하며, 재물복이 살아날 수 있는 조건을 만드는 것을 중요하게 생각한다. 이사할 집을 고를 때는 환기가 잘 되는지, 물에 문제가 없는지, 주방과 화장실이 얼마나 청결한지 등을 최우선으로 고려해야 한다. 그중에서도 재물복을 나타내는 곳은 주방이며, 화구 근처는 특히 중요하다. 새집에 들어가면 주방 화구 근처를 심하다 싶을 만큼 청소하여, 금전적인 문제로 고생하는 일이 없도록 한다.

깨진 유리나 금이 간 타일은 반드시 없애야 한다. 이는 자가 주택이든 임대 주택이든 관계없이 필수적인 일이다. 집 안에 깨진 유리가 있거나 금이 간 타일이 흉하게 눈에 보이면 가족 간에 불화가 생기며, 가장의 일에 막힘을 겪을 수 있다. 다른 것은 몰라도 깨진 유리나 금이 간 타일은 무슨 일이 있어도 꼭 해결해야 한다.

안방 침대 자리는 반드시 신경 써야 한다. 이유 모를 불행을 겪는 사람들의 경우 대부분 잠자리가 맞지 않는 문제와 관련이 있었다. 이사 후 며칠 동안 잠을 자면서 자신의 컨디션을 체크해 볼 필요가 있다. 혹시라도 불편하다면 침대 배치를 바꾸어 본다. 이때 침대 머리 주변에 아무것도 두지 않는 것을 잊지 않아야 한다.

  전월세 거주자들을 위한 풍수 인테리어의 핵심은 바로 이처럼 작은 노력으로 집의 기운을 자신의 것으로 만드는 것이다. 이 방법들을 명심하고 실행하여 행복과 번영이 가득한 삶을 살기를 바란다.

시계 하나가 번영을 가로막는다

시계는 단순히 시간을 알려주는 도구가 아니라, 가정의 기운과 번영에 큰 영향을 미치는 풍수 소품이다. 잘못된 위치에 시계를 두면 집안의 번영이 사라지고 어려움을 겪을 수 있다. 벽에 거는 물건은 그림, 사진, 달력, 시계가 있는데, 그중 시계는 특히 위치가 중요하다. 풍수와 심리학, 의학적인 관점에서 시계를 두면 안 되는 곳과 올바른 배치 방법에 대해 이야기한다.

침실에는 절대 큰 시계를 두지 않는다. 현대 풍수에서는 안방에 큰 시계를 거는 것을 매우 금기시한다. 이는 심리학과 의학에서도 마찬가지인데, 시계 소리 때문에 수면을 방해받고 불면증이나 심리적 불안감을 호소하는 경우가 많기 때문이다. 안방은 완벽한 휴식과 무의식이 재창조되는 공간이므로, 불안을 유발하는 요소가 있어서는 안 된다. 탁상용 작은 시계나 전자시계를 두는 것은 괜찮지만, 벽에 거는 큰 시계는 피해야 한다. 벽시계는 침실의 번영운에 부정적인 영향을 줄 수 있다.

    시계는 TV 근처에 두지 않는다. TV와 시계 소리의 주파수는 거의 동일하여 기의 주파수가 증폭될 수 있다. 모든 물체는 고유의 진동수를 가지고 있는데, 외부에서 가해지는 진동수와 고유 진동수가 일치하면 파괴적인 힘이 발생하기도 한다. 1940년 미국 타코마 다리가 바람의 진동수와 일치해 붕괴된 사건처럼, 가정에서도 예기치 않은 일이 발생할 수 있다. 또한 기의 증폭으로 인해 가족들의 성격이 거칠어지거나 과격해지는 현상이 나타날 수도 있다.

    벽시계는 문 옆 가까이에 두는 것이 좋다. 많은 사람이 시계를 어디에 걸어야 할지 고민한다. 시계는 소리가 나든 나지 않든 문 옆에 가깝게 거는 것이 풍수적으로 좋다. 문은 운의 흐름, 즉 기의 흐름이 가장 강한 곳이다. 시계를 문 옆에 두면 그 기운이 강해져 무의식을 긍정적으로 자극하는 효과가 있다. 시계를 벽 한가운데 높이 걸어두는 경우가 많은데, 이로 인해 번영운이 살아나지 못할 수 있다. 시계를 문 옆으로 옮겨 두면 취업운이나 진급운이 좋아지고 가정에 행복이 찾아오는 것을 느낄 수 있다.

    시계를 두는 방향에 관한 제약은 없다. 시계를 두는 방향에 대해 많은 질문을 하지만, 풍수적으로는 방향에 대한 특별한 제약이 없다. 과거 해시계나 물시계에는 방향이 표시되어 있었지만, 현대의 시계는 그렇지 않다. 시계를 동쪽이나 남쪽에 둬야 한다는 이야기는 풍수적인 근거가 없는 이야기다. 풍수는 학문적, 역사적 근거가 있어야 가치가 있으므로, 시계의 방향 때문에 걱정할 필요는 없다.

시계는 누구나 쉽게 볼 수 있는 곳에 거는 것이 좋다. 시계를 거는 목적은 시간을 확인하는 데 있다. 풍수에서는 어떤 물건이든 본래의 기능이 잘 발휘될 때 가장 좋은 기운을 가진다고 말한다. 조명은 불을 잘 밝힐 때, 수도꼭지는 깨끗한 물이 잘 나올 때 좋은 풍수인 것처럼, 시계 역시 잘 보일 때 가장 좋은 풍수가 된다. 따라서 시계는 집안 사람들이 가장 많이 오가는 거실에 두는 것이 가장 좋다.

시계는 집안의 분위기에 맞춰 고르는 것이 좋다. 만약 집안 분위기가 딱딱하고 대화가 부족하다고 느낀다면 부드러운 동물 시계나 익살스러운 시계를 걸어보자. 반대로 너무 가벼운 분위기라면 단순하고 격식 있는 시계를 두어 균형을 맞춘다. 또한 보수적인 일을 하는 사람이라면 부드러운 시계가, 창의적인 일을 하는 사람이라면 딱딱한 느낌의 시계가 좋다. 시계는 단순히 시간을 알려주는 도구가 아닌, 분위기를 바꾸고 삶의 활력을 주는 장식품이기도 하다.

시계는 너무 높이 걸지 않는다. 집안에 걸리는 물건은 무엇이든 너무 높이 걸려 있으면 좋지 않다. 벽의 여유 공간을 중심으로 가운데 부분이나, 집안에서 키가 가장 큰 사람의 머리 위 정도 높이가 적당하다. 물건이 너무 높이 걸려 있으면 그 가정의 번영운이 제대로 살아나기 어렵다고 한다.

5부

좋은 얼굴이란 무엇인가

관상과 심상

사람을
볼 줄 아는 힘

　사람은 좋든 싫든 많은 사람을 만나고 관계를 맺으며 살아간다. 그 관계가 좋으면 성공과 번영, 행복을 얻지만, 좋지 못하면 그 반대의 삶을 살게 된다. 그래서 많은 사람이 '인사가 만사'라고 말하는 것이다. 사람을 제대로 볼 줄 아는 것이 곧 성공적인 삶의 첫걸음이 된다.

　사람은 누구나 타고난 기운과 특성이 다르다. 누구에게는 잘 맞는 것이 다른 사람에게는 전혀 맞지 않기도 하며, 좋아하는 것이 싫어하는 것이 되기도 한다. 이를 보통 체질이라고 하지만, 사실 자신의 얼굴을 보면 가장 쉽게 알 수 있다. 상학에서는 이를 일반론과 세부론으로 구분하는데, 초보자는 코를 보고 재물복을 이야기하지만 상학을 제대로 배운 전문가들은 그렇게 단정하지 않는다. 각 사람의 얼굴 형상에 따라 재물복, 명예운, 번영운을 나타내는 부분이 모두 다르기 때문이다. 이것을 알려면 우선 얼굴의 형을 알아야 하며, 그 형마다의 오행적 기운을 이해해야 한다.

《노자》는 "知人者智 自知者明(지인자지 자지자명)"이라 하여 '다른 사람을 아는 사람은 지혜로운 사람이고, 자기 자신을 아는 사람은 현명한 사람이다'라고 했다. 노자는 다른 사람의 마음을 꿰뚫어 보는 지혜와 더불어, 자신의 본질과 한계를 아는 것이 더 큰 지혜라고 가르친 것이다. 얼굴의 형상을 통해 사람의 특성을 이해하는 것은 타인을 아는 지혜이며, 이를 통해 자신을 성찰하는 것은 더 큰 깨달음으로 이어진다. 사람을 볼 줄 아는 능력은 결국 자신을 아는 과정과 연결되어 있다.

먼저 목형의 얼굴은 전형적인 계란형으로, 각진 곳이 없고 부드러운 타원형의 형상을 말한다. 턱선이 부드러워 턱 근골이 각지고 단단한 금형과 구별된다. 목형의 경우, 화오행을 나타내는 이마는 활동력이 되고, 토오행을 나타내는 코와 인중 부근은 재물복을 나타낸다. 광대뼈와 턱 근육인 금오행 부분은 명예운과 직업운, 가정운을 나타내며, 귀와 입술인 수오행 부분은 성취운과 사람운을 의미한다.

화형의 얼굴은 태양의 기운을 받아 크고 웅장하며 둥근 형태를 띠지만, 얼굴 끝부분이 뾰족한 형상을 하고 있다는 점이 토형과 다르다. 화형은 열정이 강하고 정이 많지만, 의외로 소심하고 상처를 잘 받는다. 이들은 감정을 안에 담아두는 경우가 많아 화병이 생기기도 한다. 화형의 얼굴을 가진 사람은 코와 인중 부분이 활동력을 나타내고, 광대뼈와 턱의 근골이 재물운을 나타내는 곳이 된다. 귀와 입술은 직업운과 가정운, 명예운을 나타내며, 눈과 눈썹은 결과운과 사람운을 의미한다.

토형의 얼굴은 크고 강하며 둥근 형태를 가지고 있지만, 머리 부분이 밋밋한 일자 형태를 하고 있다는 특징이 있다. 이런 사람은 인내가 강하고 무던하지만 고집이 아주 세다. 타인과 융화가 어렵고 자신만의 확고함으로 인해 융통성 없는 사람으로 오해를 받기도 하지만, 한 가지에 집중하는 성향이 강해 학자적인 특성이 두드러진다. 토형의 경우 턱의 근골과 광대뼈의 강하고 약함이 활동력을 의미하고, 귀와 입이 재물운을 나타낸다. 눈과 눈썹은 직업운과 명예운을 나타내며, 이마는 사람복과 결과운을 의미하는 곳이 된다.

금형의 얼굴은 목형의 얼굴과 비슷하지만 턱의 근골이 아주 강하며 각이 져 있다는 특성이 있다. 자기중심적이고 모든 것을 이해타산의 논리로 정하는 경우가 많으며, 내 것과 남의 것에 대한 경계가 확실하다. 옳은 것과 그른 것에 대한 투쟁심이 강하고 양보보다는 타협을 하는 성향이 두드러진다. 금형의 경우, 입술과 귀가 활동력을 나타내고, 눈과 눈썹이 재물운을 나타내는 곳이 된다. 이마는 직업운과 명예운을 나타내며, 코와 인중 부근은 사람복과 결과운을 의미한다.

수형의 얼굴은 미남, 미인형이 많다. 목형이나 금형보다 얼굴이 긴 편이며 피부가 희고 약한 형상인 경우가 많다. 성격적으로 부드럽고 담백하며 양보를 잘하고 타인의 의견을 잘 듣는 성향이 강해 융통성과 적응력이 좋다는 평을 듣는다. 하지만 자신의 주관은 아주 명확하여 처음에는 가깝게 느껴지다가도 알면 알수록 가까이하기 어려운 스타일의 사람이다. 수형의 경우, 눈과 눈썹이 활동력을 나타내고, 이마가 재물운을 나타내는 곳이 된다. 코와 인중 부근은 직업운과 명예운을 나타내며, 턱과 광대 부분은 사람복과 결과운을 의미한다.

자신의 건강을 보려면 각 얼굴 형에 맞는 부위를 살펴야 한다. 목형은 눈과 눈썹, 화형은 이마, 토형은 코와 인중 부근, 금형은 턱과 광대, 수형은 귀와 입술이 약하면 건강 문제를 안고 살아가게 된다고 본다. '약하다'는 것은 그 기운이 살아나지 못하고 있다는 뜻으로, 눈이나 눈썹에 힘이 없고 두드러지지 않는 것을 말한다. 반면, '좋다'는 것은 눈에 힘이 있고, 이마가 넓고 깨끗하며 혈색이 좋은 것을 말한다. 코는 뼈가 일자로 쭉 뻗어 있고, 인중은 길지도 짧지도 않으며, 법령으로 잘 둘러싸여 있으면 복이 가두어져 좋다고 본다. 입술은 붉고 잔주름이 선명하며 튀어나오지 않은 것이 좋고, 귀는 선홍빛에 가까울수록 좋다고 한다. 상학에서는 귀의 크기보다 색으로 부귀를 판단한다.

토형의 얼굴을 가진 사람이 귀가 선명하고 붉으며 입술이 단정하고 붉다면 큰 재물복을 누릴 사람이며, 만일 코와 인중이 단정하고 법령에 잘 둘러싸여 있다면 평생 건강하게 살 사람이라고 말한다. 목형의 얼굴을 가졌다면 눈과 눈썹을 좋게 관리하면 평생 병으로 고생할 일이 없을 것이다. 화형은 이마를 늘 청결하고 단정하게 하면 병을 피할 수 있다. 금형의 경우 턱을 강하게 하면 병이 생길 일이 없을 것이니 음식을 오래 씹는 습관을 들여야 한다. 수형은 귀를 자주 만져주어 혈색이 좋게 하는 것이 중요하다. 귀는 인체에서 혈액 순환이 가장 어려운 곳이므로 자주 마사지해주면 건강을 얻게 된다고 한다.

인상과 관상의 차이

많은 사람이 인상과 관상을 혼동한다. 좋은 인상을 가진 사람이 관상도 좋을 것이라 생각하지만, 인상은 누구나 느끼는 보편적인 느낌이며, 관상은 전문적인 공부가 필요한 분야다. 사람들은 "저 사람은 인상이 참 좋아"라고 말하지만, "관상이 참 좋아"라는 말은 쉽게 하지 않는다. 이는 인상이 겉으로 드러난 피상적인 모습이라 얼마든지 속이거나 꾸미는 것이 가능하기 때문이다. 반면, 관상은 그 사람의 기운과 찰색, 근골을 보기에 절대 속일 수 없다. 좋은 인상을 가졌지만 성품이 악하거나 고난의 삶을 사는 사람은 많다. 그러나 좋은 관상을 가진 사람 중 성품이 악하거나 불행한 삶을 살아가는 경우는 없다.

좋은 인상보다 좋은 관상을 가져야 하는 이유가 바로 여기에 있다. 인상은 화장이나 옷차림으로 쉽게 바꿀 수 있지만, 좋은 관상은 한순간의 노력으로 만들 수 없다. 관상은 마음에서 나오는 것이라

선한 마음과 옳은 행동을 할 때 조금씩 변화하고, 이것이 기운이라는 형태로 자연스럽게 표출된다. 인상이 좋아도 불행한 삶을 사는 사람들이 많지만, 관상이 좋은 사람은 비록 지금 힘들더라도 반드시 행복하고 자신의 능력을 온전히 발휘하는 삶을 살게 된다. 관상은 단순히 타고나는 것이 아니라, 후천적인 노력으로 얼마든지 좋은 관상을 만들 수 있다. 이것을 '변상법'이라 부르며, 이 책을 쓰는 목적이기도 하다.

인간은 0.3초의 짧은 시간에도 호감과 비호감을 판단하고, 3초 만에 상대방의 이미지를 구체화한다. 이 때문에 첫인상이 중요하다고 말하지만, 우리는 종종 첫인상으로 인해 큰 고통을 받는다. 현대 심리학자들이 사람으로 인한 고통이 가장 크다고 하는 것은 첫인상이 그대로 유지되는 경우가 드물기 때문이다. 공자가 "하늘은 알기 쉽지만 사람은 알기 어렵다"고 했듯이, 겉과 속이 다른 사람이 많다. 우리 조상들은 겉만 보아서는 안 된다고 가르쳤고, 이는 첫인상을 조심해야 한다는 의미이기도 하다. 그러나 현대 사회는 첫인상의 중요성만을 강조하며 인상만으로 사람과의 관계를 맺고 유지하려 한다. 이것이 실패가 많고 사람의 도움을 얻지 못하는 이유다. 화려하지 않아도 정성이 담긴 집밥처럼, 진실한 내면을 가진 사람을 구분하고 만나는 지혜가 필요하다. 이 책에서는 사람이 해를 입지 않고, 반드시 도움이 될 사람을 구분하고 지켜내는 법에 대해 이야기할 것이다.

관상학에서는 오행처럼 '오관'이라는 다섯 가지의 기운이 있다고 본다. 오관은 건강을 알려주는 눈썹, 감성과 성품을 나타내는 눈, 사물을 이해하고 판단하는 지능인 귀, 재물운과 부귀를 말하는 코, 대인관계와 사회성을 의미하는 입을 말한다. 상학에서 말하는 '좋은 상'이란 형상에 굴곡이 없고 자연스러우며 윤기가 나고 빛이 나야 하며, 굽거나 삐뚤어지지 않은 것을 말한다. 이러한 원리를 통해 삶에 도움이 될 사람을 구분하는 방법을 알아보자.

먼저 건강이 좋은 사람은 눈썹을 보면 알 수 있다. 털이 무성하지도 부족하지도 않으며 가지런하고 단정한 눈썹이 좋다. 눈썹이 평평하고 윤이 나며 길면 장수하고 성품이 단정하여 말년까지 행복을 누린다고 한다. 만약 눈썹의 앞부분이 갈라지거나 끊어지면 내적인 건강 약화를, 뒷부분이 끊어지거나 갈라지면 외적인 건강 문제를 의미하므로 반드시 관리해야 한다. 건강하고 풍족한 삶을 살고 싶다면 눈썹과 미간 사이의 거리를 이상적으로 만들고, 눈썹 앞부분을 진하게 하여 기운의 성함을 나타내며, 마지막 부분은 아름답게 만들어 말년의 복을 지켜야 한다.

다음으로 인간성이 좋은 사람은 눈을 보면 알 수 있다. 눈동자에 빛이 보이고 초롱초롱하며, 길고 깊다는 느낌이 있어야 한다. 눈은 마음의 창이기에 선한 마음과 단정한 마음으로 상대를 바라보는 습관을 들이면 좋은 눈을 가진 사람으로 인식될 수 있다. 행복을 얻고 싶다면 항상 정면을 바라보고 상대방의 눈을 보는 습관을 가져야 한다. 아래를 보는 사람은 불행해질 사람이고 위를 보는 사람은 이미 불행한 상황에 처해있는 사람이라는 것이 상학의 기본이다. 또한, 눈으로 웃는 습관을 들이면 마음에 너그러움과 안정감이 생겨 상대에게 편안함을 준다. 세상을 긍정적으로 바라보고 여유를 가져야 한다. 눈이 탁한 사람이 행복한 경우는 절대로 없다.

재물복이 많은 사람은 코를 통해 판단한다. 코는 생명의 기운이 들어오는 장소이자 얼굴의 중앙에 있어 세상의 근본을 상징한다. 코는 부드럽고 탄력이 있으며 윤택이 있어야 하며, 정면에서 콧구멍이 보이지 않으면 좋다고 한다. 코끝에서 기운이 폭포처럼 떨어지고 그 기운을 담을 땅(인중 부근)이 넓고 부드러우면 부귀를 누린다고 한다. 이는 평안하고 행복한 웃음이 만들어내는 것으로, 웃음이 만복을 부르는 최고의 도구인 이유다. 부귀를 누리려면 항상 부드럽게 웃어야 한다.

머리가 좋은 사람은 귀를 보면 알 수 있다. 귀가 붉고 탄력이 있으면 능력을 인정받고 평생 돈 걱정이 없다고 하며, 흰빛이나 흙빛이 나면 능력을 불합리한 곳에 사용해 사회적 지탄을 받는다고 한다. 귀는 자주 만져주어 혈액 순환을 좋게 하면 좋은 기운을 가질 수 있다. 귀는 상귀, 중귀, 하귀로 나뉘는데, 상귀는 지혜가 뛰어나고, 중귀는 안정적이며, 하귀는 느리지만 크게 성공하는 대기만성형이라 할 수 있다.

입은 나의 생각과 인격이 표출되는 곳이다. 생각이 바르고 인격이 올바르면 말도 바르고 좋을 것이며, 거칠고 옳지 못한 생각은 말의 격을 낮춘다. 상학에서는 입의 모양보다 말하는 태도와 목소리의 색깔로 판단한다. 부드럽고 다정한 말은 인복을 쌓고, 차갑고 냉정한 말은 외로운 삶을 부른다. 입꼬리가 살짝 올라가고 이가 보일 듯 말 듯한 자연스러운 웃음은 부귀한 상으로 여겨진다.

상학은 타인이 나를 보는 인상, 기운의 청아함, 찰색의 윤택함을 모두 포괄한다. 기운을 맑게 하려면 흐리지 않게 선명하게 만들고, 윤택함을 만들려면 깨끗하게 해야 한다. 이렇게 후천적인 노력만으로도 좋은 관상을 만들 수 있다.

관상은
만드는 것이다

　많은 사람이 금전적, 직업적, 가정적 어려움으로 고생한다. 또한 사람으로 인해 늘 손해를 보거나 도움이 없는 삶을 살아가기도 한다. 이러한 사람들은 그들의 상相에 그 어려움이 드러나게 마련이다. 관상학에서는 지금껏 그 사람이 살아온 모든 것이 드러나는 것이 관상이자 얼굴이라고 말한다. 자신의 상이 어떤 형이고, 가장 큰 어려움을 주는 부분이 무엇인지 명확히 알면 모든 문제점을 해결할 수 있다. 우리 삶의 여러 문제들은 복합적으로 얽혀 있는 것처럼 보이지만, 사실 하나의 근본적인 문제가 해결되지 않아 다른 모든 곳에서 문제가 생겨나는 경우가 많다. 자동차의 엔진 오일 문제 하나가 엔진 과부하를 일으키고 결국 차를 멈추게 하는 것처럼, 금전적 문제가 생기면 자신감이 부족해지고, 이것이 타인에게 의욕 없는 사람으로 비쳐져 무시를 받게 된다. 이는 스트레스로 이어져 가정의 불화까지 초래한다.

관상은 절대 고정적인 것이 아니라 항상 변해갈 수 있다. 상학에서 '변상'을 중요하게 이야기하는 이유가 여기에 있다. 이제 자신의 얼굴을 손보고 바꾸는 법에 관해 알아보자. 눈은 마음의 창이라고 한다. 상학에서는 얼굴을 '얼(정신, 마음)이 들어 있는 굴(형태)'이라고 하고, 눈은 마음으로 들어가는 통로라고 말한다. 따라서 사람의 얼굴 중 가장 중요시하는 것이 바로 눈이다. 눈은 맑음과 청함으로 그 사람의 고귀함과 빈천함을 판단한다. 눈에 빛이 나면 건강하고, 부드러우면 온순하며, 틀어짐이 없으면 장수한다고 했다. 분노하거나 시기, 질투하지 않고 늘 모든 것을 긍정적으로 보려는 마음이 눈의 맑음을 만든다. 항상 상대를 존중하고 배려하는 마음이 눈의 기운을 좋게 한다는 사실을 명심해야 한다.

눈썹은 가지런하고 성기지 않으며, 초미(눈썹 앞부분)가 강하고 말미(눈썹 끝부분)가 흐트러지지 않을 때 만복이 따른다고 한다. 현대에는 화장술로 충분히 보완이 가능하지만, 기본적으로 인상을 찌푸리지 않는 습관을 가지는 것이 중요하다. 상대를 멸시하지 않고 이해하려는 너그러운 마음이 눈썹에 부드러움을 만든다. 인상을 찌푸리면 미간이 함께 움직여 눈썹의 기본 틀이 변형되고 초미가 약해지기 쉽다. 늘 미간을 부드럽게 마사지하거나 편안한 마음을 가지는 것이 눈썹의 기운을 좋게 만든다.

이마는 천기(하늘의 기운)가 제일 먼저 사람의 몸에 임하는 곳이다. 천기는 크고 강하기에 이마에 굴곡이 있으면 기운의 부딪힘이 생겨 삶이 격해지고 불안정해진다고 말한다. 따라서 이마 주름은 깊고 진해서는 안 되며, 이마는 탁하지 않고 어둠이나 얼룩이 없어야 한다. 이는 늘 청결함을 유지하고 혈액 순환을 좋게 만드는 것이 중요하다는 의미다. 혈액 순환에 가장 좋은 것은 운동이다. 운동으로 인해 이마에 밝은 선홍빛이 나타나고, 샤워만으로도 이마의 기운은 좋아진다.

코와 인중, 법령은 얼굴의 중앙에 위치하며 토오행의 기운을 상징한다. 코가 재물복을 의미한다고 하는 것은 토오행의 황금색이 부를 상징하기 때문이지만, 사람에 따라 이 부분은 재물복 외에 가족운이나 결과운이 되기도 한다. 다만, 세상 모든 부자들의 공통점은 법령이 인중을 잘 감싸고 있고, 코끝이 부드럽다는 점이다. 법령은 입을 감싸고 인중 주변을 넓게 품는 형상이 가장 좋으며, 평소에는 드러나지 않다가 미소를 지을 때 나타나는 경우가 가장 좋다. 나이가 들어 생기는 팔자 주름이 흉하다고 시술을 받는 것은 자신의 복을 걷어차는 어리석은 행동이다. 법령은 부드러운 웃음으로 만들어지므로, 늘 미소 짓는 연습과 화를 내지 않는 생활 습관을 들이면 좋은 형상을 만들 수 있다.

귀와 입술은 형태나 색상을 바꾸기 어려운 가장 고정적인 부위다. 예로부터 귀를 자주 만지는 사람은 장수한다고 했는데, 이는 귀의 혈액 순환을 좋게 하여 기운을 살리기 위함이다. 귀는 만져주는 것이 유일한 관리 수단이며, 입술은 말을 많이 하지 않고 과식하지 않는 것이 유일한 수단이다.

상학에서는 얼굴의 형상 못지않게 중요하게 여기는 것이 바로 '체상'이다. 과거 신언서판身言書判이라는 사람의 판단법이 있었다. 이는 옛 시대에 인재를 선발할 때 쓰이던 중요한 기준이었다.

신身

신수身手, 즉 풍채와 용모를 말한다. 몸가짐이 단정하고 기품 있는 외모를 갖추는 것이다.

언言

언변言辯, 즉 말하는 태도와 재주를 말한다. 바르고 조리 있는 말투를 통해 자신의 생각과 감정을 잘 전달하는 능력을 의미한다.

서書

서법書法, 즉 글씨를 말한다. 문장력을 비롯해 글씨를 쓰는 능력까지 포함한다. 예전에는 글씨체를 보고 그 사람의 인품을 짐작하기도 했다.

판判

판단력判斷力을 말한다. 사물의 이치를 제대로 깨닫고, 옳은 것을 가려낼 줄 아는 능력을 의미한다.

이 네 가지 요소를 통해 한 사람의 내면과 외면을 종합적으로 평가했다. 단순히 외모나 글재주만 보는 것이 아니라, 겉으로 드러나는 풍채와 말, 글씨 속에 담긴 인품과 학식, 그리고 그 모든 것을 아우르는 판단력까지 두루 갖춘 사람을 진정한 인재로 보았던 것이다.

체상은 단순히 타고난 몸의 형태를 넘어, 한 사람의 내면과 기운을 보여주는 중요한 지표다. 좋은 체상의 가장 기본은 당당함과 안정감에서 비롯된다. 허리를 꼿꼿이 펴고 어깨를 당당하게 펴는 자세는 자신감을 드러내는 가장 확실한 방법이다. 이런 자세는 스스로에게 긍정적인 에너지를 불어넣을 뿐만 아니라, 다른 사람에게도 믿음직하고 확신에 찬 인상을 준다. 반대로 구부정한 자세는 소극적이고 기운이 약한 사람으로 비치기 쉽다. 얼굴은 숙이지 않고 정면을 바라보며 시선을 피하지 않는 태도가 필요하다. 이는 거짓이 없고 솔직하며, 자신의 삶에 대한 주도권을 잃지 않았음을 보여주는 상징적인 행동이다.

발걸음 역시 체상에서 중요한 부분을 차지한다. 좋은 운을 가진 사람의 발걸음은 무겁거나 끌지 않고 가벼우며 힘이 있다. 마치 땅을 힘차게 밟고 나아가는 것처럼 보인다. 이런 발걸음은 목표를 향해 나아가는 추진력과 활력을 나타낸다. 반면, 발을 질질 끌거나 불안정하게 걷는 것은 우유부단하고 삶에 대한 의지가 약하다는 인상을 줄 수 있다. 손과 발은 다소곳하고 바르게 펴져 있어야 한다. 이는 작은 동작 하나하나에 정성과 품격이 담겨 있음을 보여주며, 주변 사람들에게 신뢰감을 준다.

결론적으로 좋은 체상은 인위적으로 꾸며낸 모습이 아니라 내면의 안정과 자신감이 자연스럽게 드러나는 것이다. 당당한 자세, 확고한 시선, 힘찬 발걸음, 그리고 바른 손과 발의 움직임은 모두 한 사람이 자신의 삶을 어떻게 대하고 있는지를 보여주는 무의식적인 신호다. 이러한 습관들이 쌓여 자연스럽게 좋은 체상이 만들어지고, 이는 다시 좋은 기운을 불러오는 선순환으로 이어진다. 타고난 체형에 얽매이지 말고, 스스로의 몸가짐을 바르게 다듬는 것만으로도 충분히 좋은 체상을 만들어낼 수 있다.

이마, 천운을 받고
벼락부자를 만드는 곳

　사람의 귀함과 명예로움은 어디를 보면 알 수 있을까? 바로 이마를 보면 알 수 있다. 그렇다면 이마도 후천적으로 만들어낼 수 있을까? 물론 얼마든지 가능하다. 요즘은 재물운, 즉 부자가 되는 것을 최고로 치는데, 그렇다면 명예를 상징하는 이마는 그다지 중요하지 않은 것일까? 명예와 귀함이 없이 재력만 많은 사람을 우리는 졸부라고 부른다. 또한 명예 없이 부자가 되는 것 역시 아주 어려운 일이다. 하지만 명예와 귀함이 있는 사람들은 대부분 부자다. 그렇다면 무엇이 중요할까? 당연히 귀함과 명예를 말하는 이마는 너무도 중요한 곳이라 할 수 있다. 그럼 어떻게 해야 명예로움을 얻고 성취운을 높여줄 수 있는 이마를 만들 수 있을까? 지금부터 설명하도록 하겠다.

　상학에서는 하늘의 기운을 천기天氣라고 하고 땅의 기운을 지기地氣라고 한다. 땅의 복, 즉 지복地福은 특별한 노력을 기울이지 않아도 누구나 얻을 수 있지만, 하늘의 복, 즉 천복天福은 흘러 다니고 우렁

찬 강한 기운이기에 함부로 내려서지 않고 깃들 수 있는 곳에만 머문다고 한다. 지복은 작지만 꾸준하고 지속적인 반면, 천복은 순간적이지만 강하고 크게 온다. 따라서 지복을 얻은 사람은 서서히 꾸준하게 발전하여 성취와 명예를 얻게 되고 다른 운의 영향력에 따라 삶이 달라진다. 하지만 천복을 얻은 사람은 벼락출세를 하거나 한순간에 큰 부자가 되며, 특별한 다른 복의 영향 없이도 큰 운을 누리게 된다. 단, 이 천기는 매우 강한 기운이기에 그릇이 되지 않는 사람에게 깃들면 한순간에 몰락하거나 파멸을 가져오기도 한다. 따라서 천기의 덕을 얻고 해를 입지 않기 위해서는 천기가 흐르는 통로를 막으면 안 되는데, 상학에서는 이 통로를 이마라고 하여 특히 중요하게 여겼다. 과거 이마를 가리지 않는 풍속이었던 상투 역시 이와 무관하지 않다. 이마는 관록, 즉 관혼과 귀함을 나타내는데, 이는 현대적으로 성취운과 성공운이라고 표현할 수 있다.

이제 그림을 통해 좋은 이마와 나쁜 이마가 어떤 것인지 알아보고, 가장 중요한 '좋은 이마를 만드는 방법'을 살펴보도록 하겠다.

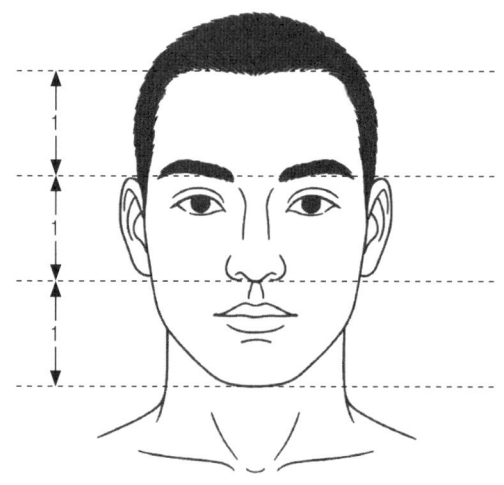

상학에서 좋은 관상을 말할 때는 크기와 모양, 그리고 광채를 우선으로 한다. 먼저 크기다. 이마의 크기는 본인의 얼굴을 기준으로 판단해야 한다. 얼굴이 큰 사람은 큰 대로, 작은 사람은 작은 대로 그 비율이 중요하다.

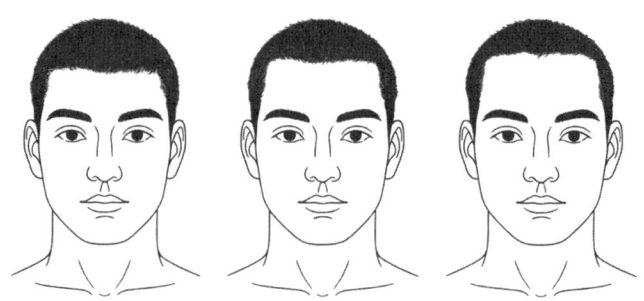

머리카락의 뿌리가 마지막으로 있는 곳을 '발제'라고 하는데, 여기서부터 두 눈썹을 연결한 부분까지를 상학에서는 '상정上停' 또는 '상골'이라고 한다. 그리고 눈썹에서 코뿌리 끝까지를 '중정中停', 코뿌리에서 턱까지를 '하정下停'이라고 한다. 이 세 부분의 비율이 1:1:1로 같아야 한다. 만약 상정이 큰데 중정이 이 크기를 따라가지 못한다면 초년운은 좋으나 중년 이후 큰 어려움을 겪게 되어 초년의 모든 것을 잃게 된다. 반대로 상정에 비해 중정이 크다면 하늘의 기운을 얻지 못하니 어려서부터 고생하는 삶을 살게 된다고 본다.

다음은 광채다. 물론 전문가들은 약간 다르게 판단하지만, 일반적으로는 첫눈에 보이는 밝음이라고 생각하면 된다. 어떤 사람을 처음 보았을 때 그 사람에게서 연상되는 부분이라고 생각할 수 있다. 예를 들어 "그 사람 이마가 시원시원하게 생겼다", "그 사람 눈이 정말 매력적이야", "그 사람 귀가 정말 잘생겼다"와 같이 말이다. 만약 어떤 사람을 보았는데 앞서와 같이 이마가 첫눈에 확 들어오는 사람이라면 그 사람은 천운을 타고난 사람이다. 물론 대머리는 예외다. 대머리의 경우 원래의 발제를 기준으로 생각해야 한다. 이러한 사람은 비록 지금은 조금 어렵더라도 반드시 어느 한순간 큰 운을 얻어 크게 발전하게 된다. 혹 이런 사람이 주변에 있다면 절대 구박하지 마라. 어느 순간 큰 운을 얻을 사람이다.

마지막으로 이마의 모양이다. 얼굴 각 부분을 오행으로 구분하면 눈과 눈썹은 목木 오행, 이마는 화火 오행, 양쪽 광대는 금金 오행, 입은 수水 오행, 코는 토土 오행으로 분류할 수 있다. 이렇듯 이마는 화火 오행을 나타낸다. 화는 뜨거움과 열정, 적극적인 기운을 상징한다. 또한 감상적이고 정이 많으며 타인의 어려움을 외면하지 못하는 성향을 보인다. 이렇다 보니 화의 기운이 지나치게 많으면 감정에 휘둘리기 쉽고, 너무 적으면 냉정하고 이성적인 면이 강해진다. 이마 모양은 바로 이러한 화 오행의 특성을 보여주는 곳이니, 화의 특성을 잘 살려주는 이마 모양은 길하고, 그렇지 않은 이마 모양은 흉하다고 본다.

아래는 대표적인 이마 모양에 따른 특징이다.

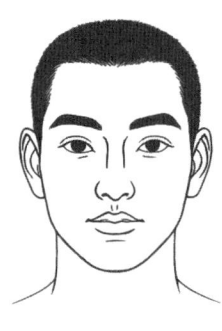

1번 모양(보통 이마)

화 오행의 특성인 성장의 기운이 잘 드러나 번영이 보장된 이마다. 성격적으로 합리적이고 늘 일반적이고 보편적인 사고를 하기에 크게 튀지 않으며, 이것이 사교성으로 이어져 대인관계가 원만하다. 직장 생활을 잘하고 상사나 윗사람으로부터 사랑받으니 직급운이나 성취운은 보장된 사람이다.

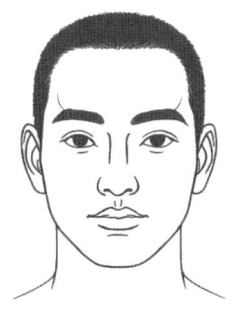

2번 모양(짱구 이마)

화 오행의 기운이 치솟다가 너무 강해 튀어나오는 형상이니 어느 한순간에 크게 발전하는 상이다. 지능이 뛰어나고 특이한 생각을 많이 하니 평소에는 두각을 드러내지 않다가도 어느 순간 재능이 나타나 큰 성취를 이루고 큰 운을 누리게 된다.

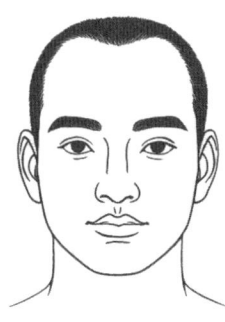

3번 모양(넓은 이마)

이마가 넓은 사람 역시 기회가 되면 크게 발전하는 형상이나, 기회가 오기가 쉽지 않다. 만약 기회가 온다면 최고의 상이지만, 기회를 잡지 못한다면 항상 공허하고 허무한 삶을 살게 될 수 있다.

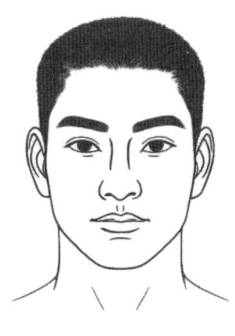

4번 모양(좁은 이마)

좁은 이마는 본인의 의지보다 약한 성취운으로 갈등하고 고민하는 사람이다. 하고자 하는 것은 많으나 주변 여건이 따라주지 못하거나, 혹 실행을 해도 그 성과가 약하니 전형적인 '용두사미'의 삶을 살 수 있다.

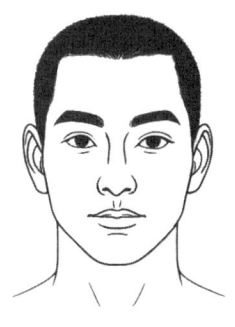

5번 모양(각진 이마)

이마는 화 오행의 상징이다. 화 오행은 절대 각이 질 수 없는 오행이기에, 각진 이마는 이마 중 가장 흉하다고 본다. 화 오행의 기운이 살아날 수 없는 형상이므로 한순간의 큰 발전은 기대하기 어려운 상이다.

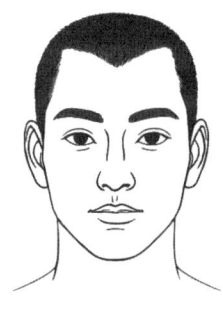

6번 모양(M자 이마)

화 오행의 기운이 이렇게 두 갈래로 갈라지는 형상이니 그 모양이 크고 뚜렷할수록 해롭다고 한다. 늘 자신의 생각만 강조하는 사람이니 매사 남과 대립이 잦아 주변에 사람이 모이지 않는 형상이 될 수밖에 없다.

다시 강조하지만, 이마는 천운을 담는 그릇이다. 물론 이 천기가 잘 소통하도록 만들어주는 미간도 아주 중요하지만, 일단 그릇이 좋아야 많은 운을 담을 수 있다. 또한 그 그릇이 튼실해야 오래 담아둘 수 있다. 따라서 이마에는 절대 큰 주름이 생기도록 해서는 안 된다. 주름이 있더라도 은은하고 부드러워야 한다. 격한 주름은 큰 고생을 주는 주름이라고 상학에서는 말한다.

관상에서 항상 으뜸으로 치는 것은 빛이다. 이는 일반인들이 판단하기에 혈액 순환이라고 생각하면 이해가 쉬울 것이다. 매일 검지, 중지, 약지 세 손가락으로 이마를 펴고 누르고 주무르는 습관을 들이고, 시원한 물수건이 있다면 매일 이마를 닦아주는 것도 좋은 이마 관상을 만드는 데 큰 도움이 될 것이다. 그리고 가장 중요한 것은 절대 인상을 쓰지 않는 것이다. 자주 인상을 써서 이마에 진한 주름이 생기도록 만드는 것은 앞으로 큰 고생을 하게 된다는 암시이기도 하다. 우리 조상들이 "인상 쓰지 마라, 주름 생긴다"라고 말씀하셨던 이유가 바로 여기에 있다. 늘 은은하고 평온한 웃음을 가지는 것이 모든 얼굴 관상에 좋을 뿐만 아니라, 이마의 혈액 순환을 좋게 만들어주는 최고의 보약이다. 이 은은한 웃음이야말로 여러분의 상을 부유하고 고귀하며 성취운이 가득한 상으로 바꿔주는 최고의 명약이다. 늘 화내지 말고, 은은한 미소를 지어 여러분의 상을 최고의 상으로 만들어보기를 바란다.

눈과 눈썹,
마음을 드러내는 창

상학에서는 눈썹이 '목숨을 지키고 재물을 살피는 곳'으로 본다. 눈썹의 형태를 통해 수명과 재물의 정도를 판단할 수 있다는 뜻이다. 눈썹은 초미(눈썹 앞부분), 중미(가운데), 말미(끝부분) 세 부분으로 나뉘며, 눈썹 사이의 미간眉間은 하늘의 기운인 천기天氣가 흐르는 중요한 통로로 여겨진다.

미간은 눈썹 너비의 절반 정도가 가장 이상적이다. 미간이 지나치게 넓으면 천기가 흩어져 가난한 삶을 살기 쉽고, 반대로 좁으면 천기의 흐름이 원활하지 않아 초년 고생을 면하기 어렵다고 한다. 미간에 털이 많거나 점이 있는 사람은 천기가 흐르는 통로에 장애물이 있는 것과 같아 삶에 잦은 풍파를 겪게 된다. 눈썹의 끝부분인 말미가 강한 사람은 운이 약해 삶에 고난이 많으므로 기회주의적 성품이 나타나기 쉽다. 이처럼 미간이 어둡고 좁거나, 눈썹 끝이 흩어진 사람들은 대개 평온한 마음을 갖지 못하고 인상을 자주 쓴다.

불쾌함이나 화를 자주 표출하면 눈썹 근육이 경직되고 미간에 깊은 주름이 생겨 눈썹 앞부분의 털이 빠지게 된다. 이러한 습관은 자신의 기운을 스스로 깎아내리는 행위이므로 멀리해야 할 것이다.

하지만 관상은 고정된 것이 아니라 마음가짐과 노력으로 얼마든지 변화시킬 수 있다. 이것이 바로 앞에서 말한 변상법이다. 만약 자신의 미간이 좁거나 털이 많다면, 매일 정갈하게 정리하고 점이 있다면 제거하는 것이 좋다. 눈썹 끝이 흐트러져 있다면 눈썹을 다듬어 깔끔하게 관리해야 한다. 가장 중요한 것은 마음을 다스리는 것이다. 타인의 말과 행동에 쉽게 화내거나 불쾌함을 느끼는 습관을 버리고, 긍정적인 마음으로 세상을 바라보도록 노력해야 한다. 이렇게 되면 자연스럽게 인상을 찌푸리는 습관이 사라지고, 눈썹과 미간 사이에 힘이 들어가지 않아 평온하고 부드러운 얼굴을 갖게 될 것이다. 이러한 변화는 자신의 삶을 긍정적으로 변화시키고 번영을 가져오는 가장 확실한 변상법임을 잊지 말아야 한다.

한편 상학에서는 눈을 마음의 창이라고 하였다. 물론 좋은 눈을 가진 사람도 많지만, 나쁜 눈을 가진 사람 역시 아주 많다. 특히 인간이 가져서는 안 될 눈을 가진 사람도 간혹 있다. 실제로 이는 TV에 나오는 거의 모든 큰 범죄를 저지른 사람들에게서 많이 보인다. 이런 눈을 가진 사람은 세상을 정상적으로 바라보지 못하기 때문에 우리가 비상식적이라고 하는 일을 저지르는 경우가 많다.

과거 조상들이 '사람을 보는 눈을 가져라'라고 말했던 것은 좋은 사람을 구분하라는 의미도 있지만, 사실 그 숨겨진 의미는 피해야 할 사람, 절대 만나서는 안 되는 사람을 피할 수 있는 눈을 가지라는 의미도 크다. 원래 정상적인 눈은 눈동자가 눈에 꽉 차 있고, 약간의 광채가 나는 것이 당연하다. 상학에서는 이런 경우 눈동자가 클수록 좋다고 한다. 물론 눈동자가 작더라도 눈에 꽉 채워져 있다면 전혀 문제될 것이 없으며, 자신의 후천적인 노력에 따라 얼마든지 좋은 삶을 살아갈 수 있다.

하지만 눈동자가 위나 아래로 눈에 꽉 채워져 있지 못하고, 눈동자 위아래로 흰자가 보이는 경우는 절대 정상적이라고 할 수 없다. 이런 경우를 사안(뱀눈), 저안(돼지눈), 그리고 이리의 눈이라고 하는 삼백안이라 하는데, 이런 눈을 가진 사람은 성품이 포악하고 겉과 속이 다르다. 아무리 친해 보여도 반드시 아주 사악한 해를 끼치게 된다고 한다.

뱀눈　　　　　돼지눈　　　　　이리눈

우리가 일반적으로 말하는 '눈이 뒤집혔다'라는 표현은 이성을 잃은 사람에게 하는 표현이지만, 이 말 자체가 사람의 형상을 본떠 만들어진 말임을 누구나 알 수 있을 것이다. 앞서 말한, 흰자가 양옆이 아닌 위아래로 보이는 사람을 빗대어 한 말이 바로 '눈이 뒤집힌 사람'이라는 것이다.

간혹 눈이 크면 좋다거나, 눈이 작으면 성질이 못됐다고 말하는 경우도 있지만, 이는 상학과는 전혀 관계가 없고 오히려 그 반대인 경우도 많다. 항상 눈동자를 보고 사람을 판단하는 방식이 가장 정확한 판단법이다.

한 사람의 미래를 알고 싶다면 그 사람의 입을 보면 된다. 입꼬리가 아래로 처진 사람은 현재도 그러하겠지만 말년 역시 편한 삶을 살 수 없다. 입꼬리가 위로 많이 치켜 올라간 사람 역시 큰 행복을 누릴 사람은 되지 못한다. 평범해 보이면서도 웃음과 미소가 보이는 사람이 항상 운을 누리고 살아갈 사람이며, 말년 운 역시 행복하고 즐거움이 가득한 사람이다.

이렇게 사람을 볼 줄 아는 것은 불행을 만들 사람을 피하고 행복과 즐거움을 만들 사람과 친분을 쌓아 항상 좋은 삶을 살아가라는 우리 조상들의 현명함이었던 것이다.

코,
재물과 부귀의 기운

　상학에서는 코가 인간의 모든 재물운을 관장하는 곳이라고 말한다. 코는 이마에서 내려온 천기天氣가 미간을 통해 흘러내려 고이는 곳이자, 땅에서 올라온 지기地氣가 인중에 모이는 곳이기 때문이다. 흔히 코끝인 준두準頭가 높아야 재물복이 좋다고 생각하지만, 사실은 코뿌리인 산근山根에서 준두로 이어지는 코뼈의 부드럽고 곧은 모양이 재물운의 흐름에 더 큰 영향을 준다. 운이 흐르는 통로인 코는 반듯하고 깨끗해야 하며, 통로에 장애물이 없어야 기운이 새지 않는다. 상학에서는 코 자체보다 인중人中을 더 중요시하는데, 이곳이 천기와 지기가 만나는 곳이기 때문이다. 인중이 넓고 깨끗하며 치우침이 없다면 큰 부귀를 얻는다고 본다. 특히 인중을 둘러싼 법령法令, 즉 팔자주름이 재물의 땅에 모인 복이 새어나가지 않도록 얼마나 잘 감싸고 있는지가 중요하다.

　코의 모양이나 윤택함은 단순히 타고나는 것이 아니라 마음의 상태와 깊은 관련이 있다. 마음이 바르지 못하면 기운이 흐트러지고, 이는 곧 탁하고 좋지 않은 얼굴빛으로 드러난다. 반대로 올곧고 깨끗한 마음은 온화한 기운을 만들고, 코와 인중을 포함한 얼굴 전체를 윤택하게 하여 좋은 운을 끌어당긴다.

상학에서 좋지 않은 코는 코뼈가 휘었거나 굴곡이 있는 코, 움푹 들어간 코다. 이러한 코는 기운의 흐름이 불안정해 재물운이 약하고 일의 성취에 어려움을 겪게 된다. 또한 코를 둘러싼 법령이 짧아 인중을 감싸지 못하거나 입꼬리와 연결되지 않는 사람은 재물이 밖으로 새어나가기 쉽다. 현대 사회에서는 팔자주름을 없애기 위해 시술을 받는 경우가 많은데, 상학에서는 이를 자신의 재물복을 스스로 걷어차는 가장 나쁜 행동으로 본다. 세상의 모든 부자들은 인중이 법령으로 잘 둘러싸여 있으며, 특히 웃을 때 그 모습이 더욱 아름답게 나타난다. 팔자주름은 절대 인위적으로 없애서는 안 되는 것이다.

반면 좋은 코는 콧대가 반듯하고 깨끗하며, 굴곡이 없이 부드럽게 이마에서부터 코끝까지 이어진다. 코끝인 준두는 살집이 두툼하고 부드러우며, 코의 균형이 얼굴 전체와 잘 조화를 이루는 것이 좋다. 무엇보다 중요한 것은 인중이 넓고 깨끗하며, 법령이 인중을 잘 감싸고 있는 것이다. 이런 코와 인중을 가진 사람은 재물이 모이고, 그 복이 쉽게 새어나가지 않아 안정적이고 풍족한 삶을 누리게 된다. 만약 자신의 코가 반듯하지 못하다면, 이를 좋게 만들기 위한 노력이 필요하다. 코를 항상 청결하게 관리하고, 코가 휘지 않도록 바른 자세를 유지하며, 인상을 찌푸리지 않는 습관을 들여야 한다. 또한 코 주변을 자주 마사지하여 혈액 순환을 돕고, 코의 라인이 부드럽게 유지되도록 하는 것이 좋다. 특히 부드럽고 편안한 미소는 법령을 아름답게 만들고 인중 주변의 기운을 활성화시켜 재물운을 불러오는 최고의 방법이다. 늘 미소 짓는 습관은 코의 관상을 좋게 만들어 풍요로운 삶을 만드는 첫걸음이 될 것이다.

귀,
지혜와 평생의 복

　상학에서 귀는 어떤 의미를 가지고 있을까? 귀는 명예운, 건강운, 그리고 그 사람의 성품을 알 수 있는 부분이다. 명예운은 지위나 사회적 관계의 변화, 타인들의 대우 변화를 의미하며, 건강운은 귀의 모양에 따라 우리 몸의 어느 부분에 변화가 있을지를 나타낸다. 귀는 이 두 가지를 모두 판단할 수 있는 중요한 부위다. 한의학에서도 귀에 침을 놓아 내장기의 병을 다스리는 이유가 여기에 있다. 명예운과 건강운은 우리 삶의 행복을 결정짓는 핵심 요소다. 명예가 높다는 것은 타인으로부터 존경받고 사회적으로 인정받는다는 뜻이며, 건강하다는 것은 이 모든 행복을 온전히 누릴 수 있는 기본 조건이 된다. 즉, 귀의 생김새는 타고난 운명뿐 아니라 스스로 만들어가는 삶의 방향성까지 보여주는 것이다. 귀는 타고난 모양을 바꿀 수 없는 부분이지만, 상학에서는 충분히 교정하여 운을 바꿀 수 있다고 말한다.

그렇다면 어떤 귀가 가장 좋은 귀일까? 상학에서는 첫눈에 딱 들어오는 귀가 가장 좋은 귀라고 말한다. 그럼 첫눈에 들어오는 귀는 어떤 귀일까?

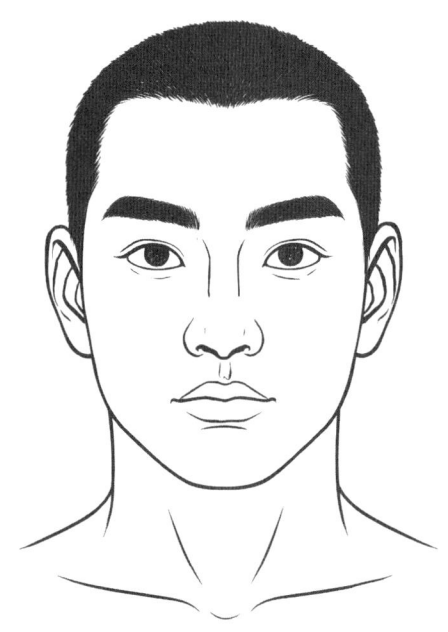

우선 그림을 한 장 보도록 하자. 얼굴을 처음 보면서 어떤 느낌이 드는가? 물론 아주 잘생겼지만, '귀가 참 시원하다'는 느낌을 받을 수도 있다. 이렇게 사람을 처음 보았을 때 귀가 가장 먼저 눈에 들어오거나 느껴지면 아주 좋은 귀를 가진 사람이라고 말한다. 많은 사람이 누구나 귀가 잘 보일 것이라 생각하지만, 사실 첫 느낌에 귀가 선명하게 보이는 사람은 흔치 않다. 좋은 귀를 가진 사람은 이 사람처럼 처음 딱 보았을 때 귀의 느낌이 선명하게 드러난다. 그 외에도 우리는 귀에 관한 이야기를 참 많이 한다. '귀가 얇다', '귀를 기울이다', '윤곽이 뚜렷하다' 등이다. '귀가 얇다'는 것은 타인의 말에 잘 속으니 주관이 약하다는 것을, '귀를 기울인다'는 것은 상대를 존중한다는 의미다. '윤곽'은 귀의 속 부분인 내이(內耳, 윤)와 외곽 부분인 외이(外耳, 곽)를 합쳐 부르는 말로, 형태를 나타내며 대표적으로 명예운과 성취운을 나타내는 곳이다.

상학에서는 귀는 두껍고 색이 밝아야 하며, 넉넉하고 단단하면서도 부드러워야 하며, 귓불이 두껍고 강해야 한다고 말한다. 그런데 모든 상학 서적에서 반드시 빠지지 않는 말이 있다. 귀는 윤택하고 붉은빛이 돌아야 하며 탄력이 있고 부드러워야 한다는 것이다. 물론 귀의 크기는 변화시킬 수 없지만, 윤택하게는 얼마든지 만들 수 있다. 두꺼움은 바꿀 수 없지만, 부드럽게는 만들 수 있다. 피부색은 바꿀 수 없지만, 붉은 선홍빛이 돌도록은 얼마든지 만들 수 있다. 이처럼 귀 관상은 얼마든지 변화시키고 바꿀 수 있다.

이제 귀의 형태와 위치를 통해 관상에 대해 알아보자. 귀의 형태는 두꺼운지, 큰지, 늘어졌는지, 작은지를 보는 것이고, 색상은 혈색이 충분히 돌고 있는지를 보는 것이다. 위치는 눈을 중심으로 귀가 위쪽에 있는지 아래쪽에 있는지를 판단한다.

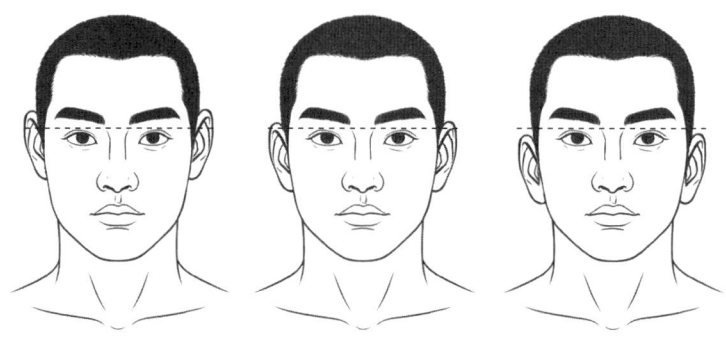

그림을 한번 보도록 하자. 귀는 이렇게 눈을 중심으로 위로 올라가 있으면 '상귀', 아래로 처져 있으면 '하귀'라고 한다. 상귀는 천지의 영향을 많이 받으니 명예욕이 많고 강직하며, 옳고 그름이 명확하고 주관이 강하다. 하지만 자칫 오만에 빠지기 쉬워 타인과의 교류에 약하니 무너질 때 크게 무너질 수 있다고 상학에서는 말한다. 하귀는 지기地氣에 영향을 많이 받으니 부귀가 있고 부드러우며 인자하고 안정적이라고 이야기하지만, 상귀에 비해 부귀와 성취에는 약하다고 판단한다. 따라서 상학에서는 이 둘을 합친 귀, 즉 귀의 중간 부분이 눈과 같은 높이에 들어오게 된다면 가장 좋다고 말한다. 지금 이 그림의 위치가 가장 좋은 위치다.

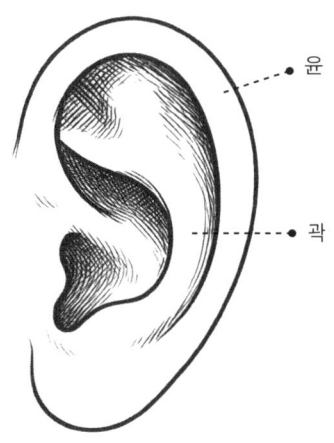

다음 그림을 또 보자. 이 부분을 '윤', 이 부분을 '곽'이라고 한다. 무엇인가를 거의 인지할 수 있을 때 '윤곽이 뚜렷하다'는 말을 자주 하는데, 이는 '확실하다'는 의미다. 따라서 윤곽이 잘 드러나는 사람이 인생이 확실한 사람이라는 의미로 상학에서는 해석한다. 윤에 힘이 없고 곽에 힘이 없다면 의지가 약하고 매사 포기가 빠르니 가까이하지 말아야 할 사람, 함께 일을 도모해서는 안 되는 사람이라고 말한다.

다음으로 귀를 반으로 접어보라. 만약 반으로 접었을 때 너무 아프다면 지금 그 사람의 몸은 아주 경직되어 있으며 기혈이 정상적으로 순환하지 못하고 있다는 반증이다. 반대로 아프지 않다면 지금 그 사람의 몸은 아주 부드러운 상태, 즉 기혈이 제대로 순환하고 있다는 이야기다.

상학은 항상 빛을 가장 우선적으로 본다. 이는 안색 또는 혈색이라고 하는데, 항상 혈색이 좋다면 최고로 치고 아무리 상이 좋아도 혈색이 좋지 못하다면 흉하게 본다. 특히 귀는 우리 몸에서 혈액 순환이 가장 어려운 곳이다. 뜨거운 물건을 집었을 때 제일 먼저 손이 가는 곳이 귀라면, 이는 우리 몸에서 귀의 온도가 가장 차갑기 때문이며, 혈액 순환이 가장 어려운 곳이라는 뜻이다. 상학에서는 귀에 선홍빛이 보이면 가장 좋다고 이야기하며, 흰빛이 있다면 병자이거나 큰 병을 앓게 된다고 본다. 검은빛이 보이면 이미 큰 병을 가지고 있거나 명이 얼마 남지 않았을 수 있다고 말한다.

물론 귀의 모양이나 위치는 절대 바꿀 수 없다. 하지만 상학에서 가장 중요시하는 것은 귀의 빛, 즉 색깔과 혈색이며, 이는 얼마든지 변화시킬 수 있다. 귀의 부드러움 또한 얼마든지 만들 수 있다. 귀 관상을 좋게 하여 충분한 명예를 얻고 성취하는 삶을 살기 위해서는 다음과 같은 노력이 필요하다.

- **귀를 자주 만져주고 마사지하기**

귀는 혈액 순환이 잘 안 되는 곳이므로, 자주 만져주고 주무르는 습관을 들이면 혈액 순환이 원활해진다. 손가락으로 귀 전체를 부드럽게 문지르거나 잡아당기는 마사지를 매일 해주면 좋다.

- **스트레스 관리**

과도한 스트레스는 기혈 순환을 방해하여 귀의 혈색을 어둡게 만든다. 평온한 마음을 유지하는 것이 귀 관상을 좋게 하는 중요한 방법이다.

· 규칙적인 운동

규칙적인 운동은 전신 혈액 순환을 개선하여 귀에까지 좋은 기운이 닿도록 돕는다.

· 따뜻하게 유지하기

추운 날씨에는 귀를 덮어주는 등 귀를 따뜻하게 유지하여 혈액 순환을 돕는 것이 좋다.

오늘부터 한 달만 귀를 자주 만져보라. 분명 안색과 혈색이 몰라보게 좋아질 것이고, 이로 인해 관상은 정말 몰라보게 달라질 것이다. 이는 동양학 이론의 가장 기본 사상인 '정해진 운명은 없다'는 이야기이기도 하다. '이놈은 잘 될 사람, 저놈은 못 될 사람'으로 운명을 단정 짓는 것이 아니라, '이러한 노력을 통해 좋은 상, 출세할 상, 부자가 될 상을 만들어가라'고 가르치는 학문이 바로 상학인 것이다.

입,
중년 이후 운의 원천

중년 이후를 담당하는 관상은 어디일까? 바로 입과 턱이다. 그렇다면 둘 중 어디가 더 중요할까? 당연히 입이 더 중요하다. 입은 하늘의 기운을 내뱉고 땅의 기운을 받아들이는 곳으로, 그 조화와 균형이 중년 이후의 운복을 좌우하기 때문이다. 이 때문에 상학에서는 입꼬리와 법령이 얼마나 잘 어우러지느냐를 통해 재물복을 판단한다. 그렇다면 입 모양은 바꿀 수 있을까? 물론 가능하다. 중년 이후에 운을 충분히 변화시킬 수 있다는 이야기다.

일반적으로 상학에서는 얼굴을 상정, 중정, 하정으로 나눈다. 상정은 이마 부분, 중정은 눈, 코, 인중 부분, 하정은 입과 턱 부분을 말한다. 상정을 초년운, 중정을 청년운, 하정을 중년운으로 구분하는 경우도 있지만, 사실 이는 틀린 말이다. 상학은 모든 것을 조화와 균형으로 판단하는 학문이다. 이 균형에 의해 앞으로 어떻게 변해갈지 예측하고, 잘못된 부분을 수정하여 더 좋은 삶을 살도록 가르치는 학문이다. 따라서 상학은 '누구는 부자 될 사람, 누구는 가난해질 사람'이라고 구분하는 것이 아니라, '이렇게 해야 가난해지지 않고 부자가 될 수 있다'고 알려주는 학문인 것이다.

그렇다면 입은 어떻게 변화시켜야 할까? 입은 땅으로부터 올라온 지기를 먹는 곳이며, 코로 호흡한 천기를 내뱉는 곳이다. 따라서 이곳을 '들어온다 나간다'고 하여 '출납관'이라고 부른다. 우리 몸은 천기가 들어오는 코와 지기가 들어오는 입을 중심으로 인중을 기준으로 상·하관이 나뉜다. 인중을 중심으로 윗부분(상관)에는 눈구멍, 콧구멍, 귓구멍처럼 구멍이 두 개씩 있다. 아랫부분(하관)에는 배꼽, 항문, 성기처럼 구멍이 하나씩 있다. 이는 천기는 아주 강하니 많이 보고, 많이 마시고, 많이 들어야 한다는 의미다. 반면, 지기는 아주 부드러우니 안정적이어야 하고, 항상 소중히 여기며 함부로 사용해서는 안 된다는 의미다. 입 역시 마찬가지다. 먹을 때 함부로 먹지 않고, 말할 때 함부로 말하지 않으며, 입으로 생기는 모든 것들은 늘 조심해야 한다는 의미를 가진 곳이다. 우리 몸은 모든 것이 다 대칭이 되고 균형이 이루어지도록 만들어져 있다. 양팔을 뻗었을 때 그 길이가 바로 키이며, 얼굴은 몸의 3분의 1이 되어야 정상이다. 이 얼굴의 하정 역시 얼굴의 3분의 1이 되어야 정상이고, 하정의 중심인 입 역시 좌우가 균형을 이루어야 한다. 이것이 상학에서 말하는 크기의 기준이다. 상학은 분명 모든 것을 크기와 모양으로 구분하려는 경향이 있다.

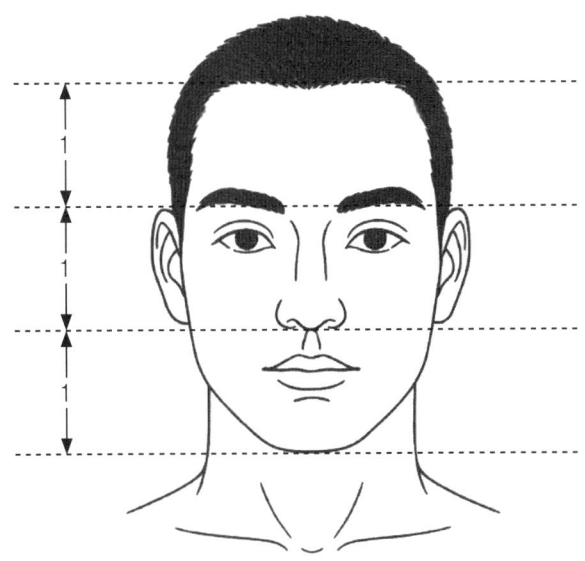

그림을 한번 보도록 하자. 앞서 말씀드린 기준보다 크다면 입이 큰 것이고, 기준보다 작다면 입이 작은 것이다.

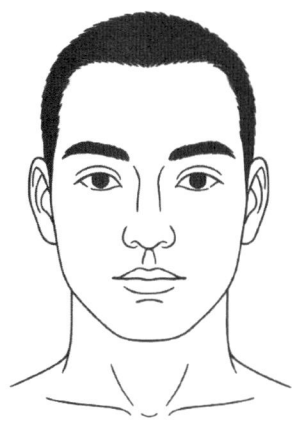

이 그림의 입이 가장 이상적인 크기다.

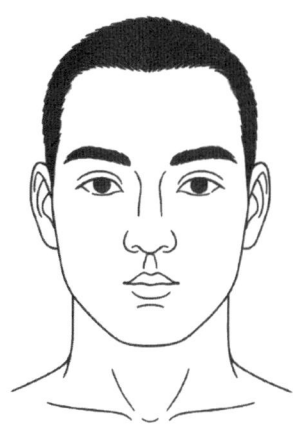

이 그림의 입은 작은 입이다. 입의 좌우 길이가 얼굴 전체 길이의 3분의 1밖에 되지 않는다. 반면, 앞 그림의 이상적인 입은 길이가 입의 길이의 2배 정도 된다. 일반적으로 다른 사람과 비교하여 입이 크다 작다 생각하지만, 상학에서는 자기 얼굴 크기를 기준으로 판단한다. 입의 좌우 라인 크기보다 얼굴 전체 길이가 2배가 되면 딱 맞는 입이고, 그보다 작다면 작은 입, 2배보다 크다면 큰 입이 되는 것이다.

상학에서는 입이 크기가 적당해야 하고, 색깔이 붉고 선명해야 하며, 입꼬리가 올라가고, 입술의 두께는 위아래가 같아야 한다고 말한다. 여기서 말하는 '입의 크기가 적당해야 한다'는 기준이 바로 이것이다. 입이 크다면 천기를 지기가 누르게 되니 자기 고집이 강하고 부드러움이 없으며 욕심이 많다. 여자의 경우 남편 복이 없고 남자의 경우 윗사람 복이 없어서 늘 자신이 모든 일을 다 해야 하니 고독하고 외로우며 공짜가 없는 삶을 살게 된다. 반대로 입의 크기가 작다면 천기가 지기와 융화되지 못하고 흘러나가게 되니 자기 복을 다 누리지 못하여 고생이 많다. 성격적으로 예민하고 소심하며 매사 자기중심적이고 이해심이 부족해서 주변에 사람이 모이지 않으니 인덕이 없다고 했다.

그렇다면 입의 크기가 작거나 크다면 어떻게 해야 할까? '타고난 것인데 어쩔 수 없지'라고 생각하지 말고, 미소 짓는 습관을 가져보라.

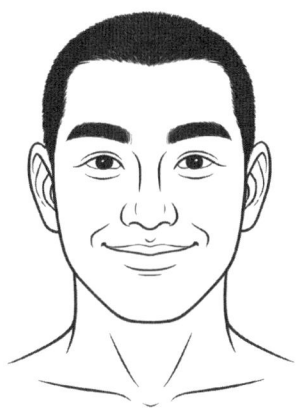

　그림처럼 미소 짓는다면 입이 아무리 작아도 입꼬리가 법령에 닿게 되니 절대 작지 않게 되고, 입이 아무리 큰 사람도 입이 휘어지게 되니 절대 크지 않은 상태가 된다. 이 때문에 상학에서는 입꼬리가 위로 올라가야 한다고 말하는 것이다. 입꼬리가 위로 올라가는 미소, 즉 은은한 웃음으로 입의 크기에 대한 모든 문제가 해결될 수 있다. 늘 입을 벌리지 않고 은은하게 웃음 짓는 습관, 이것이 바로 천기와 지기가 잘 융화되도록 만들고, 자신이 타고난 기운을 모두 발휘하는 삶을 살아가는 최고의 방법이다.

　다음으로 입은 색깔이 선명하며 붉어야 한다고 했다. 이는 과거이든 현대이든 대부분 입술 화장을 하므로 구별하기 쉽지 않다. 상학은 '남에게 보이는 것'과 '자기 자신의 건강'이라는 두 가지 측면이 있다. 스스로의 건강은 스스로 챙겨야겠지만, 남에게 보이는 부분은 화장으로 충분히 보완할 수 있으니 늘 가벼운 입술 화장을 하는 것이 좋겠다. 또한 입술의 두께 역시 윗입술이 두꺼우면 충직하고 정이 많으나 둔하고 지적 능력이 떨어지며, 아랫입술이 두꺼우면 이와 반대로 늘 자신의 생각으로 남을 속이려 하고 자기 생각만 옳다고 생각하는 신뢰가 떨어지는 사람이라고 상학에서는 말한다. 이역시 앞서 말한 은은한 미소만 지으면 위아래 입술의 크기가 달라지지 않는다. 이래서 나는 상학의 모든 운은 '은은한 웃음'이나 '품위 있고 여유 있는 웃음'으로 만들어낼 수 있다고 말해 왔고, 이 웃음이 모든 불행을 해결하는 열쇠라고 말하는 것이다.

다음으로 입의 모양이다. 상학에서는 입이 튀어나온 사람을 가장 흉하게 본다. 그 기준은 그림에서와 같이 코 바탕에서 코끝까지의 높이의 반이 입술 끝을 넘으면 튀어나온 것이고, 반이 되지 않으면 들어간 것이며, 딱 반이 될 때가 가장 이상적이다. 실제로 상학 서적 어디를 찾아봐도 입이 튀어나온 사람들의 이야기는 많지만 들어간 사람의 이야기는 나오지 않는다. 이는 튀어나오지만 않으면 된다는 이야기이며, 절대 튀어나오도록 해서는 안 된다는 이야기다. 혹시 입이 많이 튀어나왔다고 생각하는 사람이 있다면 웃어보라. 절대 튀어나오지 않을 것이다. 또한 상학에서는 입꼬리가 아래로 처진 사람을 가장 흉하게 본다. 웃어보라. 절대 입꼬리가 처지지 않을 것이다.

종합해 보면, 중년 이후의 운을 관장하는 부분은 하정이라고 상학에서는 명확하게 말한다. 이 하정의 가장 흉한 관상을 '튀어나온 입', '작은 입', '큰 입', '입술 크기가 다른 입'으로 규정하고 있는데, 이 모든 것들이 여러분의 은은한 웃음, 품위 있는 웃음, 미소 짓는 웃음으로 충분히 해결될 수 있다는 점을 명심해야 한다. 이래서 옛날 어른들이 '웃으면 복이 온다'고 말씀하셨던 것이다.

턱,
지복을 받는 그릇

상학에서는 세상에 양과 음, 하늘과 땅이 있듯이 얼굴에는 이마와 턱이 있다고 말한다. 이마가 하늘의 기운인 천기를 받는 곳이라면, 턱은 땅의 기운인 지기를 받는 곳이다. 턱은 부드럽고 안정적인 기운을 상징하며, 중년 이후의 삶이 얼마나 안정적인지를 판단하는 기준이 된다. 또한 '四柱不如觀相 觀相不如心相(사주불여관상 관상불여심상)'이라는 말처럼, 아무리 좋은 관상이라도 마음을 담는 심상만 못하다. 얼굴에서 심상을 판단하는 유일한 곳이 바로 턱이니, 턱은 우리의 노년과 삶의 안정을 책임지는 중요한 부위라 할 수 있다.

상학에서는 턱의 모양을 통해 중년 이후의 삶과 성품을 이야기한다. 둥글고 통통한 턱은 따뜻한 봄의 기운을 가진 사람으로, 온화하고 착실하며 배움에 대한 기운이 강해 말년운이 아주 좋은 최상의 턱이다. 부드러운 성품과 치밀함에 의해 재력과 말년이 정해진다. 뾰족한 턱은 서늘한 가을의 기운을 지녀 예민하고 원칙을 중요시하지만, 자신감의 유무에 따라 재력이 결정되고 따뜻한 감성을 가질수록 말년이 좋다. 긴 턱은 차가운 겨울의 기운을 가졌지만 내면은 온화하고 인기가 많으며, 적극성과 차분함에 따라 재력과 말년운이 달라진다.

각진 턱은 뜨거운 여름의 기운을 가진 사람으로, 행동력이 강하고 추진력이 뛰어나다. 치밀함과 부드러움의 유무에 의해 재운과 말년운이 만들어진다. 이중턱은 사계절의 특성을 모두 가진 토형土形의 기운을 지녀, 인자하고 성실하며 느긋한 성품의 소유자다. 변화에 약하지만 부드러움과 융통성, 그리고 자신감의 유무에 의해 재운과 말년운이 결정된다. 울퉁불퉁한 턱은 초여름의 기운을 지닌 사람으로, 침착하지만 정이 많고 즉흥적인 면이 있다. 계산적이고 양보를 잘하는지에 따라 재운과 말년운이 정해진다. 주걱턱은 초가을의 기운을 지녔으며, 침착하고 정확하지만 자신의 의견만 고집하는 경향이 있다. 인자함과 열정의 유무에 따라 재운과 말년운이 달라진다.

턱이 작고 빈약한 사람은 안정적이고 선하지만 끈기와 적극성이 부족하며, 끈기와 꾸준함, 그리고 자신에 대한 확신이 말년운을 결정한다. 넓은 턱은 늦봄의 기운을 가진 사람으로, 강한 행동력과 넓은 아량이 있지만 질투심이 강해 승부욕이 지나치다는 단점이 있다. 대범함과 적극성에 의해 재운과 말년운이 만들어진다. 좁고 뾰족한 턱은 시원한 가을의 기운을 지닌 사람으로, 원칙적이고 신경질적으로 보이지만 내면은 소심하고 약한 경우가 많다. 적극성과 인자함이 재운과 말년운에 영향을 미친다.

이처럼 사람의 근본 성품인 천성天性에 따라 턱의 모양이 후천적으로 만들어진다. 많은 사람이 관상은 변하지 않는 것이라 생각하지만, 몇 년 만에 만난 친구의 얼굴이 완전히 달라진 것을 보았듯이 우리의 삶의 변화는 얼굴에 그대로 드러난다. 이처럼 마음가짐과 생활 방식에 따라 얼굴은 물론이고 체형과 체상體相 역시 달라질 수 있다. 이는 곧 우리가 늘 운을 얻을 마음과 생각으로 살아가야 한다는 조상들의 가르침이다.

우리는 턱의 종류와 그것이 나타내는 성품, 그리고 운을 살펴보았다. 자신이 혹 좋지 않은 턱의 모양을 가졌다고 해도 낙담할 필요는 없다. 턱은 후천적인 노력으로 얼마든지 바꿀 수 있다. 늘 긍정적이고 후덕한 마음을 가지고, 올바른 자세로 생활하며, 꾸준한 운동과 마사지로 턱 주변의 혈액 순환을 돕는다면 지기의 흐름이 원활해질 것이다. 또한, 차분하고 평온한 마음을 유지하는 것이 중요하다. 이처럼 좋은 습관과 마음가짐은 턱의 모양을 바꾸고, 궁극적으로 중년 이후의 삶을 안정적이고 풍요롭게 만들어줄 것이다.

인생이 풀리는
손금

 중년 이후에 운이 트이는 손금이 따로 있을까? 물론 있다. 손금에 그 운이 나와 있다는 말인가? 물론 확실히 나와 있으며, 이를 우리는 운명선이라고 한다. 손금에는 기본적인 세 가지 선이 있다. 우선 그림을 보도록 하자.

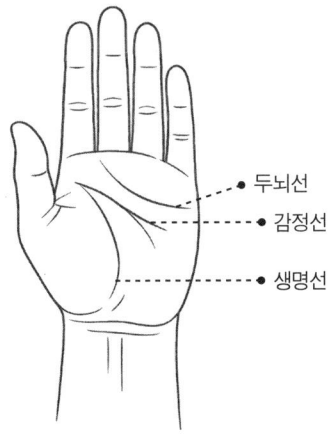

이것이 바로 생명선이다. 이곳은 얼마나 오래 장수할지, 얼마나 건강하게 잘 살아갈 수 있을지를 판단하는 부분이다. 인생의 모든 과정을 담고 있으니 가장 중요한 선이라고 할 수 있다. 다음은 두 번째 손금, 즉 두뇌선이라고 하는 곳이다. 바로 이것이 두뇌선이다. 이는 우리의 사고방식이나 두뇌 활동에 관한 모든 것이 나와 있는 선이다. 다음은 감정선이다. 바로 이 부분이다. 이는 그 사람의 감수성이 얼마나 뛰어난지, 얼마나 정이 많고 뛰어난 판단력을 가졌는지를 말해주는 손금이다.

그렇다면 우리 인생이 확 풀려나가는 것은 무엇을 보고 알 수 있을까? 바로 이것이다. 상학에서는 이것을 운명선이라고 하며, 삶의 큰 변화가 나타나는 선이라고 말한다. 또한 우리 인생의 희로애락을 전부 말해주는 곳이라고 할 수 있다. 결혼, 인생의 전환기, 부귀영화가 모두 드러나 있으며 이를 판단하는 곳이라는 것이다. 이 선의 힘참과 선명함으로 우리는 그 사람이 얼마나 성공할 사람인지를 판단한다. 이 선은 다음 그림처럼 중지 가운데에서 손목까지 연결되는 선이다.

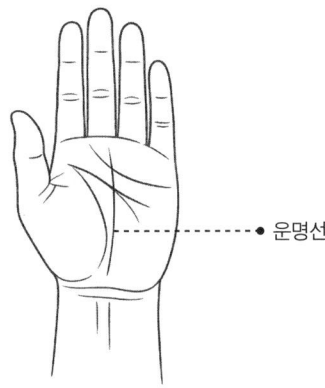

운명선

우선 이 선을 나이별로 구분할 필요가 있다. 이곳은 누구에게든 언제 운이 들어오게 되는지 분명히 알 수 있는 곳이니 이 그림을 잘 보도록 하자. 우선 손바닥을 이렇게 10등분으로 나눈다.

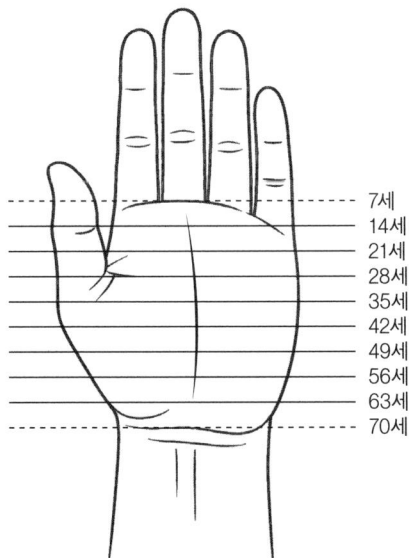

7세
14세
21세
28세
35세
42세
49세
56세
63세
70세

그리고 중지 손가락이 시작되는 곳에서부터 운명선이 연결되어 있는데, 여기서부터 7세가 된다. 이 한 단락은 7세씩 계산하면 된다. 그럼 여기가 14세, 여기가 28세가 된다. 다음으로 여기는 42세가 될 것이고, 여기는 56세가 된다. 마지막으로 여기는 70세가 될 것이다. 이렇게 나이별로 구분을 해보았다. 이제 이 선에 어떠한 일이 생기면 운이 트이고 그것이 언제가 되는지 한번 보도록 하자.

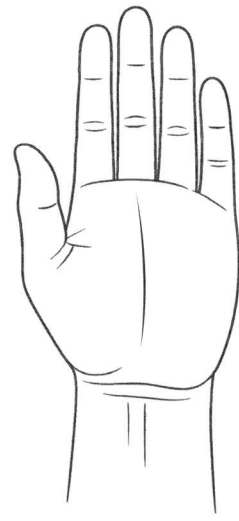

이 그림은 운명선이 길고 강하게 잘 뻗어 있으며, 이렇게 지선(옆으로 갈라지는 지류)이 강하게 만들어져 있는 손금이다. 이러한 손금은 한순간의 행운으로 풍요로움을 얻고 그 풍요로움이 운명선이 끝나는 시기까지 지속된다고 한다. 앞서의 운명선 나이 측정법을 참고하면, 이 지선이 생기는 곳이 바로 그 행운이 들어오는 나이다. 물론 이 지선은 이렇게 세워져 있을 수도 있고, 눕혀져 있을 수도 있다.

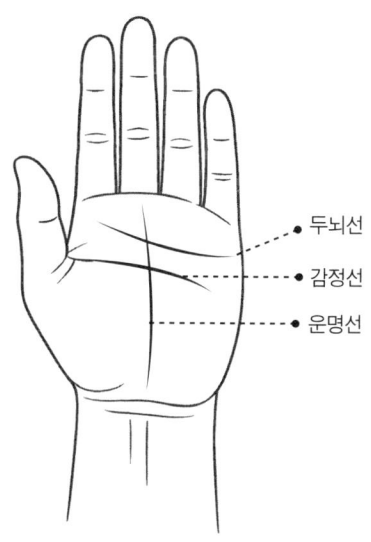

두 번째 그림은 간혹 '삼지창 손금'이라는 말을 하는 사람도 있다. 하지만 정확하게 말하면 '초선삼금超線三金'이라고 하는 손금이다. 이 지선이 운명선과 양쪽으로 만들어져 있는데, 이 지선이 두뇌선과 감정선이다. 따라서 운명선과 두뇌선, 감정선이 겹치게 되고, 이것이 세 선으로 보인다고 하여 사람들은 삼지창 손금이라고 부르는 것이다. 이 손금은 젊은 시절부터 부를 쌓아가는 모습이며, 부귀와 명예를 한꺼번에 얻는다고 하는 손금이다. 부귀와 명예가 운명선이 끝나는 부분까지 이어지니, 매우 오래도록 부자 생활을 한다고 한다.

　다음 그림은 장사를 하거나 사업을 한다면 거부가 된다는 손금이다. 이 손금은 지선이 운명선과 만나지는 않으나, 만난다고 가정하여 그 나이대를 측정한다는 것이다. 이렇게 연결해 보면 만나는 부분의 모든 지선이 운명선에 도움을 주게 된다는 의미로 해석된다. 이렇듯 모든 부자가 되는, 크게 성공하는 손금은 모두 지선이 운명선과 연관이 있는 손금들이다. 이는 스스로의 힘도 중요하지만 누군가의 도움, 즉 사람의 도움이 꼭 필요하다는 이야기이기도 하다.

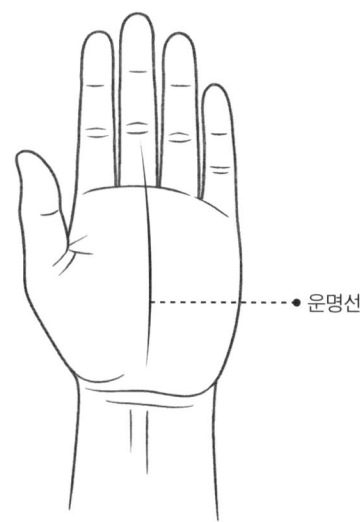

운명선

　단 하나의 예외가 있다. 이제 보여드릴 그림이다. 이 손금은 과거에는 '역천逆天의 손금'이라고 했다. 운명선이 중간 가운데 손가락을 뚫고 지나가 있는데, 하늘을 뚫는다고 하여 역천이라고 불렀다. 과거에는 최고의 손금이라고도 했고, 최악의 손금이라고도 했다. 하지만 현재는 조선 시대처럼 계층이 정해진 시대가 아니다. 아마 최고의 손금으로 보는 것이 맞을 것이다. 이렇게 운명선에 의해 부자와 가난한 사람, 성공과 부가 만들어진다고 말하는 것이 바로 손금이다. 또한 지선이 운명선에 힘을 보태줄 때 삶이 좋아진다고 말한다.

　그렇다면 손금은 변할 수 있는 것일까? 절대 변하지 않는 것일까? 분명히 변한다. 손금은 손의 움직임에 의해 손바닥에 생기는 주름이다. 손의 근육이 자주 움직이는 쪽으로 편하게 하기 위해 주름이 생기는 것이다. 그렇다면 손을 자주 움직이게 되면 근육이 변하고 그 주름 역시 변하게 된다. 우리 수상학에서는 손금이라는 것이 우리의 운명을 예측하는 것이라고 할 때, 손을 어떻게 움직이느냐에 따라 이 주름이 변하고 손금이 바뀌니 우리의 운명 역시 얼마든지 바꿔낼 수 있다고 말한다.

 내가 늘 말하는 것은 우리의 운명은 스스로 개척하는 것이고, 절대 정해진 운명 같은 것은 없다는 것이다. 손금 역시 손의 운동을 자주 해주고 손을 자주 꾹꾹 눌러주면 혈액 순환이 달라지고 손의 근육 역시 바뀌게 된다. 이로 인해 손금도 달라지니 누구든 운명 역시 달라지게 된다. 이 운명선 역시 왼손과 오른손을 포개어 꾹꾹 눌러보라. 하루에 서너 번 힘주어 한 달만 이렇게 눌러주면 혈액이 잘 순환하고 있다는 것을 누구라도 느끼게 될 것이다. 혈액 순환이 잘 되니 당연히 건강 역시 좋아지게 될 것이다. 또한 이렇게 눌러주게 되면 손금 역시 변하게 되며, 이로 인해 운명 역시 달라지게 된다.

 그리고 틈나는 대로 손가락을 자주 움직여라. 손에 힘을 주고 손가락을 폈다 오므렸다 하는 식으로, 마치 아기가 '잼잼'을 하듯이 틈나는 대로 움직여보라. 이는 혈액 순환과 손가락 근력 강화에 최고다. 손금이라는 것도 손바닥의 근육이 잘 움직이게 하기 위한 주름이고, 이는 손가락이 잘 움직이도록 돕는 기능이다. 손금을 만든 이유 역시 손가락은 우리 내장기를 말하는 기관이니, 너무도 중요한 기관이니 자주 움직여서 근력을 강화시키고 혈액 순환을 원활하게 만들어야 한다는 우리 조상들의 현명함이 아닐까 싶다.

성형하면
관상이 바뀔까

얼굴을 바꾸면 과연 운명이 달라질까? 관상학자의 관점에서 보면, 얼굴은 단순한 외모를 넘어 한 개인의 기운과 운을 담고 있는 그릇이다. 인위적인 변화는 그 흐름을 바꿀 수 있지만, 모든 변화가 긍정적인 결과를 가져오는 것은 아니다. 어떤 부분은 수정함으로써 운을 좋게 만들 수 있지만, 어떤 부분은 오히려 타고난 복을 깎아내릴 수 있다. 상학의 관점에서 성형수술을 고민하는 이들을 위해 얼굴 각 부위별 의미와 현명한 선택의 기준을 살펴보자.

얼굴에 있는 점은 기운의 흐름을 막는 장애물로 여겨진다. 물길 한가운데 놓인 돌처럼, 점 주변의 기운을 거칠고 불안정하게 만들기 때문이다. 타고난 기운이 너무 유순해 손해를 보는 경우가 아니라면, 얼굴의 점은 빼는 것이 기운의 흐름을 원활하게 하여 운을 좋게 만든다. 반면 몸에 있는 점은 운의 저장고로 여겨져 빼지 않는 것이 좋다.

눈은 인생의 모든 운을 담고 있는 가장 중요한 부위다. 쌍꺼풀 수술은 눈의 형태를 크게 바꾸지 않으므로 비교적 괜찮다고 보지만, 눈의 앞뒤를 트는 수술은 운의 흐름을 격하게 만들 수 있어 신중해야 한다. 이런 수술은 많은 사람을 만나야 하는 특정 직업군에는 도움이 될 수 있으나, 일반인에게는 삶의 굴곡을 심화시킬 수 있다.

코는 재물복을 뜻하는 '재백財帛'으로 불린다. 코의 형태가 심하게 휘었거나 너무 낮아 기운의 흐름이 불안정하다면 수술을 통해 안정시키는 것이 좋다. 하지만 별다른 문제가 없는 코를 인위적으로 높이거나 변형하는 것은 기운의 흐름을 거칠게 만들어 큰 재정적 불행이나 삶의 난관을 초래할 수 있다. 특히 재물을 가두는 역할을 하는 콧방울은 두툼할수록 좋은 상이므로, 이 부위는 절대 손대지 않는 것이 좋다.

단, 얼굴에 생긴 상처는 즉시 없애는 것이 좋다. 얼굴의 흉터는 삶의 큰 변화를 예고하는 징표이며, 대개 좋은 방향이 아닌 경우가 많다. 운과 복은 누구에게나 정해져 있지만, 얼굴의 상처는 그 복을 약화시키거나 사라지게 만들 수 있으므로 적극적으로 치료해야 한다. 반면, 팔자주름이라 불리는 '법령'은 재물을 가두는 중요한 부위로, 뚜렷하고 깊을수록 좋은 상이다. 이 부위를 인위적으로 없애는 것은 재물창고의 벽을 허무는 것과 같으므로 절대 손대지 않는 것이 좋다.

눈가의 주름은 두 가지로 나뉜다. 잔잔한 주름은 말년의 행복을 예고하는 길조이므로 그대로 두어야 한다. 하지만 깊고 굵은 주름은 불행한 말년을 암시할 수 있으니, 완화시키거나 제거하는 것이 좋다. 이마의 주름 역시 펴는 것이 좋다. 이마는 하늘의 기운을 받는 곳으로, 주름이 깊게 파이면 삶의 고난과 불행을 암시하기 때문이다. 다만, 미간이 좁은 사람에게는 주름이 좋은 역할을 하기도 하지만, 대부분의 경우 주름이 없는 깨끗한 이마가 운의 흐름에 좋다. 얼굴의 살이 처지는 현상은 노화 작용이므로, 관상과는 무관하다. 이 부분은 개인의 선택에 따라 관리해도 무방하다. 인상을 바꾸려는 노력이 운을 바꾸는 시작이 된다. 좋은 관상과 인상을 만들고자 노력할 때, 운은 비로소 당신에게 찾아올 것이다.

얼굴은
운명을 비추는 거울

 당신은 자신의 얼굴에 담긴 운명의 신호를 얼마나 알고 있는가? 관상학은 그 사람의 얼굴과 체형을 통해 살아온 과정을 읽고, 미래를 예측하는 학문이다. 하지만 이것은 정해진 운명을 이야기하는 것이 아니라, 좋은 상을 만들어 당신의 미래를 바꾸라는 의미를 담고 있다. 지금부터 당신의 삶을 부와 행복으로 이끌어줄 여섯 가지 관상 비법을 다룰 것이다.

 첫째, 치아를 건강하게 관리해라. '치아는 오복 중 하나'라는 말이 있다. 이는 치아가 건강해야 장수와 재물복이 따른다는 뜻이다. 양치질만으로는 부족하다. 워터픽 같은 보조 도구를 사용해 치아 사이의 이물질을 깨끗하게 제거하고, 치아 건강을 지키는 습관을 들여라. 치아가 건강할 때 비로소 당신의 삶에 복이 들어온다.

 둘째, 눈썹 앞머리를 진하게 만들어라. 눈썹은 그 사람이 얼마나 큰 부를 가질 사람인지를 보여주는 중요한 요소다. 부자들의 눈썹은 모두 동일한 특징을 가지고 있다. 바로 눈썹의 앞부분(초미)이 중간이나 끝부분(중미, 말미)보다 훨씬 진하고 강하다는 것이다. 눈썹의 초미는 이마에서 내려온 좋은 기운이 코로 내려가는 통로이므로, 이곳이 강해야 재물운이 끊기지 않는다. 화장할 때 눈썹 앞머리에 포인트를 주어 재물복을 끌어당겨라.

셋째, 맑고 청한 눈을 가져라. 눈은 마음의 창이다. 눈의 모양보다 더 중요한 것은 눈동자의 맑음과 청함이다. 눈이 맑고 청할 때 사람들은 당신에게서 자신감과 선함을 느낀다. 눈을 맑게 만들려면 마음속에서 악한 마음, 미워하는 마음을 버려야 한다. 여유롭고 너그러운 마음을 가질 때, 당신의 눈은 빛나게 되고 이는 모든 불행을 막아주는 방패가 될 것이다.

넷째, 말을 고급스럽게 해라. 말은 마음의 표현이자 그 사람의 인품을 나타낸다. 말을 고급스럽고 여유롭게 하는 사람은 자연스럽게 부와 행복을 끌어당긴다. 성공한 사람들은 절대 상대를 무시하거나 비방하지 않으며, 자신의 잘남을 드러내려 하지 않는다. 항상 상대를 존중하는 말을 사용해라. 당신의 언어가 바뀔 때, 당신의 인복은 무한대로 커질 것이다.

다섯째, 당당한 체형을 만들어라. 당신의 건강과 행복은 체형에서 시작된다. 몸이 건강하지 못하면 정신도 건강할 수 없고, 결국 성공과 행복을 얻을 수 없다. 등을 구부리지 말고, 머리를 숙이지 마라. 항상 머리를 들고 정면을 바라보며 당당하게 걸어라. 어깨를 펴고 허리에 힘을 주는 습관을 들이면 좋은 복과 운이 들어올 뿐만 아니라, 당신의 건강 또한 좋아질 것이다.

여섯째, 액세서리 하나는 꼭 착용해라. 금이나 은으로 된 액세서리는 당신의 기혈 순환을 돕고, 자신감과 자존감을 높여주는 영양제와 같다. 많은 것을 할 필요는 없다. 반지, 귀걸이, 목걸이 중 하나라도 몸에 지니고 다녀라. 이는 부자들이 반드시 지키는 습관 중 하나다. 자신에게 맞는 액세서리를 찾아 착용하면, 당신의 삶에 긍정적인 에너지를 불러들일 수 있다.

이처럼 당신의 얼굴과 몸을 가꾸는 것은 단순한 외모 관리가 아니다. 당신의 삶을 바꾸고, 운명을 개척하는 가장 확실한 방법이다. 오늘부터 이 여섯 가지 관상 비법을 실천하여 당신의 삶에 부와 행복을 끌어당겨라.

6부

뿌려야 할 때와 거두어야 할 때

계절과 시기

1월과 2월,
시작은 언제나 중요하다

　새해의 첫 달을 어떻게 보내느냐에 따라 한 해의 운이 좌우될 수 있다. 선조들은 '운은 정월(1월)에 생기고 복은 6월에 들어온다'고 했다. 이는 한 해의 운이 1월에 싹트기 시작하여, 그 결실이 반년이 지난 후에야 나타난다는 뜻이다. 그러므로 이 달은 어느 때보다 신중하고 조심스럽게 보내야 한다.

　한 해의 시작은 큰 변화나 변동을 피하는 것이 현명하다. 1월에는 이사를 하거나 집 수리를 하는 등 삶의 터전에 큰 변화를 주는 것을 삼가야 한다. 과거 '섣달에는 이사하는 것이 아니다'라는 말도 여기서 비롯되었다. 만약 부득이하게 이사를 해야 한다면, 떠나는 집을 깨끗이 청소하고, 새로 들어갈 집을 며칠 비워두었다가 입주하는 것이 좋다. 이러한 작은 노력은 새 보금자리에 불운이 깃드는 것을 막아줄 것이다.

　또한 이 시기에는 부정적인 기운이 있는 곳을 멀리하고 긍정적인 에너지를 가까이해야 한다. 장례식장이나 병원처럼 슬픔이 있는 곳은 가급적 피하는 것이 좋다. 물론 피치 못할 사정으로 방문해야 할 때는 반드시 몸에 지닐 것을 챙기고, 너무 오래 머물지 않아야 한다. 대신 잔치나 경사가 있는 곳에는 기꺼이 참석하여 밝고 좋은 기운을 나누는 것이 좋다. 이렇게 함으로써 올 한 해 당신의 삶에 즐거움만 가득하게 될 것이다.

집안의 기운을 따뜻하고 밝게 유지하는 것도 중요하다. 좋은 운은 양기로 대변되며, 추위와 어두움은 좋은 기운이 머물지 못하게 만든다. 1월 한 달 동안 집안을 따뜻하고 밝게 유지해야 한다. 춥고 어두운 집에서 생활하면 한 해 내내 어려움이 따를 수 있다. 특히 거실처럼 가족이 함께 모이는 공간은 늘 밝고 따뜻하게 해두어야 가정의 화목이 이어질 것이다.

언행을 신중히 하고 다툼을 피하는 지혜가 필요하다. 한 해가 시작되는 달에 구설수나 다툼에 휘말리면 운의 흐름이 막힐 수 있다. 1월에는 타인과 언쟁하는 것을 삼가고, 혹여 험한 소리를 듣더라도 허허 웃으며 물러나는 여유를 보여야 한다. 운은 말로 만들어지고 또 말로 커지는 법이다. 시작부터 좋은 말만 하고 좋은 말만 들으려고 노력하면, 한 해 내내 불행은 찾아오지 않을 것이다.

과도한 음주나 향락을 피하고 경건한 마음으로 새해를 맞이해야 한다. 시작이 방탕하면 좋은 결과를 기대하기 어렵다. 과거 왕실에서도 새해 첫날에는 잔치를 열지 않았던 이유도 여기에 있다. 특히 정초 열흘 동안은 음주나 향락을 자제하고, 모임이 있더라도 절제하는 미덕을 지켜야 한다. 경건하고 차분한 시작은 한 해 동안 당신의 운이 성장하고 커지는 튼튼한 기반이 되어줄 것이다.

재물운을 키우는 습관도 중요하다. 연초에는 나가는 것보다 들어오는 것이 더 많아야 한다. 과한 지출이나 불필요한 소비는 피하고, 웬만한 것은 바꾸거나 버리지 않는 것이 좋다. 특히 정초 열흘 이전에는 소비를 더욱 조심해야 한다. 시작부터 돈이 나가기 시작하면 한 해 내내 재정적인 어려움을 겪을 수 있으니, 지혜로운 소비 습관을 들이는 것이 좋다.

웃음은 운과 복을 만드는 가장 좋은 방법이다. 이 시기에는 의식적으로라도 많이 웃으려고 노력해야 한다. 한 해의 시작이 즐겁고 행복하면 그 즐거운 기운이 이어져 불행을 막아준다. 당신이 먼저 웃으면 가족과 친구, 동료 모두가 함께 웃게 된다. 항상 만나는 사람마다 미소로 대하면, 예상치 못한 행운이 찾아오거나 한 해 내내 즐거운 일만 가득하게 될 것이다.

마지막으로 음식으로 인해 탈이 나지 않도록 주의해야 한다. 동양 사상에서 음식은 '식복食福'을 의미하며, 이는 곧 재물운과 연결된다. 음식을 먹고 탈이 나는 것은 운의 흐름이 막히는 좋지 않은 징조로 여긴다. 특히 한 해의 시작인 이맘때는 더욱 조심해야 한다. 음식은 부족해서도 안 되고 과해서도 안 된다. 모든 일에 있어 과한 욕심을 버리고, 여유롭고 너그러운 마음으로 한 해를 시작한다면 운과 복이 당신을 찾아올 것이다.

3월과 4월,
만물에 생명력을 불어넣어라

봄은 화창하고 따스한 기운이 만물에 생명력을 불어넣는 시기다. 2월에 입춘이 있지만, 겨울의 기운이 남아 있어 진정한 봄은 3월부터 시작된다고 할 수 있다. 올봄에는 지금부터 알려주는 지혜를 꼭 실천하여, 한 해의 운을 키우고 삶에 긍정적인 변화를 만들어보자.

집에 손볼 곳이 있다면 봄에 고치는 것이 좋다. 풍수에서는 '봄에는 만들고 여름에는 키우고 가을에는 거두며 겨울에는 쉰다'고 한다. 집을 수리하기 가장 좋은 시기가 바로 봄이다. 이때 집을 고치면 어떤 해도 없다는 것이 풍수학적 견해이며, 실제로 우리 조상들도 겨울 동안 생긴 문제들을 봄에 고치곤 했다. 집은 우리의 기운을 강하게도, 약하게도 만드는 중요한 공간이므로, 늦어도 4월 안에는 수리를 마쳐 운을 강화해야 한다.

새로운 가구를 들이거나 낡은 가구를 버릴 때도 봄이 가장 적절하다. 봄은 들어오고 나가는 것에 대해 어떤 해도 생기지 않는 시기이기 때문이다. 다만, 중고 물건을 집 안으로 들일 때는 약간의 비용이라도 지불하는 것이 좋다. 이는 새로운 기운이 가득한 봄과 중고 물건의 기운이 부딪치는 것을 막아줄 수 있다.

옷장과 이불장을 깨끗이 정리해야 한다. 봄은 생기가 살아나고 만물이 성장하는 시기다. 옷장은 재물운이 살아나는 중요한 공간 중 하나이므로, 이곳이 제대로 정리된 가정은 부유로운 삶을 살아갈 수 있다. 늦어도 3월 안에는 옷장과 이불장을 정리하여 깨끗하고 맑은 기운이 재물운을 성장시킬 수 있도록 해야 한다.

새해에 세웠던 계획들을 다시 한번 점검해야 한다. 봄은 시작의 계절이므로, 한 해의 계획을 다시 한번 정리하고 마음을 다잡는 것이 중요하다. 계획을 세우는 것은 누구나 할 수 있지만, 그 계획을 꾸준히 실천하는 것이 삶의 성패를 가른다. 지금이야말로 내가 세운 계획이 얼마나 잘 실행되고 있는지 점검하고, 부족한 점을 보완할 좋은 시기다.

건강을 위해 운동을 시작해야 한다. 봄에는 계절의 변화로 인해 피곤함을 느끼기 쉽다. 사주학에서는 재물운과 건강운을 동일시하며, 건강하지 못한 사람에게는 부유함이 찾아오지 않는다고 말한다. 올 한 해는 큰 재물적인 변화가 생길 수 있으니, 봄에라도 하나의 운동을 시작하여 건강을 챙긴다면 돈복은 저절로 따라올 것이다.

정월에 준비했던 풍수 아이템들을 다시 한번 점검해야 한다. 현관의 발 매트, 수건, 현관에 걸어둔 종, 냉장고와 창가의 정리 상태, 주방 창가의 작은 식물 등 당신의 운을 키우기 위해 배치했던 물건들을 다시 한번 살펴보자. 혹 문제가 있다면 즉시 해결하여 올 한 해 거대한 재물복을 맞이할 준비를 해야 한다.

　마지막으로 집안에 손 볼 곳은 없는지 다시 한번 확인해야 한다. 예부터 집을 고치고 바꾸는 것은 정월이나 윤달에 하는 것이 좋다고 했다. 이는 단정하게 정비된 집에서 새로운 한 해를 맞이하라는 의미가 담겨 있다. 아직 마음속에만 담아두었던 집안의 작은 불편함이 있다면 이 달 안에 해결하여 깨끗한 공간에서 한 해를 시작하자. 다만 집 안에 쇠로 된 큰 못을 박는 일만은 삼가야 한다.

5월과 6월,
성장하고 드러나는 달

　5월을 서양에서는 '계절의 여왕'이라고 부른다. 이처럼 이 시기는 1년 중 가장 기운이 왕성해지는 때로 동양에서는 한 해의 모든 운이 성장하고 드러나기 시작한다고 본다. 이 시기에 실천해야 할 지혜들을 통해 올 한 해의 좋은 운을 온전히 얻어 보자.

　동양에서 재물은 '안内'으로부터 생겨난다고 했다. 이 시기에는 가정의 평안을 책임지는 '안주인', 즉 아내의 역할이 가장 중요하다. 이 시기에 아내가 행복하고 안정되면 한 해 동안 모든 일이 순조롭게 풀리지만, 아내가 불안정하고 불행하면 가정에 금전적 어려움과 불운이 따를 수 있다. 그러므로 이 시기는 아내의 즐거움과 행복을 위해 무엇이든 노력해야 한다.

　풍수에서는 화火의 기운이 시작되는 여름에 날카로운 물건이 눈에 띄면 운이 꺾인다고 한다. '여름에는 칼도 갈지 마라'는 말처럼, 주방의 칼이나 날카로운 물건들은 보이지 않는 곳에 보관하고 꼭 필요할 때만 사용해야 한다.

  이 시기에 집 안에 꽃이나 꽃나무를 두면 좋다. 특히 5월에 꽃을 잘 피우는 집은 크게 번영한다고 보았다. 꽃이 없는 가정이라면 아내를 위해 꽃 한 송이라도 선물하여 가정에 아름다운 기운을 불어넣자. 이는 당신의 삶에 행복과 번영을 가져다줄 것이다.

  또한 이때는 운이 본격적으로 성장하고 드러나는 시기다. 올 한 해의 목표를 다시 한번 점검하고, 그 목표를 위한 행동과 습관들을 다시 확인해야 한다. 혹 아직 목표를 세우지 못했거나, 게을러져 실천하지 못하고 있다면 지금이라도 다시 시작해야 한다. 이 노력이 가을에 당신이 상상치도 못했던 행복과 번영을 얻는 밑거름이 될 것이다.

7월과 8월, 온순하지만 때로는 난폭하다

이제 본격적인 장마철이 시작되며, 음식물 관리에 각별히 신경 써야 하는 시기다. 1년 중 식중독이나 장염이 가장 많이 발생하는 때이므로, 조금이라도 찜찜한 생각이 드는 음식은 과감히 버려야 한다. 특히 기력이 떨어지기 쉬운 때에 이런 질환에 걸리면 고통이 더욱 크고 회복도 더디다. 건강하게 7월을 보내야 다가올 운과 복을 맞이할 수 있다.

소서가 시작되는 7월에는 초복과 중복이 있다. 이는 우리 조상들이 이 시기에 영양 섭취가 중요함을 강조한 지혜다. 미월은 오행상 토土에 해당하며 안정적인 재물을 의미한다. 위장이 튼튼해야 재물운이 살아나므로, 7월에는 좋은 음식을 충분히 섭취하여 건강을 지켜야 한다. 다만, 상했거나 찜찜한 음식은 반드시 피해야 한다.

장마철이 되면 습도 때문에 잠을 설치기 쉽다. 숙면을 취하지 못하면 다음 날 삶에 막대한 해가 된다. 7월에는 침구를 새것으로 교체하거나 쾌적하게 관리하여 편안한 숙면을 취하도록 노력해야 한다. 편안한 잠은 좋은 운을 얻는 가장 중요한 조건이다.

냉장고는 가정의 재물을 상징하는 곳이다. 1년 중 냉장고 사용이 가장 많은 7월에는 냉장고를 깨끗이 정리해야 한다. 오래된 음식이나 유통기한이 지난 식품을 버리고, 깨끗하게 청소하여 좋은 기운이 집안으로 들어오게 해야 한다. 냉장고에서 냄새가 나지 않도록 관리하는 것만으로도 재물운을 높일 수 있다.

음력 6월(양력 7월)에는 이사를 자제하는 것이 좋다. '음력 6월 이사는 조상도 말린다'는 말이 있을 만큼, 이 시기는 할 일이 많고 분주하여 집안에 큰 변화를 주는 것이 좋지 않다. 부득이하게 이사를 해야 한다면, 이사에 좋은 날을 택일하여 신중하게 진행해야 한다.

여름은 나이 드신 분들의 건강이 가장 위험해지는 시기다. '여름에 얻은 병은 잘 낫지 않는다'는 말처럼, 기력이 약해지기 쉽기 때문이다. 인간이 얻을 수 있는 가장 큰 복은 부모님께 효도하며 얻는 천복天福이다. 이 달에는 부모님께 자주 연락드리고 건강을 챙겨드려야 조상복을 받고 올 한 해를 평안하게 보낼 수 있다.

'더위를 먹는다'는 표현은 '병을 얻는다'는 부정적인 의미와 통한다. 기력이 약해지는 이 시기에는 더위로 인한 질병에 걸리지 않도록 각별히 유의해야 한다. 몸을 따뜻하게 보호하고, 너무 차가운 음식을 많이 먹지 않도록 조심해야 한다. 더운 날씨에 땀을 흘리면 몸속 장기는 차가워지므로, 시원한 곳에서 따뜻한 음식을 섭취하며 건강을 관리해야 한다.

9월과 10월,
한 해의 결실을 수확하라

　9월과 10월은 한 해의 운을 수확하는, 어쩌면 1년 중 가장 중요한 달이다. 이 시기에 우리가 어떻게 행동하느냐에 따라 한 해의 운과 복의 결실이 크게 달라질 수 있다. 특히 조상복과 연결된 추석이 있는 만큼, 조상님과 가족을 향한 정성과 존경의 마음이 중요하다. 우리 조상들은 '가을 햇살은 돈을 주고서라도 쐬어야 한다'고 말하며, 이 좋은 기운을 몸으로 흡수해야 한다고 강조했다. 웬만하면 집에만 있지 말고 산책을 하거나 산에 올라 가을 햇살을 충분히 느끼며 몸과 마음을 정화하도록 하자.

　일단 추석을 앞둔 9월에는 부모님의 은혜를 잊지 않고 감사의 마음을 전하는 것이 무엇보다 중요하다. 우리 동양에서는 최고의 복을 조상복이라 부르며, 이는 정성과 존중을 다하는 마음에서 비롯된다. 바쁘다는 핑계로 소홀했다면 이 시기만큼은 꼭 연락을 드리고 사랑과 감사를 표현하자. 또한 추석 전에 벌초나 성묘를 다녀와 조상님을 편안히 모셔야 그 복이 후손에게 온전히 전해진다. 정성스러운 마음을 담아 다녀오는 것이 중요하며, 투덜거리는 마음은 스스로 천복을 차버리는 행동이 될 수 있음을 명심해야 한다.

여름의 무더위로 지쳐 약해진 몸의 기력을 회복하는 것도 중요하다. 이 시기에는 보양식이나 영양가 있는 음식을 충분히 섭취하여 건강을 되찾아야 하는 시기다. 사주학에서 재물운과 건강을 동일시하듯, 스스로의 기운이 약하면 금전적인 어려움을 겪을 수 있다. 건강이 뒷받침되어야 모든 복과 운을 얻을 수 있으니, 이달에는 특히 건강 관리에 신경을 써야 한다.

또한 가을이 시작되는 시기이므로, 자연의 기운을 집안으로 들이는 것이 좋다. 작은 꽃이나 식물을 집 안에 두면 생기를 살려 운을 불러오는 시발점이 될 수 있다. 특히 주방 창가에 작은 식물 하나를 두는 것이 좋다고 한다. 또한, 산을 많이 보며 자연의 기운을 받는 것도 운을 좋게 만드는 방법이다. 가볍게 뒷산이라도 오르며 자연의 호연지기를 기르면 운의 그릇이 커질 것이다.

수확의 계절에는 무엇이든 들어와야지 나가서는 안 된다. 특히 재물운과 직결되는 돈은 절대 남에게 빌려주지 않는 것이 좋다. '부지깽이도 남을 주면 안 된다'는 옛말처럼, 이 시기에 돈을 빌려주면 남은 한 해 동안 금전운이 사라질 수 있다고 여겼다. 불가피한 상황이 아니라면 이달만큼은 금전 거래를 자제하는 것이 현명하다.

마지막으로 가족 간의 화목과 즐거움을 최우선으로 해야 한다. 추석이라는 명절이 있어 가족들이 모이기 쉬운 이달에는 불만이나 갈등이 생기기 쉽다. 그러나 운은 가족 간의 화목에서 시작되고 커진다. 9월에는 늘 가족들의 행복과 웃음을 위해 노력하고, 나보다 가족을 조금 더 아끼는 마음을 갖도록 하자. 이달에 쌓은 행복한 기운이 한 해 동안 당신의 삶을 풍요롭게 만들어줄 것이다.

11월과 12월,
마무리와 새로운 시작

새해가 오기 전, 우리는 한 해를 마무리하고 새로운 시작을 준비해야 한다. 과거 조상들은 새해가 오는 밤을 '수세守歲'라 하여 잠을 자지 않고 새로운 기운을 맞이했다. 이제 다가오는 12월 31일, 양력으로 한 해를 마무리하는 날에 과거의 지혜를 담아 습관을 실천해 보자. 분명 새로운 운과 복이 여러분에게 찾아올 것이다.

지난 한 해 동안 도움을 주었던 분들에게 감사 인사를 전하는 것이 중요하다. 운은 단절된 것이 아니라 인연을 통해 계속 퍼져나가는 것이다. 지인, 친구, 동료, 상사 등 고마웠던 분들에게 '올 한 해 정말 감사했다'는 진심을 담은 메시지를 보내보자. 이는 과거의 인연을 소중히 여기고 앞으로의 좋은 관계를 이어가는 가장 좋은 방법이다. 또한 지난해에 대한 반성을 통해 새 출발을 다짐해야 한다. 올 한 해 가장 잘못했던 일, 가장 후회스러웠던 일, 그리고 가족에게 가장 잘못했던 일 세 가지를 떠올려 보고 내년에는 절대 반복하지 않겠다고 다짐하는 시간을 가져보자. 이 진심 어린 반성과 결심은 여러분의 삶에 긍정적인 변화를 가져오고 만복을 불러올 것이다.

묵은 물건은 재앙을 부른다는 말이 있다. '새 술은 새 부대에 담는다'는 말처럼, 고장 났거나 사용하지 않는 물건은 모두 버려야 새로운 기운이 집안에 들어올 수 있다. 특히 내년은 운의 변화가 강한 해이므로, 낡은 것을 정리해야 큰 복을 맞이할 수 있다. 또한, 마지막 날의 음식은 절대 남기지 말자. 남은 음식은 '지난해의 식복이 내년으로 넘어간다'고 여겨 경계했기 때문이다. 식복은 곧 재물복이며, 그릇을 비워야 새로운 복이 채워질 수 있다. 12월 31일 저녁 식사만큼은 남김없이 먹거나, 남았다면 해가 바뀌기 전에 모두 버려야 내년의 재물복이 크게 불어날 것이다. 특히 주방을 깨끗이 정리하고 행주를 새것으로 바꾸는 풍습이 있었는데, 풍수에서 더러운 행주가 있는 집에는 재물복이 모이지 않는다고 여겼기 때문이다. 새해에는 반드시 새 행주와 새 걸레를 사용하고 집안을 깨끗이 정리하여 새로운 번영의 기운과 큰 돈복이 여러분의 가정에 찾아올 수 있도록 하자.

새해가 오는 순간을 놓치지 말자. 과거 왕이 직접 하늘에 기도를 올렸듯, 새해의 기회와 변화를 직접 맞는 것이 중요하다. 보신각 종소리를 들으며 집 밖으로 잠시 나가 새로운 새벽의 기운을 느껴보자. 이는 새해의 좋은 운을 얻는 전통적인 방법이다.

윤달에는 조상이 없다

 윤달은 음력에서 생기는 여분의 달을 말한다. 전통적으로 윤달은 조상의 간섭이 없는 달로 여겨져, 조상의 도움이 필요한 일은 피하고 그렇지 않은 일은 하기에 좋은 달로 여겨졌다. 과거에는 음력을 주로 사용했기에 윤달의 의미가 컸지만, 현대에는 양력을 사용하므로 옛 풍습을 그대로 따르기보다 지혜롭게 받아들이는 것이 중요하다. 윤달에 하지 말아야 할 일과 하면 좋은 일에 대해 알아보자.
 먼저 윤달에 결혼하면 조상의 가호가 없고 허전한 달에 결혼하면 좋지 않다는 속설이 있다. 이는 과거 음력을 사용하던 시절에 통용되던 이야기다. 당시에는 결혼 기념일을 양력으로 챙기기 어려워 윤달에 결혼하면 기념일을 놓치기 쉬웠다. 하지만 현대에는 대부분 양력으로 결혼 기념일을 챙기므로 윤달에 결혼하는 것이 아무런 문제가 되지 않는다. 마찬가지로 윤달에 묘를 이장하면 조상님과 인연이 끊긴다는 속설이 있다. 그러나 이는 풍수와는 전혀 관계가 없는 이야기다. 과거에는 묘를 이장한 후 3년간 특정 날짜에 묘를 찾아 인사를 드리는 풍습이 있었는데, 윤달에 이장하면 이 풍습을 지키기 어려워 생긴 말이다. 조상과의 관계는 유전자의 교감으로 이어진 것이므로, 윤달에 이장한다고 해서 인연이 끊어지는 일은 없다.

또한 윤달에 이사하면 복이 따라오지 않는다는 속설도 있지만, 우리 풍수가 만들어진 조선 시대에는 이사가 매우 어려운 일이었다. 백성들이 이사하면 세금 징수가 어려워 정부에서 이사를 제한했다. 따라서 이사와 관련된 속설은 풍수나 전통과는 무관하다. 현대 사회에서는 언제든 자유롭게 이사할 수 있으므로 윤달 이사에 대한 걱정은 하지 않아도 된다. 윤달에 수의를 마련하면 장수한다는 속설과 반대로 죽음을 앞당긴다는 속설이 공존한다. 그러나 조선 시대에는 부모님 생전에 수의를 마련하는 것이 효의 정신으로 여겨졌다. 이것이 반드시 윤달이어야 한다는 기록은 어디에도 없다. 이는 살아계실 때 예를 다하는 것이 진정한 효라는 유교 정신에서 나온 것이므로, 현재의 시점과는 맞지 않는 부분이다.

윤달에는 점을 보러 가지 않는다는 속설도 있지만, 사실 점에 기대는 행동은 1년 12달 내내 하지 않는 것이 좋다. 동양학은 운명보다 개척하는 후천론을 중요하게 여기는 학문이다. 사람이 태어난 운명대로만 살아간다면 풍수, 성명학 같은 학문이 존재할 이유가 없다. 자신의 능력을 믿고 개척하는 삶을 살아야 한다. 또한 윤달에 가족 간의 인연을 정리하면 조상의 간섭이 없어 좋다는 이야기도 있지만, 인간관계는 계약 관계가 아니므로 하루아침에 끊을 수 있는 것이 아니다. 쓸데없는 말에 현혹되지 않는 것이 중요하다.

반대로 윤달에 조심해야 할 일도 있다. 윤달을 조심하라고 하는 가장 신빙성 있는 이유는 바로 '조상님의 가호가 없는 달'이기 때문이다. 조상님의 보살핌이 없는 달이므로, 작은 문제도 큰 문제가 될 수 있다. 작은 다툼이 큰 싸움이 되거나 사소한 손실이 큰 재앙으로 이어질 수 있다. 따라서 윤달에는 물건을 사거나, 돈을 많이 쓰거나, 남과 다투는 것을 피하는 것이 좋다. 특히 휴가철이라 여행을 많이 가는 시기이므로, 운전이나 외부 활동 시 항상 조심하고 경계해야 한다.

또한 윤달에 반드시 해야 하는 일은 바로 집안 대청소다. 이는 과거부터 내려오는 전통이자 풍수적인 근거가 확실한 행동이다. 조선왕조실록에도 윤달이 오면 궁궐 안을 청소했다는 기록이 있다. 조상님이 집을 비운 동안 집을 깨끗이 청소하여 다시 맞이한다는 의미가 담겨 있다. '윤달에는 거지도 자기 집을 청소한다'는 옛말이 있을 정도로 대청소는 윤달의 필수 덕목이다. 다른 것은 몰라도 집안 청소만큼은 꼭 지키는 것이 좋다.

1년에 한 번 돌아오는 특별한 날

이번에는 특별한 날에 해야 할 행동을 알아보자. 생일은 한 사람의 운을 만드는 최고의 요인이다. 타인에게 존중과 대우를 받는 것도 중요하지만, 그전에 스스로 자신을 존중하고 대우하는 법을 알아야 한다. 그중 가장 중요한 것이 바로 생일날 어떻게 행동하느냐에 달려 있다. 생일은 절대 가볍게 넘길 수 없는 날이다.

생일은 절대 미루어 하지 않는다. 급한 일로 생일을 미루어 챙기는 것은 절대 좋은 일이 아니다. 특히 어른이나 배우자의 생일이라면 더욱 그렇다. 이는 자칫 잊어버렸거나 관심이 없다는 오해를 살 수 있기 때문이다. 항상 생일은 며칠 전부터 미리 준비하고 서로 이야기해야 한다. 그래야 당사자가 한 해 내내 운과 복을 온전히 누릴 수 있다. 생일을 당겨서 하는 것은 괜찮지만, 미루는 것은 피해야 한다.

생일날은 좋은 음식을 먹어야 한다. 예로부터 생일날 찬밥을 먹는 것은 운을 잃게 한다고 했다. 여기서 찬밥은 어제 먹었던 음식을 의미한다. 조상들은 생일에 국수(장수), 미역국(인맥), 소고기와 조기(대접), 찰밥(으뜸) 등을 먹으며 복을 빌었다. 이는 운과 복이 존중과 대우로부터 만들어진다는 것을 알려주는 지혜이다. 사람이 행복을 얻고 번영을 이루는 것은 타인으로부터 인정받을 때 가능하며, 그 시작이 바로 가정에서 이루어져야 한다. 가화만사성이라는 말처럼, 모든 성공과 행복은 가정에서부터 만들어지기 때문이다. 생일날만큼은 존중하고 대우하는 마음으로 서로를 축복해주어야 한다.

생일날은 절대 혼자 있지 않는다. 축하를 많이 받아야 운이 살아나기 때문이다. 생일은 세상에 태어난 것을 축복받는 날이며, 많은 사람들에게 사랑받고 있다는 자존감을 얻는 날이다. 바쁜 현대 사회에서 서로를 챙기기 힘들 수 있지만, 최소한 친구나 동료와 함께 식사라도 하는 것이 좋다. 멀리 있는 가족들은 안부 전화라도 꼭 해야 한다. 무관심은 한 사람의 삶을 망치는 최악의 행동이며, 특히 생일날 무관심은 삶의 의욕을 꺾어버릴 수 있다. 반대로 주변 사람들의 생일을 진심으로 축하해주고 축복하면 자신의 운도 함께 살아난다는 것을 잊지 말아야 한다.

생일날은 절대 욕하거나 누군가와 다투지 않는다. 사람의 기운을 가장 나쁘게 하는 행동은 화를 내거나 남과 다투는 것이다. 이러한 행동은 기혈이 역류하여 몸에 독기를 만들고, 기분을 상하게 한다. 생일은 당사자에게 새로운 시작이 되는 날이므로, 탁한 기운이 아닌 새롭고 좋은 기운으로 출발해야 한다. 이날만큼은 자녀가 실수를 해도 야단치지 않고, 배우자가 잘못을 해도 웃으면서 넘어가야 한다. 주변 사람의 실수에도 너그럽게 대처하는 태도는 긍정적인 출발을 만들고, 모든 일이 잘 풀리는 사람이 될 수 있는 초석이 된다.

또한 부모님께 감사하는 마음을 전한다. 인간이 가질 수 있는 최고의 복은 바로 조상복이다. 조상은 부모님이자 배우자의 부모님을 의미한다. 동양학에서는 인간의 인연이 3대에 걸쳐 이어진다고 말한다. 생일 아침에는 반드시 부모님께 감사 전화를 드려야 한다. 부모님이 돌아가셨다면 마음속으로라도 감사와 고마움을 전하는 것이 중요하다. 이런 마음이 조상복을 불러오고, 그 복이 삶을 극적으로 변화시키는 계기가 될 수 있다.

생일 선물 받는 것을 부담스러워하지 않는다. 생일 선물은 자신의 운과 복이다. 어른들이 자녀의 선물을 사양하는 경우가 많지만, 선물은 그만큼 주변 사람들이 자신을 아끼고 사랑하고 있다는 의미이다. 특히 부모님께 받는 선물은 더욱 소중히 여겨야 한다. 사람은 나이를 먹을수록 어린아이처럼 된다고 했다. 멀리 계시더라도 꼭 선물을 보내고, 당일 아침에는 축하 전화를 드리는 것이 좋다. 이런 작은 행동이 자신과 부모님 모두에게 행복을 가져오고, 가정에 운과 복을 가득 채우게 된다.

생일날 좋은 일 한 가지는 꼭 한다. 새해 정초에 선한 일을 하나 하면 한 해가 복되고 일이 잘 풀린다고 말하는 것처럼, 생일날도 마찬가지이다. 시작을 기분 좋게 하면 모든 일이 원활하게 잘 풀려나가기 마련이다. 이런 사람을 '운이 좋은 사람'이라고 한다. 운은 베풂에 의해 만들어지는 것이다. 거창한 일이 아니어도 좋다. 아침 출근

길에 관리인 아저씨에게 인사를 하거나, 길에 떨어진 휴지를 줍거나, 엘리베이터에서 만난 사람에게 미소와 함께 인사를 건네는 것만으로도 충분하다. 이러한 작은 행동들이 모여 운을 만드는 것이다. 운과 복은 멀리 있지 않다. 생일날 자신을 존중하고 가족과 주변 사람들에게 베푸는 이 작은 행동 하나하나가 모여 바로 당신의 운과 복이 된다.

동티 나는 날

살면서 우리는 예상치 못한 불운을 겪기도 한다. 이럴 때를 대비해 미리 조심하고 근신해야 하는 날들이 있다. 옛말에 이런 날 함부로 행동하면 동티가 난다고 했다. 운이 부딪히는 날에는 자신의 기운을 드러내지 않고 숨겨야 불운을 피하고 복을 지킬 수 있다. 많은 사람이 언제 조심해야 하는지 모르고 운을 스스로 쫓아내는 실수를 범한다.

무엇이든 새롭게 시작하는 때는 항상 조심하고 근신한다. 예부터 새해 첫 일주일은 남의 집을 방문하거나 큰 거래를 하는 것을 피했다. 새롭게 사업을 시작하거나, 이사를 가거나, 새로운 학교에 입학했을 때도 마찬가지다. 최소 열흘간은 늘 조심하고 겸손한 자세를 유지한다. 그래야 불행을 막고 좋은 일만 불러올 수 있다.

초상이 있은 후 열흘 동안은 무조건 조심해야 한다. 불교에서 49재를 지내듯, 사람이 죽으면 당분간은 그 사람을 애도하고 명복을 빌며 불미스러운 일을 만들지 않아야 한다. 풍수에서도 열흘간은 근신하고 경계하여 돌아가신 분의 앞길을 막지 않아야 한다고 말한다. 이때는 화가 나도 참고, 기쁜 일이 생겨도 너무 드러내지 않는 것이 좋다. 그래야 돌아가신 분이 좋은 곳으로 가고, 그 편안함이 후손에게 조상복으로 내려온다.

이사를 하는 날도 항상 조심해야 한다. 과거에는 이사가 큰일이어서, 이사를 한 달간은 문중 행사에 참여하지 않는 법도가 있었다. 현대에는 그럴 필요까지는 없지만, 이사 후 2~3일간은 외부 행사를 자제하고 집안일에만 신경 쓰는 것이 좋다. 풍수에서는 어느 집이든 고유의 기운이 있는데, 이 기운이 거주하는 사람의 기운과 잘 맞아야 한다고 한다. 새로운 집에 이사한 후 좋지 않은 일이 생긴다고 하는 사람들은 대부분 이러한 근신 기간을 가지지 않았기 때문인 경우가 많다. 며칠 동안은 집에 머무르며 새로운 기운에 익숙해지는 시간을 가져야 한다.

꿈을 꾼 날은 조심해야 한다. 꿈은 결코 무시할 수 없는 영적인 메시지이다. 좋은 꿈을 꾸고 복권에 당첨되었다는 이야기는 절대 허튼소리가 아니다. 좋은 꿈을 꿨다면 그 꿈 이야기는 절대 하지 않는다. 어떤 식으로든 결과가 나올 때까지 혼자만 알고 있어야 한다. 흉몽을 꾸었다면 아침에 가장 먼저 만나는 사람에게 인사를 하고 하루 종일 많이 웃는 노력을 해야 한다. 꿈의 기운이 밖으로 새거나 희석되지 않도록 주의하는 것이 중요하다.

경사를 앞두고는 항상 조심한다. '호사다마好事多魔'는 조상들이 가장 많이 쓰던 고사성어 중 하나다. 집안에 경사스러운 일을 앞두고는 말과 행동, 심지어 걸음걸이까지 조심해야 한다고 했다. 자녀의 결혼, 출산, 시험, 사업 개업 등 좋은 일이 있을 때 최소 한 달간은 불필요한 살생을 피하고, 타인에게 악업을 쌓거나 가족 간의 불화를 만들지 말아야 한다. 그래야 향후 그 경사로 인해 찾아올 복을 온전히 누릴 수 있다.

음기가 강한 날도 조심해야 한다. 하루 중 밤, 한 달 중 보름, 일년 중 겨울은 음기가 가장 강하다. 음기가 강한 날은 몸이 무겁고 피곤하며 늘어지게 된다. 이런 날은 가능한 화를 내지 않고 험한 말을 하지 않도록 노력해야 한다. 음기가 강한 시기에는 사고나 불행한 일이 발생하기 쉽기 때문이다. 음기가 강한 날에는 특별히 더 마음을 다스리고 행동을 조심해야 한다.

너무 기쁜 날도 항상 조심해야 한다. 정말 기쁜 일이 생겼다면, 가족 외의 사람들에게 3일간은 자랑하지 않는다. 좋은 일이 생겼을 때 바로 자랑하면 그 기쁨의 기운이 흩어지기 쉽다. 가족 간에는 기쁨을 나누고 축하하되, 외부에는 절제하는 것이 좋다. 그래야 그 기쁨이 더 큰 번영으로 다가오게 된다. 이처럼 운과 복은 거창한 것이 아니라, 일상 속에서 조심하고 근신하는 작은 행동 하나하나가 모여 만들어진다.

무슨 일이든
조심해야 할 시기

　많은 사람이 삼재, 아홉수, 상문살 등의 이유로 상갓집을 피해야 한다고 말한다. 그러나 삼재는 국민의 3분의 1이 해당되는 것이고, 아홉수 역시 사회생활이 가장 활발한 시기에 해당되어 현실성이 떨어진다. 상문살 역시 우리의 학문과는 관련 없는 이야기이다. 이런 근거 없는 미신보다는 삶의 이치에 맞는 행동을 하는 것이 중요하다. 그렇다면 어떤 시기에 있는 사람들이 상갓집 방문을 피해야 하는가.

　우선 출산을 앞둔 가족이 있다면 상갓집 방문을 조심해야 한다. 자녀의 출산은 가족의 큰 경사이므로 항상 근신하는 마음가짐이 필요하다. 과거에는 의술이 미비하여 아기나 산모에게 문제가 생길 확률이 높았고, 혹 문제가 생기면 평생 죄책감에 시달릴 수 있었기 때문이다. 현대에는 의술이 발달했지만, 불행한 일이 생겼을 때 '까마귀 날자 배 떨어진다'는 식으로 오해를 살 수 있는 상황을 미연에 방지하기 위해 조심하는 것이 좋다. 특히 출산 후 37일이 지나기 전에는 부모를 제외한 다른 사람이 아기를 만나는 것을 피하는 것 또한 이러한 이유 때문이다.

결혼을 100일 이내로 앞둔 사람도 마찬가지다. 과거에는 집안에 경사가 있을 때 외부 일에 관여하지 않는 것이 법도였다. 특히 결혼을 앞둔 사람들은 불길한 기운이 새로운 출발에 영향을 미칠까 염려했다. 현대에는 결혼 날짜를 1년, 2년 전에 잡는 경우가 많지만, 결혼식 100일 전부터는 조심하고 근신하는 것이 좋다. 이는 두 사람의 행복한 결합에 불운이 끼어드는 것을 막기 위함이다.

집안에 큰 환자가 있는 경우에도 상갓집 방문을 피한다. 집안에 환자가 있으면 가족 모두가 심리적으로 큰 걱정을 하고 있으며, 면역력 또한 약해져 있기 마련이다. 상갓집과 같이 불행을 논하는 장소는 자신도 모르게 스트레스를 많이 받게 되는 곳이다. 혹 장례식장을 다녀온 후 환자의 상태가 악화되거나 불행한 일이 생기면 '나 때문에'라는 자책감을 느낄 수 있다. 이럴 때 피치 못하게 장례식장에 가야 한다면, 안으로 들어가지 않고 입구에서 상주를 만나 부조금만 전달하는 방식으로 예의를 표하는 것이 좋다.

가족 중 큰 시험을 앞둔 사람이 있다면 상갓집 방문을 피하는 것이 현명하다. 가족 중 누군가의 인생이 걸린 중요한 시험이 있다면, 당사자는 물론 가족 모두가 민감해질 수밖에 없다. 옛 조상들이 과거 시험을 앞둔 자녀가 있으면 상갓집에 가지 않는 것이 법도였던 것처럼, 이는 괜한 오해나 원망을 사지 않기 위한 지혜이다.

출산을 앞둔 본인이나 배우자, 혹은 본인이 큰 병을 앓고 있는 사람은 반드시 상갓집에 가지 말아야 한다. 특히 어린 청년들이 출산을 앞둔 아내가 있음에도 친구 부모님의 장례식에 참석하는 경우가 있는데, 이는 매우 철없는 행동이다. 아내는 출산 후 기가 약해져 있고, 태어난 아기 역시 면역력이 약한 상태다. 원한이 있는 영혼은 이승을 떠나지 못한다는 동양학의 가르침처럼, 상갓집의 기운이 약한 사람에게 영향을 미칠 수 있다.

사업이나 개업을 열흘 이내로 앞둔 경우에도 상갓집 방문을 가능한 피하는 것이 좋다. 새로운 일을 시작할 때는 그 어떤 찜찜함도 없어야 한다. 옛 조상들은 큰일을 앞두고는 뒤도 돌아보지 않는다고 했는데, 이는 불행이나 안타까움, 불길한 기운을 멀리해야 하는 시기이기 때문이다. 개업이나 사업 시작을 앞둔 사람은 모든 불행을 보지 않는 것이 좋다.

마지막으로 과거에는 제사에 관한 법도도 상갓집 방문에 영향을 미쳤다. 제사가 있는 달에는 상갓집에 가지 않았으며, 피치 못해 방문했더라도 절을 하지 않는 것이 법도였다. 만약 절을 했다면 그달 제사에 참석하지 않는 것이 원칙이었다. 이는 조상 복을 얻는 중요한 자리인 제사가 부정해지는 것을 막기 위한 풍수적인 예법이었다. 결국 상갓집 방문은 단순히 운이 나빠지는 것을 넘어, 심리적으로나 물리적으로 취약한 상태에 있는 자신과 가족을 보호하는 지혜로운 행동인 것이다.

천년의
지혜

초판 1쇄 발행 2025년 8월 31일

지 은 이 이정재
펴 낸 이 김동하

펴 낸 곳 부커
출판신고 2015년 1월 14일 제2016-000120호
주　　소 (10881) 경기도 파주시 산남로 5-86
문　　의 (070) 7853-8600
팩　　스 (02) 6020-8601
이 메 일 books-garden1@naver.com

ISBN 979-11-6416-257-4 (03190)

이 책은 저작권법에 따라 보호받는 저작물이므로 무단 전재와 무단 복제를 금합니다.
잘못된 책은 구입처에서 바꾸어 드립니다.
책값은 뒤표지에 있습니다.